Jürgen Ebert und Sigrun Klüger

Im Mittelpunkt der Mensch –
Reflexionstheorien und -methoden für
die Praxis der Sozialen Arbeit

Hildesheimer Schriften zur
Sozialpädagogik und Sozialarbeit

Herausgegeben von
Udo Wilken und Friedhelm Vahsen,
HAWK Hochschule für angewandte
Wissenschaft und Kunst
– Fakultät Soziale Arbeit und Gesundheit – Hildesheim

Band 23
Jürgen Ebert und Sigrun Klüger
Im Mittelpunkt der Mensch –
Reflexionstheorien und -methoden für
die Praxis der Sozialen Arbeit

Georg Olms Verlag
Hildesheim · Zürich · New York
2023

Jürgen Ebert und Sigrun Klüger

Im Mittelpunkt der Mensch – Reflexionstheorien und -methoden für die Praxis der Sozialen Arbeit

Sechste Auflage

Georg Olms Verlag
Hildesheim · Zürich · New York
2023

Das Werk ist urheberrechtlich geschützt. Jede Verwertung außerhalb der engen Grenzen
des Urheberrechtsgesetzes ist ohne Zustimmung des Verlages unzulässig.
Das gilt insbesondere für Vervielfältigungen, Übersetzungen, Mikroverfilmungen und
die Einspeicherung und Verarbeitung in elektronischen Systemen.

Die Deutsche Nationalbibliothek verzeichnet diese Publikation
in der Deutschen Nationalbibliografie; detaillierte bibliografische Daten
sind im Internet über *http://dnb.d-nb.de* abrufbar.

Sechste Auflage 2023
Fünfte Auflage 2020
Vierte Auflage 2018
Dritte Auflage 2018
Zweite, korrigierte Auflage 2017
© Georg Olms Verlag AG, Hildesheim 2015
Gedruckt auf säurefreiem und alterungsbeständigem Papier
Herstellung: Docupoint GmbH, 39179 Barleben
Alle Rechte vorbehalten
Printed in Germany
www.olms.de
ISBN 978-3-487-15591-3

Inhalt

Einleitung 1

Teil I Theoretische Grundlagen für die Reflexion einer Kritischen Praxis

1 Kritische Soziale Arbeit 7
  1.1 Kritikverständnis der Kritischen Sozialen Arbeit 8
  1.2 Begrifflicher Kern der Kritischen Sozialen Arbeit 10
  1.3 Professionspolitische Positionierung der Sozialen Arbeit 16
  1.4 Kritische Sozialarbeitswissenschaft 19

2 Kritische Praxis der Sozialen Arbeit 21
  2.1 Grundannahmen und -haltungen einer Kritischen Praxis 23
  2.2 Bewältigung von Ungewissheit 25
  2.3 Gestaltung von Arbeitsbeziehungen 26
  2.4 Der Umgang mit Macht aus kritischer Perspektive 30
  2.5 Das Prinzip einer offenen Haltung 33
  2.6 Kritische Reflexion 34
  2.7 Die Bedeutung Kritischer Praxis für die Soziale Arbeit 36

3 Das Verhältnis von Wissen, Können und Reflexion in der Sozialen Arbeit 39
  3.1 Wissen und Können 40
  3.2 Kompetenzorientierung im Hochschulkontext 41
  3.3 Grundlegung von Professionalität im Studium der Sozialen Arbeit – Das Hildesheimer Modell 44
    3.3.1 Grundlegung von Professionalität in den Reformen der Studiengänge Soziale Arbeit von 1999, 2005 und 2011 45
    3.3.2 Bausteine zur Grundlegung von Professionalität im Curriculum des Bachelor-Studiengangs ‚Soziale Arbeit' an der HAWK Hildesheim 47
    3.3.3 Vermittlung professioneller Inhalte im Studienverlauf 48

4 Ethik und Standards der Kritischen Profession 53
4.1 Menschenrechte und soziale Gerechtigkeit als zentrale normative Bezugspunkte der Sozialen Arbeit 53
    4.1.1 Menschenrechte 54
    4.1.2 Soziale Gerechtigkeit 59
4.2 Berufliche Ethik 62
4.3 Arbeitsprinzipien 63

5 Reflexion als zentrales Element einer Kritischen Praxis 69
5.1 Schöns Reflexionskonzept 71
    5.1.1 Wissen-in-der-Handlung/ Tacit-knowing-in-action 74
    5.1.2 Reflexion-in-der-Handlung/ Reflection-in-action 76
    5.1.3 Reflexion-über-die-Handlung/ Reflection-on-action 79
5.2 Die Bedeutung von Emotionen für Reflexionsprozesse 81
5.3 Die Notwendigkeit zur biografischen Selbstreflexion 83
5.4 Zusammenfassung 87

6 Grundlagen professioneller Haltung 91
6.1 Menschenbild 93
    6.1.1 Internalisierte gesellschaftliche Werte 95
    6.1.2 Persönliche Werte 100
6.2 Biografie 103

7 Aufbau einer tragfähigen Arbeitssituation 107
7.1 Vertrauen 108
    7.1.1 Personenbezogenes Vertrauen 110
    7.1.2 Systemvertrauen 113
    7.1.3 Vertrauen im Kontext unterschiedlicher Kulturen 114
    7.1.4 Vertrauen als Basis der Arbeitsbeziehung 116
7.2 Bindungsbasierte Soziale Arbeit 120
7.3 Aufbau der Arbeitsbeziehung 123

Teil II Reflexionsmodelle für die Praxis

1 Planung und Reflexion Sozialer Arbeit   127

2 Analyse der institutionellen Rahmenbedingungen   129
2.1   Träger der Sozialen Arbeit   129
2.2   Trägerstruktur der Sozialen Arbeit nach strukturellen Gesichtspunkten   130
2.3   Gliederung der Trägerstruktur der Sozialen Arbeit nach funktionalen Gesichtspunkten   134
2.4   Soziale Einrichtungen aus organisationssoziologischer Perspektive   139
      2.4.1   Organisationsziele   139
      2.4.2   Organisationsstruktur   140
      2.4.3   Organisationsumwelt   140
2.5   Finanzierung sozialer Einrichtungen   141
2.6   Zielgruppen einer Einrichtung   145
2.7   Aufgaben und Ziele einer Einrichtung   146
2.8   Mitarbeiter*innen   148
2.9   Arbeitshilfe zur Beschreibung und Analyse der institutionellen Rahmenbedingungen   150

3 Reflexion der Rahmenbedingungen des Arbeitsfeldes   153
3.1   Gegenstands- vs. Funktionsbestimmung der Sozialen Arbeit   154
      3.1.1   Gegenstandsbestimmung   156
      3.1.2   Funktionsbestimmung   158
3.2   Arbeitsfeldbeschreibung und -analyse   161
      3.2.1   Auseinandersetzung mit den strukturellen Rahmenbedingungen des Arbeitsfeldes   162
      3.2.2   (Teil-) Analyse des Arbeitsfeldes   163
3.3   Arbeitshilfe zur Arbeitsfeldbeschreibung und -analyse   165

4 Grundlegende Überlegungen zur Reflexion der Arbeit mit Klientinnen und Klienten   169

5	**Multidimensionale Fallreflexion**	173
5.1	Der Fall im Kontext der Sozialen Arbeit	173
5.2	Beschreibung der Person/en	175
5.3	Benennung des Arbeitsauftrags	176
5.4	Weitere Dimensionen der Fallanalyse	177
5.4.1	Fall von...	178
5.4.2	Fall für...	179
5.4.3	Fall mit...	181
5.5	Professionelle Haltung der Fachkraft	182
5.6	Zusammenfassung	184
6	**Situationsanalyse als Reflexionsmethode**	185
6.1	(Handlungs-) Situation – Definition und Bedingungen für die Reflexion	187
6.2	Geeignete Situationen für eine theoriegeleitete Reflexion	190
6.3	Methodische Umsetzung/ Reflexionsschritte	191
7	**Problemanalyse**	197
7.1	Grundlagen des Reflexionsmodells	198
7.2	Analyse eines fachlichen Problems im institutionellen Kontext	199
7.3	Aufbau der Problemanalyse	201
7.4	Zusammenfassung	205
8	**Gedanken zum Abschluss**	207
	Danksagung	211
	Abbildungs- und Tabellenverzeichnis	212
	Literatur	213

Einleitung

Das Ganze ist mehr als die Summe seiner Teile
Aristoteles (384 – 322 v. Chr.)

„Im Mittelpunkt der Mensch" – mit diesem programmatisch zu verstehenden Titel möchten wir entgegen dem (neoliberalistischen) Zeitgeist daran erinnern, dass die Menschen diejenigen sind, um die es in unserem gesellschaftlichen Zusammenleben geht. Nicht die angeblich so wichtige Designerkleidung und andere materielle Statussymbole zeichnen einen Menschen als unverzichtbares und – im wahren Sinne des Wortes – wertvolles Mitglied der Gesellschaft aus und nicht die Möglichkeit, sich von anderen mit diesen materiellen Symbolen abzuheben, macht das Leben lebenswert. Diese Güter haben nur so lange Status bezogene Bedeutung, wie nur wenige in ihrem Besitz sind. Mary Daly, eine der großen Philosophinnen des 20. Jahrhunderts, fasste treffend zusammen, dass nach der patriarchal-kapitalistischen Wertordnung das Alltägliche einen geringen Wert hat, denn in der „Konkurrenzgesellschaft ist das wesentliche Kriterium für ‚Wert', daß etwas Seltenheitswert hat" (Daly 1985: 101). Dementsprechend dürften materielle Ressourcen gar nicht gleichmäßig auf alle verteilt werden, weil sie dann den Wert verlören und es keine sichtbaren Statusunterschiede mehr gäbe.

Es liegt uns fern, mit diesem Buch einen Beitrag zur Verwirklichung einer sozial gerechten Utopie machen zu wollen, denn es bliebe höchstwahrscheinlich eine Utopie im Sinne des Begriffs, nämlich nach dem Altgriechischen ein ‚Nicht-Ort'. Jedoch könnte die Aufgabe der Sozialen Arbeit auch dahingehend interpretiert werden, wie in Hans Christian Andersens parabelhaftem Märchen allen zu zeigen, dass der auf Kosten der Untertanen lebende Kaiser in Wirklichkeit gar nichts anhat und seine Wirkung ausschließlich durch die kollektive Bewunderung entsteht.

Wirtschaftliches Wachstum wird immer noch als Synonym für Entwicklung verstanden. Wir sehen tagtäglich, auf wessen Kosten dieser aus unserer Sicht falsch verstandene Entwicklungstrend erfolgt. Es ist Zeit, sich als Gesellschaft im humanistischen Sinne weiterzuentwickeln, und es ist aus unserer Sicht eine der genuinen Aufgaben Sozialer Arbeit, mit kritischem Bewusstsein auf bedenkliche, gar falsche, weil menschenfeindliche Ausrichtungen der Gesellschaft hinzuweisen und für Korrekturen im Sinne einer auf Menschenwürde und soziale Gerechtigkeit ausgerichteten Gesellschaftsstruktur zu sorgen.

Im Zuge der Ökonomisierung der Sozialen Arbeit droht der Anspruch, die Menschen in den Mittelpunkt zu stellen, mehr und mehr in den Hintergrund zu geraten. Wenn in den sozialen Einrichtungen statt der Klienten und Klientinnen mit ihren Interessen die Organisations- und Finanzierungsstrukturen im Zentrum der Aufmerksamkeit stehen, kann von einer professionellen Arbeit keine Rede mehr sein. Wenn es nicht mehr um die Verbesserung des menschlichen Miteinanders geht, sondern Gewinnmaximierung auf Kosten anderer im Fokus des gesellschaftspolitischen Handelns steht, dann ist es höchste Zeit, diesem Verlauf mit allen Möglichkeiten Einhalt zu gebieten. Dies zu tun ist neben den in den letzten Jahren entstandenen sozialen Bewegungen wie Attac oder Occupy aus unserer Sicht professionelle Pflicht der Sozialen Arbeit.

Auch in Disziplin und Profession der Sozialen Arbeit existieren sehr differente Strömungen. Wir setzen uns grundsätzlich für eine generalistisch ausgerichtete Ausbildung von Sozialarbeiterinnen und Sozialarbeitern ein. Unserer Meinung nach führt eine Ausdifferenzierung und Spezialisierung in Richtung Fachsozialarbeit insbesondere im Bereich des grundständigen Studiums zum Verlust eines einheitlichen Professionsverständnisses und leistet damit der Deprofessionalisierung Vorschub.

Kritisches Bewusstsein und dementsprechendes Handeln entsteht nicht im ‚luftleeren' Raum. Nach unserem Verständnis von Studium und Lehre ist die Hochschule ein Ort, an dem Zeit und Raum für kontroverse Auseinandersetzungen geschaffen werden muss. Studierende sollen die Möglichkeit haben, Denk- und Verhaltensdispositionen zu entwickeln und zu erproben, um den Berufseinstieg und ihre spätere berufliche Tätigkeit mit professionellem Selbstbewusstsein durchführen zu können.

Im vorliegenden Buch geht es um die Möglichkeiten der Sozialen Arbeit, die aus unserer Sicht auch in der derzeitigen gesellschaftspolitischen Situation zur Umsetzung ihrer originären Aufgaben bestehen. Zur besseren Übersicht wurde das Buch in zwei Bereiche untergliedert. In Teil I erfolgt unter dem Titel ‚Theoretische Grundlagen für die Reflexion einer Kritischen Praxis' die Erläuterung verschiedener wissenschaftlicher Ansätze Kritischer Sozialer Arbeit, deren Praxis und relevanter Reflexionstheorien sowie Grundlagen professioneller Haltung und tragfähiger Arbeitssituationen. Teil II ‚Reflexionsmodelle für die Praxis' umfasst die Reflexion der Rahmenbedingungen Sozialer Arbeit und stellt drei konkrete Reflexionsmodelle vor, die sich auf die soziale Einzelarbeit, auf Situationen innerhalb Sozialer Arbeit und übergeordnete Problematiken beziehen. Beide Teile bauen inhaltlich aufeinander auf, sind aber auch unabhängig voneinander les- und umsetzbar.

Die gesellschaftlichen Rahmenbedingungen der Sozialen Arbeit sind nach unserer Meinung nicht statisch, sondern veränderbar. Die drei Bereiche kritische Analyse, kritisches Handeln und kritische Reflexion charakterisieren eine ‚Kritische Praxis'. Professionell Handelnde müssen sowohl über die Fähigkeit zur Analyse und Bewertung wissenschaftlicher Theorien und Methoden als auch – im Sinne einer demokratischen Handlungsrationalität – der institutionellen und gesellschaftlichen Rahmenbedingungen verfügen. Um handlungsfähig zu sein, müssen Sozialarbeiter*innen ihr Wissen situations- und personenadäquat anwenden können. Das Bewusstsein, dass die eigenen Norm- und Wertvorstellungen nicht zum Maßstab für das Denken und Handeln der Klient*innen gemacht werden können, ist für das professionelle Handeln wesentlich. Professionelles Handeln erfordert nach unserem Verständnis folglich ein Zusammenspiel von Wissen, Können und Haltung. Diese Inhalte werden in den ersten drei Kapiteln ‚Kritische Soziale Arbeit', ‚Kritische Praxis' und ‚Das Verhältnis von Wissen, Können und Reflexion in der Sozialen Arbeit' vertieft dargestellt. In Teil I, Kapitel 4 setzen wir uns mit ethischen Prinzipien sowie Menschenrechten und sozialer Gerechtigkeit als Standards der Kritischen Profession auseinander.

Einer der Impulse, sich in diesem Buch eingehend mit Reflexionstheorien zu befassen, entstand im Zusammenhang mit der Analyse der Ausbildungsstrukturen von Sozialarbeiter*innen in Großbritannien und Nordirland. Die Theorieentwicklung im angloamerikanischen Sprachraum zum Stellenwert der Reflexion in der Sozialen Arbeit ist wesentlich weiter vorangeschritten als im deutschen Sprachraum. Insbesondere das Werk von Linda Bruce ‚Reflective Practice for

Social Worker. A Handbook for Developing Professional Confidence' (2013) bietet einen vertieften Einstieg in den Fachdiskurs und regte die in Kapitel 5 dargestellte erneute Auseinandersetzung mit den ‚Klassikern' der angloamerikanischen Reflexionstheorie an. Die persönlichen Grundlagen einer professionellen Haltung verbunden mit den relevanten biografischen und gesellschaftlichen Beeinflussungsaspekten werden in Kapitel 6 beschrieben. Das den Teil I abschließende Kapitel 7 erläutert die Bedingungen zum Aufbau einer tragfähigen Arbeitssituation und beschäftigt sich vertieft mit dem Phänomen Vertrauen in unterschiedlichen für die Soziale Arbeit bedeutsamen Dimensionen.

Reflexion ist der Schlüssel zur Aneignung einer professionellen Haltung und Grundlage für professionelles Handeln in der Sozialen Arbeit. Die Vermittlung von Reflexionskompetenzen zählt zu den Kernbereichen des Studiums der Sozialen Arbeit. In unserem Verständnis bezieht sich Reflexion sowohl auf einzelne sozialarbeiterische bzw. sozialpädagogische Interventionen als auch auf die Reflexion der strukturellen Rahmenbedingungen der Sozialen Arbeit. Teil II setzt sich mit Reflexionsschritten auseinander und zeigt Reflexionsmodelle auf, die zur professionellen Planung und Evaluation sinnvoll einsetzbar sind. In Kapitel 2 und 3 werden Reflexionsaspekte in Bezug auf die Rahmenbedingungen der Institutionen und der Arbeitsfelder erläutert. Es folgt die Beschreibung der als Ausgangsbasis für Planung und Reflexion der Arbeit mit Klientinnen und Klienten notwendigen Daten. Danach stellen wir drei von uns erarbeitete Modelle der Reflexion vor:

- Die Multidimensionale Fallreflexion als kasuistisches Modell für die soziale Einzelarbeit

- Die Situationsreflexion als Modell für die Evaluierung erfolgter Interventionen in Handlungssituationen Sozialer Arbeit

- Die Problemanalyse als Darstellung problematischer Auswirkungen institutioneller, organisatorischer oder gesellschaftspolitischer Gegebenheiten

Ein gemeinsames Buch zu schreiben, ist auch ein kleines Abenteuer, das wir aus unserer Sicht mit einem guten Ende bewältigt haben. Zwar kennen wir uns seit Jahren aus der Tätigkeit an der HAWK Hildesheim, dem Austausch im Rahmen der Lehre und der gemeinsamen Entwicklung und Implementierung spezifischer Module zu Themen der professionellen Identitätsbildung und Reflexion Sozialer Arbeit, so wurde uns doch trotzdem erst im Laufe des Schreibens an diesem Buch wirklich deutlich, wie gut sich unsere unterschiedlichen Ansätze in Bezug auf das Thema Reflexion ergänzen. Beide verfügen wir über eine vielfältige und ‚bunte' Berufsvita, die einen bereichernden Hintergrund für die Lehrtätigkeit bilden. Wie alle professionell Handelnden so werden auch wir von unseren Erfahrungen aufgrund der gesellschaftspolitischen Konstellationen unserer jeweiligen Biografien und der gewählten Arbeitsfelder in unserem Denken und unserer Haltung beeinflusst. Fühlt sich der eine mehr dem Kritischen Realismus verpflichtet und bringt neben ehrenamtlichen Erfahrungen aus der Jugendverbandsarbeit berufliche aus der stationären Jugendhilfe (Erzieher in verschiedenen Kinderheimen und Jugendwohnungen), der sozialen Gerontologie (Einsatzleitung in einer Sozialstation) und der Migrationssozialarbeit (Beteiligung am Aufbau einer unabhängigen Flüchtlingsberatungsstelle) in seine Tätigkeit ein, bilden für die andere die Erkenntnisse der Auseinandersetzung im Rahmen der Frauenbewegung, Auslandserfahrungen und Berufserfahrungen sowohl in der Wirtschaft als auch verschiedenen Bereichen Sozialer Arbeit wie Frauenhaus- und Bildungsarbeit sowie dem Gesundheitswesen verbunden mit der Tätigkeit als Supervisorin den Hintergrund ihrer professionellen Ausrichtung. Es eint uns zum einen der gesellschaftspolitische Blick auf Soziale Arbeit und die Umsetzung dessen im Rahmen Kritischer Sozialer Arbeit, zum anderen das Verständnis von Lehre an einer Hochschule, in der die wissenschaftliche Arbeit und der Praxisbezug deutlich miteinander verknüpft werden und Selbstreflexion nicht nur Aufgabe der Studierenden, sondern auch für uns als Lehrende selbstverständlich ist. Konstruktive, durchaus dynamische Diskussionen zu einzelnen wissenschaftlichen Ansätzen und Inhalten haben uns im Laufe der Arbeit an diesem Buch dabei unterstützt, Positionierungen möglichst unmissverständlich und akzentuiert herauszuarbeiten. Nicht zuletzt waren diese Auseinandersetzungen immer wieder jene Herausforderungen, die den Spaß am wissenschaftlichen Denken für uns ausmachen.

Das anfangs genannte philosophische Zitat bezieht sich im Kontext dieses Buches auf die Reflexion der Sozialen Arbeit, wie wir sie verstehen. Das Ganze ist eben auch hier viel mehr als die Summe aller einzelnen Teile. Wir möchten mit unseren Modellen für eine umfassende Reflexion begeistern; und in diesem Wort steckt nicht zufällig der Begriff ‚Geist', den wir als eine Verbindung von Intellekt und Emotion begreifen. Mit unseren Ausführungen möchten wir für eine Sicht auf die Zusammenhänge zwischen den Bereichen der sozialen Einzel- und Gruppenarbeit, der institutionellen Gegebenheiten sowie der gesellschaftspolitischen Grundlagen und Ausrichtungen sensibilisieren. Damit ermutigen wir dazu, auf der Meta-Ebene zu betrachten, wie die einzelnen Teile aufeinander aufbauen und sich gegenseitig bedingen, um so den Blick dafür zu schärfen, welche Auswirkungen die Bereiche jeweils haben und diese Wirkungen im Sinne der Menschenwürde und der sozialen Gerechtigkeit zu überprüfen. Nichts ist statisch, alles ist veränderbar. Es liegt in unserer Hand als Sozialarbeiterinnen und Sozialarbeiter, wie sich Soziale Arbeit zukünftig weiterentwickelt.

Teil I Theoretische Grundlagen für die Reflexion einer Kritischen Praxis

1 Kritische Soziale Arbeit

Kritische Soziale Arbeit ist kein neuer theoretischer Ansatz, sondern eine Grundhaltung innerhalb der Sozialen Arbeit, die sich darin äußert, die gegebenen gesellschaftlichen Verhältnisse nicht unhinterfragt hinzunehmen. Soziale Ungleichheit ist aus kritischer Sicht ein Ausdruck ungleicher Machtverhältnisse in der Gesellschaft. Menschen werden aus sozialen Zusammenhängen ausgegrenzt, die ihnen ein Mehr an materiellen und ideellen Ressourcen verschaffen würden. Um den Fortbestand dieser Machtungleichgewichte zu sichern, versuchen die dominierenden sozialen Gruppen die bestehenden Strukturen ideologisch zu legitimieren. Dies geschieht durch Einflussnahme auf die Meinungsbildungsprozesse im Alltag und in beruflichen Kontexten, im letztgenannten Bereich beispielsweise dadurch, dass Theorien, die die Verhältnisse untermauern, in wissenschaftlichen Diskursen die Oberhand gewinnen. Eine Kritische Soziale Arbeit, aber auch eine kritische Wissenschaft macht es sich zur Aufgabe, die Interessen offenzulegen, welche hinter den Mechanismen stecken, mit denen die soziale Ungleichheit aufrechterhalten wird.

Der zentrale Bezugspunkt einer sich kritisch verstehenden Sozialen Arbeit ist die Menschenwürde. In der Auseinandersetzung um die ‚Soziale Frage' infolge der industriellen Revolution wurde die Forderung nach menschenwürdigen Lebensbedingungen der Arbeiterklasse zum Leitmotiv der Arbeiterbewegung. Die Verwirklichung sozialer Gerechtigkeit mit dem Ziel, dem Einzelnen ein menschenwürdiges Dasein zu ermöglichen, prägte die politischen Auseinandersetzungen (vgl. Reiter 2004: 7f). Die Einführung der bismarckschen Sozialversicherung im Deutschen Reich, aber auch die Institutionalisierung staatlicher Kontroll- und Unterstützungsformen – Entwicklungen, auf die sich die spezifische Struktur der Sozialen Arbeit in Deutschland zurückführen lässt – gehen auf diese sozialen Kämpfe zurück.

Für die Wegbereiterinnen der Sozialen Arbeit wie Jane Addams, Mary Richmond und Alice Salomon waren die Not und das Elend der in unwürdigen Verhältnissen lebenden Arbeiterfamilien in dieser Frühphase der Industrialisierung der Ausgangspunkt ihres Engagements. Sie erkannten, dass die Gründe für die Armut und Hilfsbedürftigkeit nicht im Unvermögen oder im Unwillen der vom Elend betroffenen Frauen, Männer und Kinder liegen, sondern dass die Notlagen struktureller Natur sind. Den Problemen liegen gesellschaftliche Ursachen zugrunde, die zu Ungleichheit, Ungerechtigkeit und sozialer Benachteiligung führen. Im Bewusstsein dieser Tradition kann Soziale Arbeit wie folgt charakterisiert werden:

> Sie „ist [...] Arbeit auf der Schattenseite der bestehenden kapitalistischen Gesellschaft, also der Seite, welche sowohl die Individuen wie auch das ganze System gerne verdrängen. Die Wahrnehmung von Leid, Elend und Not beeinträchtigt das individuelle Wohlbefinden. Sie stellt auch die gesellschaftliche Legitimation in Frage. Soziale Arbeit befindet sich damit im Widerspruch." (Mäder 2006: 203)

Nach Ueli Mäder ist die Soziale Arbeit am Rand der Gesellschaft tätig. In der täglichen Konfrontation mit den Lebenslagen marginalisierter Gruppen nehmen die Sozialarbeiter*innen sinnlich wahr, auf wie vielfältige Art und Weise soziale Probleme die Lebensqualität der Menschen beeinträchtigen und dadurch ihre Würde bedrohen. Die Soziale Arbeit hat – so Wolfgang Maaser – daher die Aufgabe, soziale Benachteiligung und soziale Ungerechtigkeit in das Bewusstsein der Öffentlichkeit zu rücken und für soziale Gerechtigkeit einzutreten (vgl. Maaser 2010: 10).

1.1 Kritikverständnis der Kritischen Sozialen Arbeit

Wie jede Wissenschaft ist auch die der Sozialen Arbeit – die Sozialarbeitswissenschaft – den wissenschaftlichen Standardnormen der Logik, der Konsistenz, des empirischen Gehalts und der intersubjektiven Überprüfbarkeit verpflichtet.

> „Wissenschaftliche Kritik ist [...] die Kritik an Behauptungen mit Argumenten, dass diese empirisch nicht belegbar sind und/oder auf entweder unzureichend begründeten oder inkonsistenten Annahmen beruhen." (Scherr 2014: 27)

Zentrales Kriterium für eine kritische Wissenschaft ist, dass sie Diskurse, Argumente und Begriffe, die der Aufrechterhaltung gesellschaftlicher Machtstrukturen dienen, kritisch hinterfragt und die verborgenen Intentionen offenlegt. Macht-, Herrschafts- und Ungleichheitsverhältnisse bestehen in den unterschiedlichsten Bereichen der Gesellschaft. Anhand sozialer Kategorien wie Klasse, Ethnizität und Geschlecht lassen sich die der Gesellschaft zugrundeliegenden Strukturen analysieren. Auf diese Weise lässt sich auch herausarbeiten, mit welchen herrschaftslegitimierenden Strategien versucht wird, diese auf Dauer zu stellen (vgl. Klinger u. Knapp 2005: o.S.). Als kritische Wissenschaft betreibt die Kritische Soziale Arbeit folglich Ideologiekritik.

„Die Ideologiekritik geht davon aus, dass die Wahrnehmung der gesellschaftlichen Realität durch Ideologien verdeckt wird. Der Ansatz der Ideologiekritik will somit den Blick für die ‚wahren' Verhältnisse frei machen, indem er die verblendende Ideologie als solche benennt." (Kreisky 2002: o.S.)

Voraussetzung, um eine solche Ideologiekritik leisten zu können, ist demokratische Handlungsrationalität, die sich Individuen in sozialen Bezügen aneignen. Bernd Dewe definiert demokratische Handlungsrationalität als Kompetenz, gesellschaftspolitische Diskurse in ihren jeweiligen zeitlichen und sachlogischen Kontexten erfassen zu können und zu erkennen, welche unterschiedlichen politischen Interessenlagen jeweils in den Argumentationsmustern eingelagert sind (vgl. Dewe 2013: 107). Ein an den legitimen Bedürfnissen der Adressat*innen ausgerichtetes, Partei ergreifendes professionelles Handeln stützt sich auf eine situations- und adressat*innenbezogene Handlungskompetenz. Diese Kompetenz zeichnet sich durch den reflexiven Umgang mit wissenschaftlichen Erkenntnissen aus (vgl. Dewe 2003: 232).

Die Kritische Soziale Arbeit wird von der Realutopie getragen, dass eine solidarische und gerechte Welt möglich ist. In Anlehnung an Karl Marx ist es daher notwendig, gesellschaftliche Verhältnisse „in denen der Mensch ein erniedrigtes, ein geknechtetes, ein verlassenes, ein verächtliches Wesen ist" (Marx 1976: 385) zu verändern. Diese Utopie teilt die Kritische Soziale Arbeit mit den sozialen Emanzipationsbewegungen (bspw. der Bürgerrechtsbewegung, der Frauenbewegung, der globalen Occupy-Bewegung etc.). Werden Herrschaftsverhältnisse infrage gestellt, ist mit dem Widerstand der Herrschenden und Mächtigen zu rechnen.

„[Kritik] kann dazu führen, dass der/ die Kritiker*in aus hegemonialen Positionen heraus deutlich in institutionelle Schranken verwiesen wird, dass ihr/ ihm ggf. sogar Sanktionen drohen. [...] Gesellschafts- und Herrschaftskritik kann Konsequenzen haben, die für den/ die Kritiker*in unangenehm werden können." (Kessl 2014: 26)

Helga Cremer-Schäfer stellt fest, dass alle Befreiungsfortschritte die Herrschenden im Gegenzug dazu animierten, die Herrschaftstechniken weiterzuentwickeln, um Macht zurückzugewinnen. Den emanzipatorischen Erfolg einer kritischen Wissenschaft sieht sie daher, ohne zu resignieren, als bescheiden an (vgl. Cremer-Schäfer 2014: 33).

Aus diesem Grund sind solidarische Zusammenschlüsse von Sozialarbeiter*innen in Form regionaler und überregionaler Arbeitsbündnisse und berufspolitischer Organisationen wie die Arbeitskreise ‚Kritische Soziale Arbeit', das unabhängige Forum ‚Einmischen', der DBSH oder der Junge DBSH die als kollektive Akteur*innen sozialpolitische Fehlentwicklungen thematisieren und Veränderungen einfordern, wichtige Plattformen für die Formulierung öffentlicher Kritik. Diese Form von Kritik ist politische Kritik. Ihr Charakteristikum ist es, dass sie die Unzufriedenheit mit bestimmten gesellschaftlichen Zuständen aufgreift und Veränderungen einfordert. Als fachpolitische Kritik stützt sie sich auf wissenschaftliche Erkenntnisse.

1.2 Begrifflicher Kern der Kritischen Sozialen Arbeit

In den 1960er Jahren bildeten sich in Deutschland ‚Arbeitskreise Kritischer Sozialarbeit'. Ziel dieser Gruppen war es, Missstände innerhalb der Praxis der Sozialen Arbeit aufzudecken sowie den unbefriedigenden Umgang mit sozialen Problemen in der Gesellschaft zu skandalisieren. Ab 2005 kam es zu Neugründungen kritischer Arbeitskreise, nun unter dem Titel ‚Arbeitskreis Kritische Soziale Arbeit' (vgl. Penke 2009: 192). In Anlehnung an ein Positionspapier des

Arbeitskreises benennt Swantje Penke deren Gegenstand und Aufgabe wie folgt:

> „Schwerpunkte einer kritischen Sozialen Arbeit sollen eine eigenständige Benennung des Gegenstands Sozialer Arbeit, eine reflexive Grundhaltung über strukturelle Zusammenhänge und die eigene Verstricktheit im System sowie die Aufklärung über gesellschaftliche Interessenskonflikte und Machtunterschiede sein." (Penke 2009: 203)

Das Professionsverständnis, das einer sich kritisch positionierenden Sozialen Arbeit zugrunde liegt, basiert auf der Verknüpfung individueller und struktureller Erklärungsansätze sozialer Probleme. In dieser ganzheitlichen Betrachtung werden Probleme der Lebensbewältigung des Einzelnen nicht nur im Hinblick auf Interaktionsmerkmale und Interaktionsmuster, sondern auch in ihrer Wechselwirkung mit Strukturmerkmalen der Gesellschaft betrachtet (Heiner 2010a, Staub-Bernasconi 2009 u. Thiersch 2009).

Eine sich kritisch verstehende Soziale Arbeit hat also immer auch die gesellschaftlichen Rahmenbedingungen, die das Entstehen sozialer Notlagen begünstigen oder hierfür ursächlich sind, im Blick. Sie ist sich darüber hinaus im Klaren, dass das Spannungsverhältnis von Hilfe und Kontrolle – das doppelte Mandat – ihren Handlungsrahmen bestimmt. Dabei geht es zum einen um die Bereitstellung und Vermittlung von Unterstützungsleistungen sowie andererseits darum, die Menschen in die Lage zu versetzen, ihre Lebensbedingungen zu verbessern. Dies umfasst sowohl die Befähigung des Einzelnen zur Aneignung von Kompetenzen, Eigenschaften und Haltungen, die die Voraussetzung für eine erfolgreiche Lebensgestaltung bilden, als auch die Befähigung des Einzelnen, sich für eine Verbesserung der eigenen Lebensbedingungen einzusetzen (vgl. Seithe 2010: 45).

> „Keine Frage: Soziale Arbeit ist keine Kraft, die eine Gesellschaftsveränderung selber herbeiführen kann, denn sie ist immer durch ihr doppeltes Mandat an die Auftrag gebende Gesellschaft gebunden. Aber sie sieht sich dennoch auch als eine Profession, die im Rahmen der gegebenen gesellschaftlichen Rahmenbedingungen Menschen dabei helfen kann, ein Leben in Würde, im Schutz ihrer Rechte und mit den notwendigen Teilhabechancen zu führen. Und sie ist auch bereit sich dafür gegenüber der Gesellschaft einzusetzen." (Seithe 2010: 45)

Diese Bereitschaft setzt voraus, dass sich die Soziale Arbeit auch ihrer eigenen Anteile bei der Aufrechterhaltung sozialer Ungleichheit oder ihrer Beteiligung an sozialer Ausgrenzung bewusst wird. Sie ist durch ihren gesellschaftlichen Auftrag Teil des gesellschaftlichen Systems und steht nicht außerhalb der kritikwürdigen Zustände. Aus diesem Grund muss sich die Soziale Arbeit ihre Verstricktheit vergegenwärtigen und sich mit den eigenen repressiven Anteilen kritisch auseinandersetzen. (vgl. Schreier 2012: 14)

„Es käme darauf an, scheinbar unverrückbare Realitäten und Begrenzungen ebenso wie die eigene Verstrickung reflexiv in den Blick zu nehmen. [...] Durch hartnäckiges Infrage stellen von Normalitätsannahmen und ‚Wahrheiten' wie auch durch selbstkritische Reflexivität könnten neue, andere Perspektiven freigelegt werden" (Schreier 1012: 14)

Die vorgenannten Widersprüche bedürfen einer kritischen (Selbst-) Reflexion. Die Grenze, die zwischen Befähigung oder Bevormundung der Menschen liegt, muss von professionell Handelnden in ihrer täglichen Arbeit immer wieder aufs Neue bestimmt werden. Hierfür ist eine kritische Auseinandersetzung mit den vermeintlichen Sachzwängen ebenso erforderlich wie das Infragestellen sozialpolitischer Entscheidungen, die menschenunwürdige Lebensbedingungen zur Folge haben. Nach Silvia Staub-Bernasconi bedarf die Soziale Arbeit hierzu eines dritten Mandats, das es ihr ermöglicht, aufgrund ihrer normativen Grundlagen und ihrer professionellen Standards eine eigenständige Bewertung und Positionierung gegenüber dem gesellschaftlichen Auftrag und der an sie gerichteten Ansprüche der Adressat*innen vorzunehmen (vgl. Staub-Bernasconi 2007: 200f).

In diesem Sinn fordert Michael Galuske von einer kritischen Sozialen Arbeit eine differenzierte Auseinandersetzung mit den ihr von der Gesellschaft zugewiesenen Funktionen, den damit verbunden Aufgaben und den dafür zur Verfügung gestellten Ressourcen (vgl. Galuske 2002: 21). Der reflexive Blick ist für Galuske eine Art ‚Seh-hilfe', denn er ermöglicht es, die Rahmenbedingungen Sozialer Arbeit als von Menschen gemachte Bedingungen zu erkennen und sie als Resultat gesellschaftlicher Kräfteverhältnisse einzuordnen (vgl. Galuske 2002: 347). Eine kritische Soziale Arbeit – Disziplin und Profession –

haben die Aufgabe, die den sozialpolitischen Entscheidungen zugrundeliegenden Interessen und Herrschaftsverhältnisse zu entschlüsseln. Auf diese Weise ist es einer sich kritisch verstehenden Sozialen Arbeit auch möglich, die Ambivalenz des eigenen professionellen Handelns zur reflektieren, das angesiedelt ist zwischen der Erbringung von Unterstützungsleistungen und der Instrumentalisierung zwecks Sicherung von Herrschaft (vgl. Prömmel 2006: 29).

Politische Bestrebungen haben zu einer neoliberalen Umstrukturierung des Sozialstaats geführt, die wiederum eine De-Professionalisierung der Sozialen Arbeit auf den Weg gebracht hat. Die einseitige Ausrichtung an ökonomischen Kriterien hat zu einer Aushöhlung fachlicher Standards geführt. Methoden der Sozialen Arbeit wurden ihres emanzipatorischen Kerns beraubt und sozialarbeiterische Prinzipien zugunsten einer neoliberalen Ausrichtung umgedeutet. Von einer Kritischen Sozialen Arbeit muss daher gefordert werden, dass sie sich auf ihre Fachlichkeit besinnt und im politischen Diskurs positioniert.

„Es geht um das offene und widerständige Beharren auf den Eckpfeilern der Profession: auf ihrer sozialpädagogischen Konzeption, auf ihrer Ethik, auf ihren Begriffen und dem eigenen Verständnis ihrer Begriffe sowie ihren lebensweltorientierten Methoden und Zeitperspektiven." (Seithe 2010: 257)

Mechthild Seithe fordert kritische Vertreter von Disziplin und Profession auf, mit ihrer fachlichen Kompetenz, d.h. mit Bezug auf ihre wissenschaftsbegründeten Theorien und Methoden, die negativen Folgen der Umstrukturierung des Sozialstaats für die Marginalisierten in der Gesellschaft aufzuzeigen. Dieser Widerstand muss jedoch – wenn er erfolgreich sein will – ein kollektiver, von Praktiker*innen und Theoretiker*innen gemeinsam getragener Widerstand sein, denn letztlich geht es um die Offenlegung der Interessen, die hinter der neoliberalen Strategie des Umbaus des Sozialstaats liegen. Unternehmen es Profession und Disziplin, diese Interessen aufzudecken, gehen sie auf Konfrontation zu denen, die diese Entwicklung initiiert haben und von ihr profitieren. (vgl. Seithe 2010: 258f)

Nach Pierre Bourdieu kann Politik als ein Feld aufgefasst werden, in dem verschiedene Akteur*innen mit unterschiedlichem Machtpotenzial gegeneinander um die Durchsetzung ihrer Interessen kämpfen. In demokratisch legitimierten Staaten müssen sich die politischen Organisationen um die Zustimmung der Bevölkerung bemühen. Die öffentliche Meinung ist für den Machterhalt von großer Bedeutung. Politik umfasst nach Bourdieu alle sozialen Auseinandersetzungen, die um die Gestalt bzw. Gestaltung von Gesellschaft geführt werden. Dem Kampf um die Wahrnehmungsschemata, mit welchen ‚soziale Gestalten' überhaupt erst erfasst werden können, kommt eine zentrale Bedeutung zu (vgl. Bourdieu 1985, 19f).

Folgt man diesem Verständnis, steht nicht mehr zur Debatte, ob die Soziale Arbeit politisch ist oder nicht. Umstritten ist dann erst ihre politische Ausrichtung bzw. Zielsetzung. Eine Kritische Soziale Arbeit nimmt für sich in Anspruch, nach Macht und Einfluss im Dienst idealer Ziele zu streben. Als ideales Ziel Kritischer Sozialtheorie oder als deren moralischer Imperativ kann – in Anlehnung an Max Horkheimer – das Bestreben gesetzt werden, „soziales Elend abzuschaffen, das nach dem herrschenden Stand der technischen und wissenschaftlichen Produktivkräfte nicht mehr bestehen müsste." (Schweppenhäuser 2010: 18). Horkheimer kritisiert, dass in der kapitalistischen Wirtschaftsordnung die private Aneignung des Mehrwerts zwar legitim ist. Aus ethischer Sicht ist sie aber nicht vertretbar.

> „Das kapitalistische System in der heutigen Phase ist die im Weltmaßstab organisierte Ausbeutung. Seine Aufrechterhaltung ist die Bedingung unermesslicher Leiden" (Horkheimer 1987: 332f)

Die Kritische Soziale Arbeit teilt diesen moralischen Impuls der Kritischen Theorie, geht aber über die vordringlich ökonomisch-klassentheoretisch argumentierende Ungleichheits- und Gesellschaftstheorie hinaus. Erst die Verknüpfung von Klasse, Ethnizität und Geschlecht zu einer intersektionellen Perspektive ermöglicht es, Zusammenhänge und Wechselwirkungen zwischen „den verschiedenen Achsen der Ungleichheit" (Klinger u. Knapp 2005: o.S.) in den Blick zu nehmen. Das Zusammenspiel dieser Merkmale prägt auf unterschiedliche und nachhaltige Weise die Strukturen sozialer Ungleichheit der Gesellschaft.

"[S]oziale Kategorien wie Gender, Ethnizität, Nation oder Klasse [können] nicht isoliert voneinander konzeptualisiert werden (.), sondern [müssen] in ihren ‚Verwobenheiten' oder ‚Überkreuzungen' (intersections) analysiert werden (.). Additive Perspektiven sollen überwunden werden, indem der Fokus auf das gleichzeitige Zusammenwirken von sozialen Ungleichheiten gelegt wird. Es geht demnach nicht allein um die Berücksichtigung mehrerer sozialer Kategorien, sondern ebenfalls um die Analyse ihrer Wechselwirkungen" (Walgenbach 2012: 81).

Elend und Not hatten sicherlich in Deutschland im neunzehnten und zu Beginn des zwanzigsten Jahrhunderts noch eine andere Dimension als heute. Formen eklatantester Ausbeutung und Verelendung sind mittlerweile überwiegend in die ärmsten Länder der Welt verlagert worden. Aber soziale Not prägt zunehmend auch den Alltag immer größerer Gruppen in der Gesellschaft der Bundesrepublik, nicht zuletzt dadurch, dass arbeitsrechtliche Normen über neue, grenzüberschreitend geltende Vertragsbeziehungen (Werkverträge, Leiharbeit) außer Kraft gesetzt werden. Aber auch Menschen, die der ökonomischen Verwertungslogik des Neoliberalismus nicht mehr entsprechen können oder wollen, werden ausgegrenzt.

"[D]er aktivierende Staat [unterscheidet] sehr deutlich und ohne Skrupel zwischen Menschen, für die sich Investitionen lohnen und solchen, für die sie nicht (mehr) lohnen, weil sie ihre Chance angeblich gehabt, aber nicht genutzt haben. Dies ist ein Menschen- und Gesellschaftsbild, das sich von den Werten und Prinzipien der Aufklärung und vom Grundgesetz entfernt hat." (Seithe 2010: 261)

Professionell Handelnde, die sich einer Kritischen Sozialen Arbeit verpflichtet fühlen, orientieren sich an den Menschenrechten und den Werten der Menschenwürde und sozialen Gerechtigkeit. Sie leiten ihre professionellen Standards aus diesen Werten ab und positionieren sich nach Möglichkeit in öffentlichen Debatten (siehe Teil I Kapitel 4).
    Als Expert*innen für soziale Probleme können die Akteur*innen der Sozialen Arbeit versuchen, auf die öffentlichen Meinungs- und Willensbildungsprozesse Einfluss zu nehmen. Ihre Fachlichkeit, d.h. ihre in Theorie und Praxis erworbene Qualifikation, das Gesellschafts-

system kritisch zu hinterfragen, ihre in der Praxis gewonnenen Kenntnisse der Problemlagen und deren sozialer Zusammenhänge und ihre normative Orientierung an professionellen Standards und Werten befähigen sie, die Diskussion mit gesicherten Argumenten zu führen und dennoch für Kritik offen zu sein.

Ein bestimmter Stand der Fachlichkeit kann nicht als gegeben vorausgesetzt werden, sondern muss auch im eigenen Feld immer wieder reflektiert und diskutiert werden. So hat das Bewusstsein, dass sich soziale Probleme nicht auf der Ebene der Nationalstaaten lösen lassen, zu einer transnationalen Öffnung der Sozialen Arbeit und damit zu neuen Kontroversen und Perspektiven geführt. Es gilt, Institutionen auf unterschiedlichen Ebenen aufzubauen und Netzwerke zu pflegen, auch wenn die Ressourcenvergabe nach wie vor über den Nationalstaat erfolgt. Generell muss eine transnational ausgerichtete Kritische Soziale Arbeit globale Ungerechtigkeiten im Blick haben. Sie muss im Austausch mit Sozialarbeiter*innen verschiedener Länder die Normen und Werte diskutieren und sich auf einer übernationalen Ebene auf Standards einigen die eine gemeinsame Grundlage des Handelns schaffen.

1.3 Professionspolitische Positionierung der Sozialen Arbeit

Die neoliberale Umstrukturierung des Sozialstaats wird von einer Denkhaltung bestimmt, die den grundrechtlich verankerten Prinzipien der Menschenwürde, Menschenrechte und sozialen Gerechtigkeit ein geringeres Maß an Geltung einräumt. Mit den dadurch eingeleiteten ökonomischen und sozialen Veränderungen der Arbeitsbedingungen droht die Soziale Arbeit ihr an diesen Prämissen orientiertes Selbstverständnis zu verlieren. Aus diesem Grund ist es erforderlich, dass eine Kritische Soziale Arbeit nachdrücklich für den Erhalt ihrer Werte und die Weiterentwicklung ihrer professionellen Standards eintritt. Seithe hebt die Notwendigkeit hervor, offensiv öffentlich Stellung zu beziehen und sich in den aktuellen politischen Diskurs einzumischen. (vgl. Seithe 2010: 245)

Aktuell macht Seithe drei Bereiche aus, die dringend einer fachlichen und ethischen Positionierung bedürfen. Die Positionen sind: (1.) Missbilligung und Ablehnung einer ausschließlich an Marktkriterien ausgerichteten Sozialen Arbeit. (2.) Festhalten an der Aufgabe, zwischen den berechtigten Interessen der Klientel und den legitimen Ansprüchen der Gesellschaft zu vermitteln. (3.) Durchsetzung der fachlichen Autonomie der Sozialen Arbeit. (vgl. Seithe 2010: 246ff)

Zu 1.) Missbilligung und Ablehnung einer ausschließlich an Marktkriterien ausgerichteten Sozialen Arbeit.

Im ‚entfesselten Kapitalismus' (Bischoff 2003) werden die Menschen nur noch als Humankapital betrachtet. Die ökonomische Verwertbarkeit der Einzelnen ist zur obersten Prämisse staatlicher Sozialpolitik geworden. Menschen, die dieser Ideologie nicht entsprechen können oder wollen, werden sanktioniert oder erhalten nur noch auf das lebensnotwendigste Maß reduzierte Leistungen und Angebote. Die Indienstnahme der Sozialen Arbeit für eine Ideologie, die ausschließlich auf Verwertungsinteressen und Gewinnmaximierung ausgerichtet ist, muss zurückgewiesen werden. (vgl. Seithe 2010: 246)

„Eine an Gerechtigkeit interessierte Gesellschaft muss bestimmte Bereiche aus dem Marktgeschehen heraushalten und jenseits des Marktes stützen [...], sonst verkauft sie ihre Menschen an ein System, dem Supergewinne wichtiger sind als das Wohl der Schutzbefohlenen und die Menschenrechte." (Seithe 2010: 247)

Zu 2.) Festhalten an der Aufgabe, zwischen den berechtigten Interessen der Klientel und den legitimen Ansprüchen der Gesellschaft zu vermitteln.

Die intermediäre Funktion (vgl. Heiner 2010a: 432f) der Sozialen Arbeit – also die Vermittlung zwischen den berechtigten Wünschen und Bedürfnissen der Klientel sowie den berechtigten Interessen der Gesellschaft – ist durch die Einführung der neuen Steuerungsinstrumente des aktivierenden Sozialstaats in eine Schieflage geraten. Die Interessen der herrschenden sozialen Klasse dominieren. Der Sozialen Arbeit wird die Aufgabe zugewiesen, die Menschen an die Erfordernisse des Marktes anzupassen. Eine kritische Auseinandersetzung mit den strukturellen Ursachen sozialer Probleme ist nicht erwünscht. Die Soziale Arbeit wird auf ihre Erziehungsfunktion reduziert. Eine auf Kommunikation, Verständigung und Vermittlung ausgerichtete Soziale Arbeit hat im aktivierenden Sozialstaat kaum mehr eine Berechtigung. Aus diesem Grund muss die Soziale Arbeit auf ihrer intermediären Funktion beharren. (vgl. Seithe 2010: 248f)

> „Das Mandat des Systems nämlich dominiert heute das Mandat der Menschen, um die es geht. [...] Bedürfnisse und Interessen der Klientel werden nur soweit berücksichtigt, als es dem Mandat des Systems nicht im Wege steht. Es gibt keinen (konstruktiven) Konflikt zwischen den beiden Mandaten mehr. Tritt ein Konflikt ein, wird von der Seite der Sozialen Arbeit erwartet, dass sie klar im Interesse des Systems handelt." (Seithe 2010: 248f)

Zu 3.) Durchsetzung der fachlichen Autonomie der Sozialen Arbeit

Die Professionalisierung der Sozialen Arbeit ist weit fortgeschritten. Gestützt auf wissenschaftliche Erkenntnisse verfügt die Soziale Arbeit über theoriebasierte Handlungsformen und Arbeitsweisen sowie eine gemeinsame normative Grundlage. In diesem Sinn ist die Soziale Arbeit in der Lage, notwendige Interventionen fachlich und ethisch zu bewerten und auf dieser Basis konkrete Lösungsansätze mit der Klientel auszuhandeln. Es mangelt jedoch an der gesellschaftlichen Anerkennung als wissenschaftlich fundierter und fachlich autonom agierender Profession. Professionell Handelnde in der Sozialen Arbeit sind aufgefordert, sich dieses Recht zu erstreiten. (vgl. Seithe 2010: 250f)

> „Sozialarbeitende müssen das Recht haben, sich in der Praxis auf ihren spezifischen Kodex berufen zu können, sowohl was ihre Fachlichkeit, als auch was ihre Ethik betrifft". (Seithe 2010: 250)

Um Fachlichkeit und qualitativ hochwertige sowie angemessene Angebote und Interventionen der Sozialen Arbeit zu gewährleisten, die Profession aber auch vor der Instrumentalisierung durch ökonomische oder ideologische Zwecke zu schützen, bedarf es einer demokratisch legitimierten Institution. In Analogie zur Ärzte- oder Rechtsanwaltskammer muss eine Instanz geschaffen werden, die über die fachlichen Standards und den aufgestellten ethischen Kodex der Profession Soziale Arbeit wacht. (vgl. Seithe 2010: 252)

Inspiriert von den Handlungsprämissen Seithes wurde auf der ‚Berliner Arbeitstagung Kritische Soziale Arbeit' 2011 eine Resolution verabschiedet. Den Kern der Erklärung bildet der Appell an die professionell Handelnden, Respekt und Anerkennung für die Leistungen der Sozialen Arbeit einzufordern und sich deren Entwertung zu widersetzen. (vgl. Einmischen 2011: 2) Darüber hinaus werden die Akteur*innen der Sozialen Arbeit aufgefordert, sich zu organisieren und zu vernetzen, um gemeinsam mit Berufsverbänden und Gewerkschaften gegen die neoliberale Vereinnahmung der Sozialen Arbeit Widerstand zu leisten und für soziale Gerechtigkeit einzutreten. Der Appell richtet sich auch an kritische Sozialarbeitswissenschaftler*innen, die ermahnt werden, sich thematisch mit dem Ideologiegehalt neoliberaler Konzepte und den damit verknüpften Herrschaftsinteressen auseinanderzusetzen. (vgl. Einmischen 2011: 3) Forderungen werden auch an die Ausbildungsagenturen der Sozialen Arbeit gerichtet. Sie sollen ihrer ethischen, fachlichen und politischen Verantwortung nachkommen und die aktuellen sozialpolitischen Entwicklungen bereits in der Ausbildung thematisieren. Die Hochschulen werden in die Pflicht genommen, die Studierenden bei der Entwicklung eines kritischen professionellen Selbstverständnisses zu unterstützen. (vgl. Einmischen 2011: 4)

1.4 Kritische Sozialarbeitswissenschaft

Um der gegenwärtigen De-Professionalisierung der Sozialen Arbeit entgegenzuwirken, bedarf es nicht nur des Widerstands der professionell Handelnden in der Praxis. Auch kritische Wissenschaftler*innen sind aufgefordert, offensiv Stellung zu beziehen.

Seithe stellt fest, dass es an kritischen Analysen, die sich mit den problematischen gesellschaftlichen Entwicklungen der letzten Jahre auseinandersetzen und Perspektiven für einen Richtungswechsel entwickeln, nicht mangelt. Kritisch merkt sie jedoch an, dass die wissenschaftlichen Erkenntnisse nur unzureichend publik gemacht werden und auf wenig Interesse in den Medien stoßen. Problematisch ist darüber hinaus auch, dass die Fachöffentlichkeit kaum erreicht wird. Gerade in der Praxis werden reflexive Analysen benötigt, um den neoliberalen Anforderungen theoretisch fundierte Argumente entgegensetzen zu können. Dies ist Aufgabe einer kritischen Sozialarbeitswissenschaft, die sich dieser Verantwortung bewusst werden muss. (vgl. Seithe 2010: 255)

> „Es ist die geborene Aufgabe der Wissenschaft, die Diskussionen an der Stelle und allen Unkenrufen neoliberaler Modernisierungsanbeter zum Trotz, voranzutreiben, wo die Widersprüche zwischen Sozialer Arbeit, als einer auf soziale Gerechtigkeit verpflichteten Profession einerseits, und der neoliberalen Variante andererseits offenbar werden." (Seithe 2010: 255)

Die Akteur*innen der Sozialen Arbeit erfahren in ihrem Arbeitsalltag, welche Folgen die vielfältigen Benachteiligungen haben, denen ihre Klientel ausgesetzt sind. Die wissenschaftliche Erfassung und Beschreibung der Lebenssituation und -bedingungen der Adressat*innen muss vermehrt Gegenstand von Praxisforschung werden, damit sich die Akteur*innen der Sozialen Arbeit als fundierte Beobachter*innen und Berichterstatter*innen der Gesellschaft auf der Basis ihrer Forschungsergebnisse positionieren und Einfluss auf den gesellschaftlichen Definitionsprozess sozialer Ungleichheit und sozialer Gerechtigkeit nehmen können.

2 Kritische Praxis der Sozialen Arbeit

Die normativen Grundlagen und berufspolitischen Positionierungen der Kritischen Sozialen Arbeit standen im Zentrum des vorangegangenen Kapitels. Gegenstand des folgenden Abschnitts sind die fachlichen Anforderungen, die die Grundlage für eine Kritische Praxis der Sozialen Arbeit bilden. Der Begriff ‚kritisch' bezieht sich in diesem Zusammenhang auf einen ergebnisoffenen und reflexiven Ansatz, der unterschiedliche Perspektiven, Erfahrungen und Annahmen berücksichtigt. In Anlehnung an Ronald Barnett können drei Bereiche, die für eine Kritische Praxis charakteristisch sind, unterschieden werden: Kritische Analyse, kritisches Handeln und kritisches Reflektieren (vgl. Barnett 1977: 105).

Kritische Analyse
Die Soziale Arbeit ist eine wissensbasierte Handlungswissenschaft. Dementsprechend bildet die Fähigkeit zur Analyse und kritischen Bewertung der wissenschaftlichen Theorien, Methoden, Verfahren und Techniken eine Voraussetzung kritischer Praxis. Professionelle Handlungskompetenz äußert sich nicht nur darin, Handlungsschritte fachlich begründen und belegen zu können. Die fachlichen Standards und ethischen Prinzipien der Profession müssen auch immer wieder hinterfragt und mit den Erfahrungen der Praxis konfrontiert werden. Gleiches gilt auch für die internen strukturellen und die gesellschaftlichen Rahmenbedingungen, die einen großen Einfluss auf die Handlungsmöglichkeiten entfalten. Eine kritische Analyse muss also kontinuierlich und multiperspektivisch erfolgen.

Kritisches Handeln
Voraussetzung kritischen Handelns in der Sozialen Arbeit ist die Handlungsfähigkeit der Sozialarbeiter*innen. Diese Handlungsfähigkeit äußert sich darin, Fachwissen situations- und personenadäquat anwenden zu können. Ihre Motivation basiert darauf, strukturellen Benachteiligungen entgegenzuwirken. Ihr Bestreben ist darauf gerichtet, diese Unterschiede auf der indi-

viduellen und der gesellschaftlichen Ebene zu thematisieren und durch Empowerment zu überwinden.

Kritisches Reflektieren
Voraussetzung kritischer Reflexion ist das Bewusstsein, dass die eigenen Norm- und Wertvorstellungen nicht zum Maßstab für das Denken und Handeln der Klient*innen gemacht werden können. Erst dadurch kann die Situationswahrnehmung zum Gegenstand einer offenen Analyse werden und die Suche nach möglichen Handlungsschritten vor dem Hintergrund einer gemeinsamen Problemdeutung stattfinden. Die Reflexion der eigenen Norm- und Wertvorstellungen sowie die Motive der Berufswahl sind dafür von Bedeutung. (siehe auch Teil I Kapitel 6)

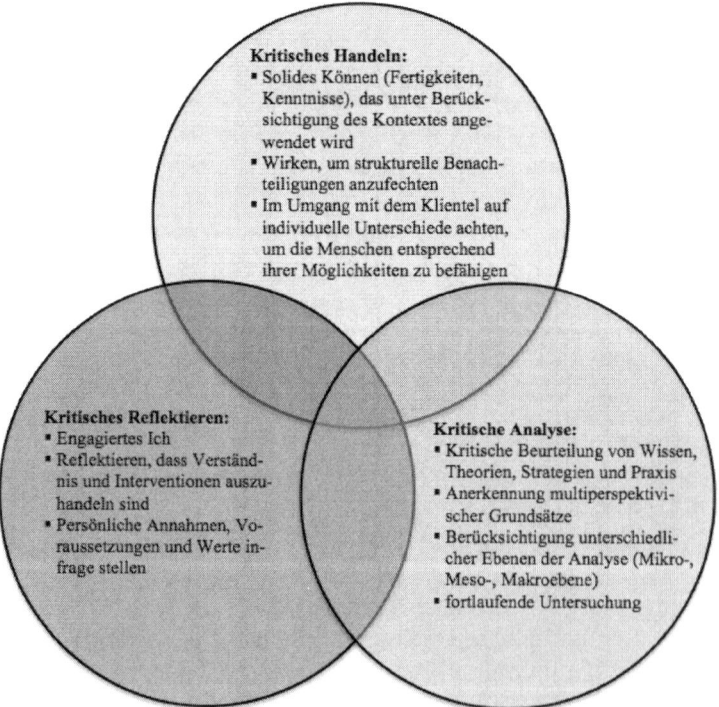

Abb. 1: Drei Bereiche Kritischer Praxis (vgl. Barnett 1977: 105)

Professionelles Handeln erfordert dementsprechend ein Zusammenspiel von Wissen, Können und Haltung. Die sich an die Sozialarbeiter*innen richtende Forderung, ihr Handeln an professionellen Standards und wissenschaftsbegründeten Arbeitsweisen und Methoden auszurichten, schließt die Fähigkeit zum Umgang mit Ungewissheit ebenso ein, wie die Bereitschaft zu einer unvoreingenommenen Situationswahrnehmung. Das Handeln soll an den berufsethischen Kodizes, die wiederum auf den Menschenrechten und den Prinzipien der sozialen Gerechtigkeit basieren, ausgerichtet sein (vgl. Staub-Bernasconi 2007: 200f). Offenheit für multiperspektivische Diskurse und kritisches Engagement sowohl in den Diskursen als auch in der Praxis sind ein Zeichen für eine solche normative Orientierung. (vgl. Barnett 1977: 143f)

Das Fundament einer Kritischen Praxis der Sozialen Arbeit bildet ein professionelles Selbstverständnis, das sowohl die gesellschaftlichen Strukturen als auch ihre gesellschaftliche Funktionszuschreibung kritisch reflektiert. Erforderlich ist die herrschaftskritische Auseinandersetzung mit sozialer Ungleichheit sowie die selbstkritische Analyse der eigenen Arbeitsprinzipien und Methoden unter der Fragestellung, ob ihre Umsetzungen soziale Ungleichheit befördern oder sozialer Ungleichheit entgegenwirken (vgl. Stender u. Kröger 2013: 8).

„Soziale Arbeit wäre als eine soziale Praxis zu verstehen, die Menschen, ausgehend von deren Leid- und Unrechtserfahrungen, nicht nur in ihrer alltäglichen Handlungsfähigkeit stärkt, sondern auch die gesellschaftlichen Ursachen verletzter Menschenrechte öffentlich skandalisiert und mit aller Kraft bekämpft." (Stender u. Kröger 2013: 8)

2.1 Grundannahmen und -haltungen einer Kritischen Praxis

Das Konzept einer Kritischen Praxis basiert auf folgenden Grundannahmen und Haltungen (Galister 2008: 13f) :

- Der Gleichheitsgrundsatz „Alle Menschen genießen das gleiche Ansehen, allen gebührt der gleiche Respekt" ist ethische Prämisse des professionellen Handelns.

- Institutionalisierte soziale Strukturen sind gewachsene Strukturen. Sie sind veränderbar. Die Art und Weise, wie sich das Soziale zu einem gegebenen Zeitpunkt gestaltet, darf nicht als sakrosankt verstanden werden.

- Die Handlungsfähigkeit von Individuen basiert darauf, dass sie Situationen Sinn zuschreiben. Der Sinn, der einem sozialen Sachverhalt zugeschrieben wird, hat Folgen für die umfassenderen Bezüge des Handlungsfeldes.

- Bedeutungszuschreibungen sind sozial konstruiert. Das Handeln der Sozialarbeiter*innen und Klient*innen sowie anderer Akteur*innen ist daher immer in Bezug auf einen bestimmten soziopolitischen und ideologischen Rahmen hin kritisch zu analysieren.

- Innerhalb des Beziehungsgeflechts von Individuen werden stetig Machtungleichgewichte aufgebaut und verfestigt. Diese können aufgedeckt, reflektiert und kommuniziert werden, um sie bearbeitbar zu machen.

- Sozialarbeiter*innen vergegenwärtigen sich, dass es zu vorherrschenden Situationsdeutungen und Handlungsstrategien Alternativen gibt, die zu anderen Interventionen und Ergebnissen führen. Aus diesem Grund ist es notwendig, dass Sozialarbeiter*innen im Rahmen der drei Bereiche Kritischer Praxis (Analyse, Handeln und Reflexion) arbeiten.

- Sozialarbeiter*innen nehmen gegenüber ihren Klient*innen eine offene Haltung ein. Sie nehmen nicht vorschnell Deutungen der Problemlage vor und entwerfen nicht vorschnell Handlungsstrategien.

- Das Konzept der Kritischen Praxis ist auf eine Weise zu verinnerlichen, dass das alltägliche Bewerten, Urteilen und Handeln der Sozialarbeiter*innen innerhalb der Arbeitsprozesse an den Prämissen einer Kritischen Praxis ausgerichtet ist.

2.2 Bewältigung von Ungewissheit

Das wichtigste Strukturmerkmal, das die Praxis der Sozialen Arbeit kennzeichnet, ist, so Burkhard Müller, dass die professionelle Tätigkeit als „Bewältigung spannungsvoller Balanceakte" (Müller 2002: 737) aufgefasst werden kann. Diese Annahme wird von bedeutsamen professionstheoretischen Ansätzen gestützt. Professionelles Handeln in der Sozialen Arbeit ist von Ungewissheit und Unübersichtlichkeit, von paradoxen und antinomischen Anforderungen sowie von Fehleranfälligkeiten geprägt. Die unterschiedlichen Theorieansätze verwenden unterschiedliche Begriffe, um diesen Sachverhalt zu beschreiben (vgl. Helsper, Krüger, Rabe-Kleberg 2000: 2f).

In den Bezügen systemtheoretischer Ansätze wird die Ursache des Problems als Technologie- oder Verstehensdefizit eingestuft. Fritz Schütze als Vertreter der interaktionistisch geprägten Professionstheorie spricht von einem Set paradoxer Anforderungen, welche das professionelle Handeln in der Sozialen Arbeit grundlegend prägen. Ulrich Oevermann, der einen Ansatz der strukturtheoretischen Professionstheorie vertritt, ordnet den Sachverhalt in den Zusammenhang des Arbeitsbündnisses ein. Arbeitsbündnisse können aufgrund ihrer spezifischen Struktur als voraussetzungsreich und störanfällig, sowie als widersprüchlichen Vermittlungsanforderungen ausgesetzt, charakterisiert werden. (vgl. Helsper, Krüger, Rabe-Kleberg 2000: 3)

Professionelles Handeln in der Sozialen Arbeit ist demzufolge weder direkt wissenschaftlich steuer-, noch bürokratisch lenk- oder gar expertokratisch regelbar (vgl. Helsper, Krüger, Rabe-Kleberg 2000: 3). Nach Bernd Dewe und Hans-Uwe Otto weist sich das professionelle Handeln in der Sozialen Arbeit als eigener Handlungstypus aus. Das Besondere dieses Typus wird von ihnen als reflexive Professionalität gekennzeichnet. Reflexiv agierende Sozialarbeiter*innen erzeugen Professionswissen durch Relationierung, indem die Handelnden ihre theoretischen Erkenntnisse auf aktuelle Problemsituationen beziehen und sie somit für die Bewältigung von ungewissen und unübersichtlichen Situationen nutzbar machen. Die Notwendigkeit zur Relationierung markiert den entscheidenden Unterschied zwischen einem technizistischen oder expertokratischen Professionsverständnis (vgl. Dewe 2013: 101f).

Donald Allen Schön hat sich in den 1980er Jahren ebenfalls mit der Frage der Mikrostruktur professionellen Handeln befasst. Auch er geht davon aus, dass professionelles Handeln nicht mit dem Modell ‚technischer Rationalität' gefasst werden kann. Zum einen basiert das Modell der ‚technischen Rationalität' auf der Annahme, dass die Problemdefinition und folglich auch die Zielsetzung konfliktfrei zwischen den Akteur*innen ausgehandelt und eindeutig festgelegt werden können. Zum anderen wird unterstellt, dass sich institutionelle Rahmenbedingungen nicht verändern. Darüber hinaus macht Schön deutlich, dass sich Probleme in der sozialarbeiterischen bzw. erziehungswissenschaftlichen Praxis nicht durch einen einfachen Zugriff auf theoretisches Wissen lösen lassen. Praxissituationen sind – so Schön – durch Komplexität, Unsicherheit und Einzigartigkeit geprägt und von Wert- und Interessenkonflikten der handelnden Akteur*innen gekennzeichnet (Schön 1983: 39ff). Herbert Altrichter bemerkt hierzu:

„Die Hauptaufgabe der PraktikerInnen [ist] nicht die ‚Problemlösung', weil das ‚Problem' als solches gar nicht unzweideutig vorliegt. Es muss durch den nicht-technischen Prozess der Problemdefinition geschaffen werden, der solcherart erst das Wirksamwerden technischer Expertise ermöglicht" (Altrichter 2000: 203)

2.3 Gestaltung von Arbeitsbeziehungen

Der Fähigkeit zur Gestaltung von Arbeitsbeziehungen wird im nationalen und internationalen Professionalisierungsdiskurs der Sozialen Arbeit eine hohe Bedeutung beigemessen (siehe auch Müller 1991, Oevermann 2000, Becker-Lenz u. Müller 2009, Munro 2011, Ebert 2012b). In der Fachwelt herrscht Einigkeit darüber, dass tragfähige Arbeitsbeziehungen die Voraussetzung für langfristig erfolgreiche Interventionen bilden (vgl. Munro 2011: 86). Dies setzt voraus, dass Sozialarbeitende ihren Klient*innen mit Respekt, Wertschätzung und Empathie begegnen. Im geschützten Setting ist eine gemeinsame Interpretation der Ausgangslage bzw. des Ausgangsproblems vorzunehmen. Interventionsvorschläge müssen nach demokratischen Regeln von den professionell Handelnden in die Aushandlungsprozesse eingebracht werden. Den Klient*innen steht es ausdrücklich zu, an sich richtige Hypothesen des professionell Handelnden zu verwerfen und eigene Lösungsvorschläge durchzusetzen, sofern eine Selbst- und Fremdgefährdung ausgeschlossen werden kann (vgl. Staub-Bernasconi 2009: 37ff). Seithe schließt sich dieser Auffassung an:

> „[Die Soziale Arbeit] bemüht sich um Lern- und Veränderungsprozesse bei den Menschen, die diesen nicht aufgezwungen oder gegen ihren Willen durchgesetzt werden. Besonders die sozial Benachteiligten und Schwachen sind traditionell die Klientengruppe der Sozialen Arbeit, die von ihr eine faire Behandlung, eine Beachtung ihrer Menschenwürde und auch Parteinahme erwarten kann." (Seithe 2013: 297)

Die Gestaltung von Arbeitsbeziehungen bildet folglich auch eine wichtige Grundlage für eine Kritische Praxis. Während im Fachdiskurs der Fokus jedoch primär auf der Beziehungsgestaltung zu den Klient*innen und ihrem Umfeld liegt, rücken in der Kritischen Praxis weitere Personen (Kolleg*innen, Manager*innen, Praktikant*innen, Angehörige anderer Professionen, Politiker*innen und nicht zuletzt auch Vertreter*innen der Medien und der Öffentlichkeit) in den Blickpunkt.

Die Fähigkeit zur Beziehungsgestaltung erfordert hochentwickelte soziale Kompetenzen. Im Vordergrund steht dabei die Personen- und Situationsangemessenheit des Handelns. Voraussetzung hierfür ist eine sensible Wahrnehmung und Einschätzung sowohl des eigenen als auch des Handelns der Anderen. Sozialkompetentes Handeln kann somit als die Fähigkeit und Bereitschaft bezeichnet werden, zielgerichtet mit anderen zusammenzuarbeiten. Die Basis einer solchen Kooperation bildet die verantwortungsbewusste Auseinandersetzung mit den Interessen und der Lebenssituation der Interaktionspartner*innen. Ziel ist die gemeinsame Gestaltung der Arbeits- und Lebenswelt. Folgende Fähigkeiten sind für das professionelle Handeln in der Sozialen Arbeit von großer Bedeutung (vgl. Galister 2008: 23f):

- In der Regel ist die Soziale Arbeit Teamarbeit. Sozialarbeitende müssen daher über die Bereitschaft und Fähigkeit verfügen, produktiv und konstruktiv mit anderen Menschen in Gruppen (Kolleg*innen, Klient*innen etc.) zusammenzuarbeiten.

- Basis aller Teamarbeit ist die Fähigkeit und Bereitschaft zur Kooperation. Sozialarbeitende sind auf eine vertrauensvolle Zusammenarbeit mit Klient*innen und Kolleg*innen angewiesen. Kooperationsfähigkeit bedeutet darüber hinaus, Rahmenbedingungen für ein gelingendes Miteinander zu gestalten. Die Sozialarbeiter*innen sollten neuen Ideen und Personen gegenüber aufgeschlossen sein.

- Sozialarbeiter*innen sind im besonderen Maße auf die Fähigkeit angewiesen, Kommunikationsprozesse zu gestalten. Sie müssen in der Lage sein, sich auf unterschiedliche Interaktionspartner*innen einzulassen. Voraussetzung für eine gelungene Kommunikation ist einerseits die Beherrschung konkreter Kommunikationstechniken (verbal/ nonverbal), mit dem Ziel sich verständlich und empfängerorientiert auszudrücken. Anderseits müssen Sozialarbeitende auch bereit sein, Informationen auszutauschen, d.h. Sachverhalte zu klären und Wissen weitergeben zu wollen.

- Häufig prägen Konflikte das Handeln in der Sozialen Arbeit. Sozialarbeiter*innen benötigen daher die Fähigkeit und Bereitschaft, wirksam mit Konflikten umzugehen, d.h. einerseits Konflikte zu erkennen, zu analysieren, zu steuern und zu lösen und andererseits auch Konflikte zuzulassen und auszutragen.

- Sozialarbeitende agieren in einer Einwanderungsgesellschaft häufig in interkulturellen Überschneidungssituationen. Interkulturelle Kompetenz ist die Bereitschaft und Fähigkeit, sich angemessen in eigenen und in fremden kulturellen Kontexten zu bewegen und kultursensibel zu handeln.

- Die Fähigkeit, sich in die Gedanken, Gefühle und das Weltbild anderer hineinzuversetzen, ist für Sozialarbeiter*innen die Basis für den wertschätzenden Umgang mit den Klient*innen. Empathiefähigkeit setzt voraus, dass Sozialarbeitende die Gedanken und Gefühle der Interaktionspartner*innen möglichst umfassend erkennen und aus der jeweils anderen Perspektive interpretieren können.

- Kritikfähigkeit setzt die Bereitschaft zu einem konstruktiven Umgang mit Kritik voraus. Es geht dabei sowohl um die Fähigkeiten, berechtigte Kritik anzunehmen als auch konstruktiv Kritik zu äußern, d. h. sich immer auf konkrete Verhaltensweisen und nicht auf die gesamte Person zu beziehen.

Die situations- oder fallbezogene Zweckdienlichkeit des professionellen Handelns ist zwei Bezugssystemen gegenüber rechenschaftspflichtig. Zum einen ist dies das professionelle Referenzsystem, das eine inhaltliche und fachliche Begründung für das Handeln erwartet. Zum anderen ist es das Referenzsystem der Klient*innen, die ihre Zustimmung durch nachhaltige Akzeptanz zum Ausdruck bringen. Das Herstellen und Aufrechterhalten einer Arbeitsbeziehung kann als ethische Strategie gefasst werden. Ziel ist es, ein Arbeitsklima herzustellen, welches sich am Ideal der herrschaftsfreien Kommunikation orientiert und auf Konsens ausgerichtet ist.

Wie oben aufgezeigt, bildet die Fähigkeit, gut kommunizieren bzw. Arbeitsbeziehungen gestalten zu können, die Grundvoraussetzung für ein erfolgreiches Handeln. Diese Kompetenz bedarf aber der Erweiterung um das Vermögen, Gespräche auch unter schwierigen Rahmenbedingungen aufzubauen, zu verhandeln, zu vermitteln, Grenzen zu setzen, infrage zu stellen und Einfluss zu nehmen. Konstruktive und tragfähige Arbeitsbeziehungen sind nicht per se gegeben, sie müssen erst entwickelt werden. (siehe Teil I Kapitel 7)

Ganz entgegen der theoretischen Einsicht in diese Zusammenhänge wird im Zuge der Neuausrichtung des Sozialstaats der Beziehungsgestaltung und der Beziehungsqualität zwischen den Sozialarbeiter*innen und ihren Klient*innen kaum noch Raum gegeben. Stattdessen wird den Klient*innen zunehmend – in einigen Bereichen auch grundsätzlich – mit Misstrauen begegnet. Dieses Misstrauen entspricht dem Menschenbild der Neuen Politischen Ökonomie bzw. des New Managerialism, das zunehmend Politik, Verwaltung und öffentliche Meinung bestimmt. Klient*innen wird unterstellt, Leistungen unberechtigt in Anspruch zu nehmen bzw. sich nicht auf die vorgegebenen Eingliederungs- bzw. Hilfepläne oder Interventionen einlassen zu wollen (vgl. Ebert 2013: 11). Zusätzlich sorgen Kampagnen in den Medien (Missbrauchsdebatten um Asylsuchende, Hartz IV-Leistungsbezieher*innen etc.) dafür, dass sich dieses Menschenbild in der Öffentlichkeit festsetzen kann. Folge der Berichterstattung ist, dass Veränderungen in den Sozialgesetzen von der breiten Öffentlichkeit als notwendig erachtet und dementsprechend ohne großen Widerstand umgesetzt werden können. Es ist zu beobachten, dass der Missbrauchsdiskurs zunehmend auch die Haltung von Studierenden der Sozialen Arbeit prägt. Als zukünftige Sozialarbeiter*innen sorgen sie unter Umständen dafür, dass die Akzeptanz von verstärkter Kontrolle und harten Sanktionen in der Sozialen Arbeit zunimmt. Diese neue Grundhaltung lässt sich kaum noch mit der alten Prämisse der Sozialen Arbeit vereinbaren, die den Subjektstatus der Klient*innen anerkennt und sie als Expert*innen ihres Lebens betrachtet.

Anspruch einer Kritischen Praxis ist es im Gegensatz dazu, die Klient*innen in die Lage zu versetzen, mehr Verfügung über die eigenen Lebensbedingungen zu erlangen. Diese Prämisse rückt in der Sozialen Arbeit im aktivierenden Sozialstaat zunehmend in den Hintergrund und verliert mehr und mehr seine handlungsleitende Funktion (vgl. Seithe 2013: 297).

2.4 Der Umgang mit Macht aus kritischer Perspektive

Der Umgang mit Macht in der professionellen Beziehung stellt die Sozialarbeiter*innen vor eine besondere Herausforderung. Menschen, die Beratung, Unterstützung und Hilfe suchen, befinden sich in der Regel in kritischen Lebenssituationen. Sie sind verletzlich und schutzbedürftig. Werden diese Menschen von den Sozialarbeiter*innen nicht mehr als autonome Subjekte wahrgenommen, droht Bevormundung und Entmündigung.

In der Regel sind die Motive und Handlungen von Menschen aus ihrer Sicht sinnvoll und vernünftig. Beruhen die Sichtweisen auf unzureichenden Vorannahmen, können sie jedoch langfristig negative Folgen für den Einzelnen haben (vgl. Holzkamp 1984: 10). Sozialarbeiter*innen müssen folglich anerkennen, dass sie nur dann wirkmächtig in das Leben anderer eingreifen dürfen, wenn eine Fremd- oder Selbstgefährdung vorliegt. Eine bewusste oder unbewusste Manipulation der Klient*innen negiert deren Entscheidungs- und Handlungsfreiheit. Sozialarbeitende, die grundsätzlich schon vorher wissen, ‚was für den Klienten oder die Klientin gut ist' greifen häufig bewusst oder unbewusst zu Mitteln und Tricks der Manipulation. Die Klient*innen werden sanft genötigt oder machtvoll gedrängt, sich so zu verhalten, wie es – aus Sicht der Sozialarbeiter*innen – sinnvoll und im vermeintlich eigenen Interesse der Klient*innen liegt (vgl. Ebert 2012b: 46).

> „Ob Macht problematisch ist, hängt [...] von der Art der Regeln ab, mit denen Ressourcen/ Güter verteilt, Menschen arbeitsteilig aufeinander bezogen, Ideen und Werte gewählt und institutionalisiert werden, mit denen diese Regeln legitimiert und Erziehungsmittel (Belohnungen und Bestrafungen) eingesetzt werden." (Staub-Bernasconi 2007: 374f)

Staub-Bernasconi benennt zwei Formen der Macht: Zum einen die legitime, menschengerechte Form der Macht als Begrenzungsmacht und zum anderen die illegitime, menschenverachtende Form der Macht als Behinderungsmacht (vgl. Staub-Bernasconi 2007: 378).

Mit Begrenzungsmacht bezeichnet Staub-Bernasconi faire Regeln des Zusammenlebens, die dazu dienen, dass Strukturen innerhalb der Gesellschaft geschaffen oder bewahrt werden, die allen Menschen ein menschengerechtes Leben ermöglichen. Diese Regeln garantieren jeder Person den legitimen Zugang zu allen für die Sicherung ihrer Existenz notwendigen Ressourcen. Die Verfahren, nach denen die allgemein geltenden begrenzenden Regeln festgelegt werden, sind transparent. Die Institutionen, die die Regeln festlegen, sind demokratisch legitimiert. (vgl. Staub-Bernasconi 2007: 381f)

Regeln, die ein menschengerechtes Zusammenleben in einer Gesellschaft verhindern, werden als Behinderungsregeln oder Behinderungsmacht definiert. Diese Regeln begünstigen gesellschaftliche Strukturen, die den freien Zugang zu bestimmten lebensnotwendigen Ressourcen begrenzen. Einzelne oder Gruppen werden von der gesellschaftlichen Teilhabe ausgeschlossen, Grundgüter werden ihnen nicht in ausreichendem Maß zur Verfügung gestellt. Behindernde Regeln sind die Regeln der Herrschenden. Sie sind nicht transparent und werden nicht demokratisch ausgehandelt. (Staub-Bernasconi 2007: 384f) Staub-Bernasconi hebt hervor, dass Sozialarbeiter*innen aufgrund ihrer beruflichen Rolle und der Funktion, die die Soziale Arbeit in der Gesellschaft hat, machtvolle Entscheidungen treffen müssen. Es geht folglich nicht um die Frage, ob Macht ausgeübt werden soll, sondern ob die „zur Verfügung stehende Macht im behindernden oder begrenzendem Sinne" (Staub-Bernasconi 2007: 398) ausgeübt wird.

„Sozialarbeiter(innen) müssen deshalb nicht nur fähig sein, zwischen behindernden und begrenzenden Regeln – sei es im Hinblick auf ihre Adressat(inn)en, ihre Organisationen oder ihre eigene Macht – zu unterscheiden. Sie müssen ihre Machtausübung in denjenigen Situationen, wo etwas unverhandelbar ist und sie deshalb etwas erzwingen müssen und durchsetzen müssen, auch ohne Verweis auf ‚die da oben' legitimieren können." (Staub-Bernasconi 2007: 398)

Aus diesem Grund liegt es auf der Hand, dass das Thema ‚Macht in der professionellen Beziehung' für Sozialarbeiter*innen von besonderer Relevanz ist. Der professionelle Anspruch, das Gegenüber in der Arbeitsbeziehung als Subjekt mit gleichen Rechten anzuerkennen und zu respektieren, bildet eine wesentliche Grundlage für einen verantwortlichen Umgang mit Macht. Da aber die Grenzen zwischen behindernder und begrenzender Macht nicht immer eindeutig gezogen werden können, benötigen Sozialarbeiter*innen institutionalisierte Formen der Reflexion (Reflexionsteams, Kollegiale Beratung etc.) um die missbräuchliche Ausübung von Macht zu verhindern. (vgl. Staub-Bernasconi 2007: 402)

Notwendig ist eine Grundhaltung, die Machtverhältnisse und die Art und Weise thematisiert, wie Macht- bzw. Herrschaftsstrukturen geschaffen und aufrechterhalten werden (vgl. Fook 2002: 41). Eine ‚Kritische Reflexion' muss die Identifizierung von Machtverhältnissen und deren Bearbeitung beinhalten. Wie Staub-Bernasconi heben auch Jan Fook und Gurid Aga Askeland hervor, dass der Umgang mit Macht ein wesentliches, aber häufig ausgeblendetes Merkmal der Sozialen Arbeit ist. Die Auseinandersetzung mit Machtaspekten, auf der gesellschaftlichen wie auf der persönlichen Ebene, ist für Fook und Askeland der zentrale Fokus ‚kritischer' Reflexion (vgl. Fook u. Askeland 2007: 3). Machtunterschiede sind ein immanentes Charakteristikum zwischenmenschlicher Beziehungen und damit auch aller Arbeitsbeziehungen zwischen Sozialarbeiter*innen und ihren Klient*innen Sie müssen zum Gegenstand ‚kritischer Reflexion' gemacht werden. Ziel ist eine Kritische Praxis, durch die sichergestellt wird, dass professionelles Handeln nicht fortwährend verstärkend auf Ungleichheit hinwirkt. Eine Kritische Praxis ermöglicht die Aktivierung der Klient*innen und ermächtigt sie, ihr Leben zunehmend wieder selbst zu bestimmen. Es geht dabei sowohl um die Veränderung der individuellen Lebensverhältnisse des Einzelnen als auch um die Veränderung behindernder Macht- und Gesellschaftsstrukturen. (vgl. Bruce 2013: 48)

2.5 Das Prinzip einer offenen Haltung

Der berufliche Alltag von Fachkräften der Sozialen Arbeit ist durch eine Vielzahl unterschiedlicher Handlungssituationen geprägt. In diesen Situationen werden Sozialarbeiter*innen mit Menschen konfrontiert, die sich in einer spezifischen Lebenslage bzw. einer besonderen Lebenssituation befinden. Obwohl einzelne Lebensgeschichten Parallelen aufweisen oder bestimmte Problemlagen sich ähneln, werden bei näherer Betrachtung Unterschiede deutlich. Für Sozialarbeitende ist es daher von grundlegender Bedeutung, die Besonderheit einer Situation bzw. eines Einzelfalles anzuerkennen. Vorschnelle Kategorisierungen und vorgefertigte Interventionspläne führen dazu, dass der einzelne Mensch mit seinen spezifischen Bedürfnissen und individuellen Ressourcen aus dem Blick gerät.

Die spontane Beurteilung einer Situation bzw. eines Einzelfalles erfolgt in der Regel auf der Grundlage der Denk-, Wahrnehmungs-, und Handlungsschemata des professionell Handelnden. Dem Prinzip der Offenheit liegt jedoch eine Haltung zugrunde, die um die Begrenztheit dieser eigenen Denk-, Wahrnehmungs- und Handlungsschemata weiß und sie folglich nicht absolut setzt, sondern kritisch hinterfragt. Diese offene Haltung beschreibt Johannes Herwig-Lempp als Möglichkeitssinn. Sozialarbeitende sollen über die Fähigkeit ver-

fügen, alternative Sicht-, Erklärungs- und Handlungsweisen in Betracht zu ziehen und aus diesen unterschiedliche Interventionsschritte abzuleiten und aufzuzeigen (vgl. Herwig-Lempp 2003: 11).
Folglich ist professionelles Handeln grundsätzlich zieloffen. Personen- und situationsadäquates Handeln basiert auf Aushandlungsprozessen. Nicht die professionell Handelnden bestimmen, welche Interventionsschritte unternommen werden sollen, sondern diese sind Ergebnis eines gemeinsamen Dialogs, in dem die Ziele und die Wege zur Erreichung dieser Ziele festgelegt, überprüft und ggf. modifiziert werden. Diese Aushandlungsprozesse finden in der Regel in einem institutionellen Kontext statt. Die institutionellen und gesellschaftlichen Rahmenbedingungen eröffnen oder begrenzen die Ziele und die Möglichkeiten des sozialarbeiterischen bzw. sozialpädagogischen Handelns. Sozialarbeiter*innen müssen in der Lage sein, die Rahmenbedingungen zu erkennen, um sie in ihrem Handeln zu berücksichtigen. Aber auch die Rahmenbedingungen sind nicht unverrückbar, sondern hinterfrag- und veränderbar.

Eine offene Haltung setzt voraus, dass Sozialarbeiter*innen die Praxis der Sozialen Arbeit als Teil eines Entwicklungsprozesses akzeptieren, der in einem sozialen und politischen Kontext stattfindet.

2.6   Kritische Reflexion

Das Zurückgreifen auf die gesamte Bandbreite von Wissen, die den Handelnden zur Verfügung steht, kann als zentrales Charakteristikum Kritischer Praxis gesehen werden. Sowohl die nicht-rationalen als auch die rationalen Komponenten der Handlungsfähigkeit finden dabei Beachtung (vgl. Ruch 2002: 203). Die kritische Reflexion soll die Sozialarbeiter*innen darin unterstützen, ganzheitliche Erkenntnisse über sich selbst und ihr berufliches Selbstverständnis in der Sozialen Arbeit zu gewinnen. Durch kritische Reflexion werden intellektuelles Verstehen und emotionales Empfinden eng miteinander verknüpft. Denken, Fühlen und Handeln werden im Reflexionsprozess in voranschreitenden Zyklen immer wieder aufs Neue aufeinander bezogen. (vgl. Ruch 2002: 203)

Gillian Ruch bezieht sich in ihren Arbeiten zur Reflexion auf das Stufenmodell von Max van Manen (1977). Sozialarbeiter*innen, die

Reflexionsprozesse als feste Größe in ihren Arbeitsalltag integriert haben, können im Verlauf ihres Berufslebens nicht nur auf einen immer größeren Wissensvorrat zurückgreifen. Durch die aktive Auseinandersetzung mit den Inhalten erreichen sie nach und nach ein höheres Reflexionsniveau und sehen sich in der Lage, neue Erfahrungen rasch in ihren Erfahrungsschatz zu integrieren und ihr Handlungsrepertoire zu erweitern. (vgl. Bruce 2013: 46)

Ruch benennt drei aufeinander aufbauende Ebenen von Reflexion und Wissenskonstruktion: Die ‚Technische Reflexion', die ‚Praktische Reflexion' und die ‚Kritische Reflexion'.

- Die ‚Technische Reflexion' bildet das erste Reflexionsniveau. Es basiert auf dem Modell der technischen Rationalität oder auf formaler Theorie. Auf der Grundlage von technischem Wissen werden instrumentelle Fähigkeiten und Fertigkeiten ausgebildet, um Lösungen für klar umrissene Probleme zu finden. (vgl. Ruch 2000: 101)

- Die ‚Praktische Reflexion' basiert auf einem Verständnis von Wissen, das als relativ, konstruiert, kontextbezogen und intersubjektiv aufgefasst wird. ‚Praktische Reflexion' gestattet es, sowohl implizites und intuitives Wissen als auch technisches Wissen als Grundlage für einen reflexiven Dialog zwischen der eigenen Person und dem Gegenüber anzuerkennen. Die ‚Praktische Reflexion' versetzt den Einzelnen in die Lage, den Erfolg oder Misserfolg des eigenen Handelns zu analysieren. Durch die Analyse werden persönliche und professionelle Annahmen identifiziert und modifiziert. Ziel der Reflexion ist die Untermauerung der Handlungspraxis, das Suchen nach alternativen Antworten und die Erweiterung des professionellen Selbstverständnisses. Darüber hinaus leistet die ‚Praktische Reflexion' einen Beitrag zur Selbsterfahrung und Selbsterkenntnis. Wenn professionell Handelnde sich auf diese Form der Reflexion einlassen, demonstrieren sie ihre Bereitschaft, neue Wege des Denkens, Wahrnehmens und Handelns zu beschreiten. (vgl. Ruch 2002: 204)

- Die ‚Kritische Reflexion' fußt auf den beiden vorangegangenen Stufen. Sie wird jedoch um eine ethische Perspektive ergänzt. Diese Form der Reflexion geht mit dem Bemühen einher, die vorherrschenden sozialen, politischen und kulturellen Gegebenheiten zu verändern, welche die Interessen einiger weniger stützen und die der Mehrheit nicht berücksichtigen bzw. unterdrücken. Für die Soziale Arbeit folgt aus der Kritischen Reflexion die Einnahme einer anti-oppressiven Haltung. (vgl. Ruch 2002: 205)

Die ethische Dimension, die Ruch auf der Stufe der ‚Kritischen Reflexion' einfordert, deckt sich mit einem Verständnis von Sozialer Arbeit, dessen normative Basis soziale Gerechtigkeit und die Menschenrechte bilden. Eine Kritische Praxis der Sozialen Arbeit zeichnet sich somit immer durch eine herrschaftskritische, anti-diskriminierende und anti-oppressive Haltung sowie durch ihre ethische Fundierung aus.

2.7 Die Bedeutung Kritischer Praxis für die Soziale Arbeit

Das Konzept der Kritischen Praxis, das hier entwickelt wurde, verortet kritische Sozialarbeiter*innen als aktiv Mitwirkende in einem Prozess der Herstellung einvernehmlicher Bedeutungen sowie der Gestaltung von Arbeitsbeziehungen und sieht sie in einem offenen Dialog über Differenzen und Unterschiede. Darüber hinaus liegt dem Ansatz ein professionelles Selbstverständnis zugrunde, das die Eigenständigkeit der Sozialarbeiter*innen betont und ihre Rolle nicht als eine ansieht, die sich in völliger inhaltlicher Abhängigkeit zu den Trägern und Auftraggebern der Sozialen Arbeit befindet. Kritische Sozialarbeiter*innen zeichnen sich durch ihr fachliches Reflexionsvermögen und ihr gesellschafts- und fachpolitisches Engagement aus. Von kritischen Sozialarbeiter*innen wird erwartet, dass sie theoretisch fundiert, methodisch abgesichert und zugleich mit einer offenen Haltung für alternative Wahrnehmungs-, Deutungs- und Handlungsmöglichkeiten agieren.

In Verbindung mit einer kritischen Theorie eröffnet die Berücksichtigung von Machtverhältnissen im Reflexionsprozess die Möglichkeit zu deren Umgestaltung. In diesem Sinn muss kritische Reflexion das Verständnis beinhalten, dass persönliche Erfahrungen nicht losgelöst von sozialen, kulturellen und strukturellen Kontexten betrachtet werden können. Durch die kritische Auseinandersetzung mit gesellschaftlichen Verhältnissen sollen die Voraussetzungen geschaffen und die einzelnen Akteur*innen in die Lage versetzt werden, ihre Handlungsfähigkeit zu erweitern, um mehr Verfügung über ihre Lebensbedingungen zu erlangen. (vgl. Fook u. Askeland 2007: 3).

3 Das Verhältnis von Wissen, Können und Reflexion in der Sozialen Arbeit

Dass die reflexive Auseinandersetzung mit dem beruflichen Alltag in der Sozialen Arbeit als Schlüsselqualifikation des professionellen Handelns gilt, ist mittlerweile unstrittig. Der Prozess der Reflexion kann – so Bruce – als vertieftes Nachdenken über ein Ereignis oder eine Erfahrung mit dem Ziel definiert werden, eine neue Perspektive oder neue Erkenntnisse zu gewinnen. Sie betont jedoch, dass die Fähigkeit zu reflektieren für sich genommen noch kein Ausweis von Professionalität ist. Nur wenn die Ergebnisse von Reflexionsprozessen die eigene Handlungsfähigkeit erweitern bzw. verändern, führen sie zu einer reflexiven Praxis. (vgl. Bruce 2013: 32)

„By committing ourselves to ‚reflective practice' we are making a commitment to constantly update our knowledge, skills and application of values through the process of our structured reflection on practice experiences." (Bruce 2013: 32)

Reflexive Praxis kann als fortlaufender Prozess charakterisiert werden, Wissen, Können und Haltungen durch Reflexion stetig zu aktualisieren. Reflexiv zu handeln setzt den Willen und die Bereitschaft voraus, eingefahrene Handlungsweisen zu hinterfragen und sich auf neue Erkenntnisse und andere Perspektiven einzulassen. Diese Grundhaltung ist Voraussetzung für die Entwicklung von Professionalität in der Sozialen Arbeit. Sie impliziert, dass Professionalität nicht als abgeschlossenes Projekt aufgefasst werden kann, sondern als permanente Entwicklungsaufgabe zu betrachten ist. (vgl. Bruce 2013: 32)

Einen wesentlichen Beitrag für ein umfassendes Verständnis von Reflexion steuert Schön bei, der 1983 „The Reflective Practitioner" und 1987 „Educating The Reflective Practitioner" veröffentlicht hat. Beide Werke haben im englischsprachigen Raum eine breite Resonanz gefunden. Insbesondere in den Erziehungswissenschaften haben Schöns Arbeiten eine nachhaltige Wirkung vor allem in Richtung einer Gestaltung professioneller Praxis und der Implementierung von Methoden zur Aneignung einer reflektierten Berufsausübung ausgeübt. Im Gegensatz dazu wurden Schöns Arbeiten im deutschsprachigem Raum bis weit in die neunziger Jahre des letzten Jahrhunderts kaum rezipiert. Beide Werke liegen bisher nicht in deutscher Sprache vor. So stellt denn auch Altrichter zu Recht bedauernd fest, dass sich lediglich in handlungs- und professionstheoretischen Arbeiten Verweise auf Schöns Ansatz finden. Eine umfassende Auseinandersetzung ist bis zur Jahrtausendwende jedoch ausgeblieben. (vgl. Altrichter 2000: 201)

In den letzten Jahren ist das Interesse an Schöns Arbeiten – angestoßen durch Georg Hans Neuweg – gestiegen. Insbesondere in Arbeiten zur Lehrer*innenbildung haben sich Neuweg (2000) und Altrichter (2000) vertiefter mit Schöns Arbeiten auseinandergesetzt.

In der deutschsprachigen Fachliteratur zur Sozialen Arbeit ist Schöns Beitrag zur Entwicklung einer reflexiven Grundhaltung professionell Handelnder bisher in ähnlicher Weise vernachlässigt worden. Bezug genommen wird im Fachdiskurs primär auf den Handlungsausschnitt ‚Reflexion-über-die-Handlung/ Reflection-on-action', den er in seinen Arbeiten zur Reflexion herausgearbeitet hat. Die Aspekte ‚Wissen-in-der-Handlung/ Tacit-knowing-in action' und ‚Reflexion-in-der-Handlung/ Reflection-in-action', die für Schöns Ansatz von ähnlich großer Bedeutung sind, finden in der Diskussion kaum Erwähnung.

3.1 Wissen und Können

Hochschulen vermitteln viel ‚Wissen' und wenig ‚Können' (vgl. Neuweg 2005: 2). Diese Aussage von Neuweg, die auf die Hochschulausbildung von Lehrer*innen gemünzt ist, kann auch auf das Studium der Sozialen Arbeit übertragen werden. Insbesondere durch die Einführung der Bachelor- und Master-Abschlüsse und die damit einhergehende Modularisierung und Kompetenzorientierung sind die Anteile der Vermittlung der Dimension ‚Wissen/ Knowledge' im Studium erneut gestiegen. In den Hintergrund gedrängt wurden die Dimensionen ‚Haltung/ Attitudes' und ‚Können/ Skills'. In der Lerntheorie Benjamin S. Blooms, der ‚Taxonomy of Learning Domains' (Bloom 1956) bilden die drei Dimensionen eine Einheit und stehen gleichwertig nebeneinander. In den Modulbeschreibungen der Studiengänge ‚Soziale Arbeit', dem sogenannten ‚Learning Outcome', finden die Dimensionen ‚Haltung' und ‚Können' bei der Beschreibung der zu erreichenden Kompetenzen des Moduls zunehmend weniger Beachtung, in einigen Bereichen werden sie nicht einmal mehr benannt.

3.2 Kompetenzorientierung im Hochschulkontext

Im ‚Fachgutachten zur Kompetenzorientierung in Studium und Lehre' (Schaper u.a. 2012), das von der Hochschulrektorenkonferenz in Auftrag gegeben wurde, kommen die Autor*innen zu einer ähnlich negativen Einschätzung. Sie kritisieren, dass an den Hochschulen dem offenen Kompetenzbegriff, der der Kompetenzorientierung zugrunde liegt, immer mehr Beschränkungen auferlegt werden. Diese äußern sich primär in der Eingrenzung von Kompetenzen auf kognitive Leistungsdispositionen (vgl. Schaper u.a. 2012: 15).

Die Autor*innen stützen sich dabei auf die von Franz Weinert geprägte Kompetenzdefinition. Weinert umreißt Kompetenzen zwar als verfügbare oder erlernbare kognitive Fähigkeiten und Fertigkeiten zur Problemlösung. Er betont aber, dass diese untrennbar mit motivationalen, willensbestimmten, einstellungsbezogenen und sozialkommunikativen Kompetenzfacetten verbunden sind. Nur durch das verantwortungsvolle Zusammenspiel all dieser Facetten lassen sich Problemlösungen in unterschiedlichen, komplexen Handlungssituationen herbeiführen. (vgl. Weinert 2001: 27f)

Die Verengung des Kompetenzbegriffs auf kognitive Leistungsdispositionen bezeichnen die Autor*innen aus einem bildungstheoretischen und auch didaktischen Blickwinkel als unzulänglich bzw. bedenklich. Zugleich merken sie aber an, dass dieses verengte Verständnis von Kompetenz den traditionellen Vorstellungen von Hochschullehre und -bildung entspricht (vgl. Schaper u.a. 2012: 15).

> „Der kognitive Bias des Kompetenzbegriffs der empirischen Bildungsforschung kommt sicherlich dem impliziten Bildungsverständnis herkömmlicher Hochschulbildung entgegen, die ebenfalls fokussiert ist auf kognitive Lerninhalte." (Schaper u.a. 2012: 15)

Die im Hochschulstudium geforderte intrinsische Lernmotivation wurde durch die Kompetenzorientierung nicht gesteigert. Das Gegenteil ist der Fall. Die vordringlich auf kognitive Kompetenzen ausgerichtete Lehre, die den Kompetenzerwerb an eine erfolgreich absolvierte Prüfung koppelt, hat zu einer noch stärkeren Verschulung des Studiums geführt. Die Studierenden im Bachelor- und Master-System sind meist auf Noten und Credits fixiert. Extrinsische Motivationsanreize stehen im Vordergrund und werden durch das System gefördert und belohnt. (vgl. Schaper u.a. 2012: 15)

Erschwerend kommt hinzu, dass die Studierenden das Studium als nahtlose Fortsetzung der Schule erleben. Dem selbstbestimmten Lernen wird auch von den Hochschulen zunehmend weniger Platz eingeräumt. Vorab definierte Inhalte und abrufbare Ergebnisse, die Lernprozesse stärker reglementieren und kontrollieren, prägen die Hochschullehre. Abprüfbare Kompetenzen (Techniken und explizites Wissen) stehen im Vordergrund. Eine Auseinandersetzung mit handlungsrelevanten personen- und situationsbezogenen Aspekten findet zeitbedingt kaum noch statt. (vgl. Ebert 2012a: 281) Die wenigen vorhandenen Möglichkeiten zum selbstbestimmten Lernen können von Studierenden häufig erst am Ende oder nach dem Studium als notwendig und weiterführend erkannt werden. Durch die beschriebene stark kognitive Fokussierung wird bei ihnen der Eindruck erweckt, dass affektbetontes Agieren nichts mit der Profession zu tun hat, sondern nur eine Verhaltensdisposition der Zielgruppen Sozialer Arbeit ist.

Zu einer ähnlichen Einschätzung kommt Peter Faulstich, ein erklärter Kritiker der Kompetenzorientierung. Er hebt hervor, dass sich der Kompetenzdiskurs in Deutschland überwiegend an formalen Kriterien orientiert. Das erfolgreiche Ablegen einer Prüfung wird mit der erfolgreichen Aneignung der entsprechenden Kompetenz gleichgesetzt. Kompetenz wird der Theorie nach – so Faulstich – „zu einem kausal wirkenden Potentialbegriff" (Faulstich 2013: 12). Tatsächlich ist die Abrufbarkeit von Kompetenzen aber praxisabhängig.

> „Kompetenzen liegen nicht einfach herum, wie Werkzeuge in einer Kiste oder wie Klötze für ein Steckbrett [...]. Sie werden vielmehr von Handelnden situativ generiert." (Faulstich 2013: 12)

In Abhebung zur bisher üblichen Kompetenzorientierung im Hochschulstudium skizzieren die Autor*innen des Fachgutachtens das Konzept eines akademisch bzw. wissenschaftlich geprägten Kompetenzverständnisses. Mit dem Konzept wird beabsichtigt, sowohl den Anforderungen akademischer Berufsfelder als auch den Anforderungen an wissenschaftlich orientiertes Handeln gerecht zu werden. Akademische Berufsfelder wie die Soziale Arbeit zeichnen sich dadurch aus, dass die professionellen Akteure über die Fähigkeit verfügen müssen, neuartige und komplexe Problemstellungen zu bewältigen. Charakteristische Merkmale für wissenschaftlich fundiertes Handeln sind Reflexivität und Explikationsfähigkeit sowie Erkenntnisbasiertheit (vgl. Schaper u.a. 2012: 22).

„Durch die Betonung von Reflexivität, Explikationsfähigkeit und erkenntnistheoretischer Fundierung akademischen Handelns wird dabei [...] nicht nur ein methodischer Kompetenzaspekt angesprochen, sondern auch besondere (Wert-)Haltungen bei der Lösung von Aufgaben und Problemen in einer akademischen Domäne; z. B. dass diese auch aus einer sachorientierten, forschenden Perspektive her gelöst werden sollten." (Schaper u.a. 2012: 23)

Ob das durch die Autor*innen des Fachgutachtens eingeforderte akademische Kompetenzverständnis, dass, wie die Autor*innen anmerken, einer weiteren Ausdifferenzierung und theoretischen Fundierung bedarf, an den Hochschulen durchgesetzt werden kann, lässt sich zum jetzigen Zeitpunkt nicht absehen (Schaper u.a. 2012: 23).

Faulstich plädiert für ein Festhalten am Bildungsbegriff von Wolfgang Klafki:

„Bildung muss in diesem Sinne zentral als Selbstbestimmungs- und Mitbestimmungsfähigkeit des Einzelnen und als Solidaritätsfähigkeit verstanden werden." (Klafki 1985: 17)

In Übereinstimmung mit den Autor*innen des Fachgutachtens stellt Faulstich fest, das ein reflektierter Kompetenzbegriff für einen erneuerten Bildungsbegriff nutzbar zu machen ist (Faulstich 2013: 13). Für Handlungswissenschaften wie die Soziale Arbeit ist es jedoch bereits jetzt zwingend erforderlich, die Studierenden zu befähigen, sich akademische bzw. wissenschaftlich geprägte Kompetenzen anzueignen. Diese sind aber um die von Neuweg zu Recht eingeforderte Dimension sozialpädagogischer Könnerschaft (Neuweg 2005) zu ergänzen. Gerade in den Handlungswissenschaften muss ein Weg zwischen der Vermittlung akademischer und beruflicher Kompetenzen gefunden werden. Da berufliche Kompetenzen auf Erfahrungslernen basieren und habitualisiert werden müssen, bedarf es hierfür besonderer Konzepte, die die Reflexion der professionellen Haltung zwingend enthalten müssen. In den letzten Jahren hat sich gezeigt, dass Können als Umsetzung des Wissens allein nicht ausreichend ist. Die Auseinandersetzungen um die Vorfälle von Misshandlungen und sexualisierter Gewalt in Heimen und Schulen haben ein erschreckendes Bild darüber aufgedeckt, wie anvertraute Menschen von Fachkräften grenzverletzend behandelt und traumatisiert werden. Selbstverständlich kann dies durch eine vertiefte Reflexion, in der es auch um die jeweilige Haltung geht, nicht grundsätzlich vermieden werden, denn kriminelle Handlungen sind nie völlig auszuschließen. Dennoch sind wir davon überzeugt, dass eine Reflexion der eigenen Haltung – und damit auch der eigenen Biografie – als präventive Maßnahme gesehen werden kann, die Machtmissbrauch in asymmetrischen Beziehungen der Sozialen Arbeit zumindest eindämmen kann. Im Rahmen des Studiums und der Supervision des Berufsalltags ist es deshalb notwendig, die spezifischen (biografischen) Bereiche auszuleuchten, die eine Gefahr von zunächst oft ungewollten Grenzverletzungen im Umgang mit bestimmten Zielgruppen in sich tragen können. (siehe auch Kapitel 2.4 u. 7) In diesem Zusammenhang ist auch die spezielle Verantwortung der Supervision zu sehen, die auf in diesem Sinne problematische Haltungen der Supervisand*innen reagieren sollte (vgl. López-Frank, 1995: 202ff u. DGSv 2003).

3.3 Grundlegung von Professionalität im Studium der Sozialen Arbeit – Das Hildesheimer Modell

Im Zuge der Einführung der gestuften Studienabschlüsse hat die HAWK Hildesheim/ Holzminden/ Göttingen das Modul ‚Professionelle Identitätsbildung' neu geschaffen und damit den Stellenwert, den die Fakultät der individuellen Professionalisierung im Studium beimisst, deutlich erhöht. In das Modul ‚Professionelle Identitätsbildung' wurde der diesem Modul vorausgegangene Veranstaltungstyp ‚Vor- und Nachbereitung von Praktika' integriert. Die Relevanz, mit der diese Neuausrichtung verknüpft ist, lässt sich auch an der deutlichen Erhöhung der Semesterwochenstunden für diesen Bereich feststellen. So wurden die 3 Semesterwochenstunden, die im Grundstudium des Diplomstudiengangs für den Bereich der Vor- und Nachbereitung von Praktika vorgesehen waren, auf 8 Semesterwochenstunden im Modul ‚Professionelle Identitätsbildung' im ersten Studienjahr des Bachelor-Studiengangs erweitert. Mit diesem Schritt hat die HAWK Rahmenbedingungen für die gezielte Grundlegung von Professionalität in ihren curricularen Leitvorstellungen und Lehrarrangements implementiert.

Im Jahr 2011 wurden die Bachelor-Studiengänge der HAWK re-akkreditiert. Anlässlich dieser Studienreform wurden die seit 2005 gemachten Erfahrungen kritisch reflektiert. Dabei kristallisierte sich heraus, dass die individuelle Professionalisierung ein Prozess ist, der über den ganzen Studienverlauf begleitet werden muss. Aus diesem Grund wurden in das Curriculum eine weitere Pflichtveranstaltung ‚Professionelle Standards und berufliche Ethik' und ein zusätzliches Modul ‚Professionalität und Berufseinstieg' implementiert.

3.3.1 Grundlegung von Professionalität in den Reformen der Studiengänge Soziale Arbeit von 1999, 2005 und 2011

Mit der Studienreform 1999 wurde an der HAWK das Curriculum des Diplom-Studiengangs Soziale Arbeit eingeführt und damit ein erster Schritt in Richtung Modularisierung der Studiums vollzogen. In den Studiengang wurden Lernbereiche, Handlungsformen und Handlungsfelder implementiert. Insbesondere die Lernbereiche orientierten sich weiterhin stark an den Bezugswissenschaften der Sozialen Arbeit wie der Psychologie, Soziologie, Pädagogik und den Rechtswissenschaften.

Fragen der individuellen Professionalisierung wurden in der Studienreform von 1999 nur am Rand aufgegriffen, da an der Hochschule die in den Fachdiskursen vorherrschende Auffassung vertreten wurde, dass die eigentliche berufliche Sozialisation in der Praxis erfolgt und sich weitgehend dem Einfluss der Hochschulen entzieht. Lediglich in den Veranstaltungen zur Vor- und Nachbereitung der berufspraktischen Phasen im Studium und den Begleitveranstaltungen zum Berufspraktikum wurden Bereiche geschaffen, die den Studierenden ermöglichten, sich Klarheit über das eigene berufliche Selbstverständnis und über die von den Angehörigen der Profession geteilten Normen und Werte zu verschaffen.

Mit der Studienreform 1999 wurden verpflichtende Reflexionsseminare als Begleitveranstaltungen zum Berufspraktikum eingeführt. Hiermit wurde die Basis für eine Reflexionskultur gelegt, die die Studierenden in die Lage versetzen sollte, die eigenen Normen und Werte in Bezug zu professionellen Standards und zu den normativen Grundlagen der Profession zu setzen. Sie bilden die Hintergrundfolie, die bei der Erarbeitung bzw. beim Aushandeln von Handlungsoptionen und Interventionsschritten und deren wissenschaftlicher Begründung mit zu reflektieren sind.

Die Merkmale, die in die Ausgestaltung der Curricula im Zuge der Studienreform 2005 einflossen, orientierten sich u.a. an den Ergebnissen einer im Jahr 2004 durchgeführten Studie. Untersuchungseinheiten waren ausgewählte Praktikumsberichte der Studierenden, die zu unterschiedlichen Zeitpunkten des Studiums als Leistungsnachweise eingefordert werden. Der Studie lag die Frage zugrunde, ob sich das im Reflexionsteil der Berichte offen gelegte Reflexionsniveau im Verlauf des Studiums veränderte. Die Ergebnisse der Studie zeigten auf, dass insbesondere die Themenbereiche ‚Reflexion des Verständnisses von Sozialer Arbeit' und ‚Reflexion der eigenen Einstellungen bzw. des eigenen Selbstbildes und Professionsverständnisses' nur von einem Drittel bzw. der Hälfte der Studierenden zum Gegenstand ihrer Reflexion in den Praktikumsberichten des Studiums gemacht wurden. Aufgegriffen wurden diese Aspekte primär von Studierenden, die sich bereits im Berufspraktikum befanden. (vgl. Ebert 2012b: 72ff u. 86ff) Die Ergebnisse der Studie verdeutlichten, dass die Hochschule der theoriegeleiteten Reflexion größere Bedeutung beimessen muss. Insbesondere die Auseinandersetzung mit der eigenen Persönlichkeit, den eigenen Befindlichkeiten und der Motivation für den Beruf, mit denen die Voraussetzung für die Aneignung eines professionellen Selbstverständnisses geschaffen werden, müssen bereits im Studium vertiefend bearbeitet werden. Den Ausgangspunkt für eine Auseinandersetzung bilden Erfahrungen der Studierenden, die sie in den berufspraktischen Phasen des Studiums gesammelt haben. Um diese Erfahrungen zu bearbeiten, benötigen die Studierenden Instrumente zur Beschreibung, Analyse und Bewertung der Theorien und Methoden und der darauf basierenden Handlungsvollzüge (vgl. Ebert 2012b: 152). Geeignete Reflexionsmethoden müssen im Studium vermittelt und erprobt werden.

Die Ergebnisse der Studie und die Erfahrungen aus den Reflexionsseminaren des Berufspraktikums, den Wahlpflichtveranstaltungen mit dem Thema ‚Soziale Arbeit als Beruf' und den Veranstaltungen zur Vor- und Nachbereitung der berufspraktischen Phasen im Diplom-Studiengang zeigten, dass eine vertiefte und systematische Auseinandersetzung mit den vorgenannten Fragestellungen, die zu einer Konturierung eines eigenen Professionsverständnisses notwendig sind, bereits frühzeitig im Studium aufgegriffen werden müssen. Dieser Schritt wurde mit der Implementierung des Moduls ‚Professionelle Identitätsbildung' in den Bachelor-Studiengang im Rahmen der Studienreform 2005 vollzogen.

Im Prozess der Re-Akkreditierung, der 2011 abgeschlossen wurde, hat sich herauskristallisiert, dass die 2005 auf die Agenda gesetzte Zielsetzung, Studierende auf dem Weg hin zur Ausbildung eines professionellen Habitus bzw. einer professionellen Identität zu unterstützen, weiterer Anstrengungen bedarf. So wurde deutlich, dass die in den ersten beiden Semestern begonnene Auseinandersetzung mit dieser Thematik ihre Fortsetzung im gesamten Studienverlauf finden muss. Aus diesem Grund wurde die Auseinandersetzung mit ‚Professionellen Standards und beruflicher Ethik' als Pflichtveranstaltung in das Modul ‚Diversity und Menschenrechte' implementiert und ein neues Modul ‚Professionalität und Berufseinstieg' im Abschlusssemester eingeführt (vgl. HAWK 2011: 21).

3.3.2 Bausteine zur Grundlegung von Professionalität im Curriculum des Bachelor-Studiengangs ‚Soziale Arbeit' an der HAWK Hildesheim

Für die Aneignung eines professionellen Selbstverständnisses ist die Relationierung von Theorie und Praxis von besonderer Bedeutung. Aus diesem Grund haben die berufspraktischen Phasen im Studium für die HAWK (Hildesheim) einen hohen Stellenwert. Sie sollen den Studierenden Lern- und Lehrsituationen in der Praxis ermöglichen und die für die Bewältigung des beruflichen Alltags erforderlichen professionellen Handlungskompetenzen vermitteln (vgl. HAWK 2011: 7).

Die Lehrveranstaltungen, in denen die Vermittlung von Fähigkeiten und Fertigkeiten zur ‚Grundlegung von Professionalität' im Zentrum steht, wurden im Curriculum der HAWK (Hildesheim) zu Modulen zusammengefasst oder als Pflichtveranstaltungen in andere Module integriert, die mit den berufspraktischen Phasen im Studium verknüpft sind. In dem sechssemestrigen Bachelor-Studiengang sind drei berufspraktische Phasen mit einem Umfang von insgesamt 750 Stunden implementiert worden. Im ersten Studienjahr ist ein Praktikum zur Orientierung von 300 Stunden vorgesehen. Ein weiteres Praktikum von 300 Stunden dient der Vertiefung der berufspraktischen Erfahrungen in einem exemplarischen Handlungsfeld der Sozialen Arbeit, das zuvor als Schwerpunkt gewählt werden muss. Die dritte Phase ist in das Projektstudium an der HAWK (Hildesheim) integriert. Mit dem Projektstudium strebt die HAWK (Hildesheim) an, Lehr- und Praxisanteile auf der Grundlage intensiver Reflexion miteinander zu verknüpfen (vgl. HAWK 2011: 7). Die berufspraktischen Anteile in den Projekten haben einen Umfang von 150 Stunden. Sowohl die zweite als auch die dritte berufspraktische Phase sind in das vierte und fünfte Studiensemester integriert worden.

> „Im Studium ist Praxisqualifizierung durch Praxiszeiten innerhalb des Studiums impliziert; diese umfassen (ggf. einschließlich des Vorpraktikums) mindestens 20 Wochen; hierauf werden je nach Ausgestaltung auch Projekte angerechnet. Diese Praxisphasen bilden mit den dazu gehörenden Seminaren (Praxisbegleitung, Theorie-Praxisseminare, Projektseminare) Module, deren Gesamtumfang mindestens 900 Stunden Workload und damit 30 Credits nach dem ECTS-Verfahren beträgt." (HAWK 2010: 6)

Da Niedersachsen bis 2012 einen dualen Studienaufbau vorgeschrieben hat, schließt sich an das Bachelor-Studium ein Berufspraktikum zur Erlangung der staatlichen Anerkennung an. Wegen der deutlichen Erhöhung der Praxiszeiten im Studium haben die Studierenden der HAWK die Option, das Berufspraktikum entweder nach sechs oder nach zwölf Monaten abzuschließen.

Die berufspraktischen Phasen sind im ersten Studienjahr dem Modul ‚Professionelle Identitätsbildung' und im zweiten und dritten Studienjahr den Modulen ‚Diversity und Menschenrechte' und ‚Projekte' zugeordnet. Die Module dienen zum einen der intensiven Vor- und Nachbereitung der berufspraktischen Phasen. Zum anderen wird den Studierenden mit Bezug auf bestimmte Methoden der theoriegeleiteten Reflexion ermöglicht, sich mit den im Praktikum gemachten Erfahrungen reflexiv auseinanderzusetzen und Theorie-Praxis-Relationen herzustellen (vgl. HAWK 2010: 7).

3.3.3 Vermittlung professioneller Inhalte im Studienverlauf

An der HAWK (Hildesheim) wird bereits im ersten Semester damit begonnen, den Prozess der Grundlegung von Professionalität bzw. der Aneignung eines professionellen Selbstverständnisses direkt zu begleiten. Aus diesem Grund wurde das Modul ‚Professionelle Identitätsbildung' in das Curriculum implementiert.

> „Zum professionellen Handeln gehören insbesondere die Entwicklung, Annahme und Reflexion beruflicher Identität als SozialarbeiterInnen/ SozialpädagogInnen sowie die Einarbeitung in die berufliche Praxis und deren wissenschaftliche Reflexion. Die berufspraktischen

Einheiten erfüllen bei der Einübung der künftigen Berufsrolle eine besondere Aufgabe." (HAWK 2010: 7)

Das Modul ist semesterübergreifend und wird verpflichtend im ersten Studienjahr angeboten. In das Modul integriert ist die erste berufspraktische Phase mit einem Umfang von 300 Stunden. Das Modul hat einen Workload von insgesamt 18 Credit Points. Hiervon entfallen 8 Credit Points auf die Lehrveranstaltungen.

Lernbereiche	Lehrform		Empfohlenes Semester	
(Soziologische) Grundlagen professioneller Identität	Vorlesung – 2 SWS		1. Semester	
Erschließung von Organisationen der Sozialen Arbeit	Seminar – 2 SWS		1. Semester	
Professionelle Identitätsbildung	Seminar – 2 SWS		2. Semester	
Reflexive Professionalität	Übung – 2 SWS		2. Semester	
Workload	Hochschulzeit	Selbststudium	Praxiszeit	Prüfungsvorber.
540 Std. / 18 CP	120 Std.	30 Std	300 Std.	90 Std.

Tabelle 1: Modul ‚Professionelle Identitätsbildung' (vgl. HAWK 2011: 13f).

Im ersten Semester werden die Vorlesung ‚(Soziologische) Grundlagen professioneller Identität' und das Seminar ‚Erschließung von Organisationen der Sozialen Arbeit' angeboten. Im Rahmen der Vorlesung steht die Erörterung grundlegender professionssoziologischer Fragestellungen (Berufliche Identität, Berufsrolle, normative Grundlagen von Professionalität, professionelles Handeln, reflexive Professionalität) im Zentrum. Im Seminar wird anhand eines exemplarischen Handlungsfeldes der organisatorische Aufbau, die Finanzierung und die inhaltliche Ausrichtung sozialer Einrichtungen analysiert.

Im zweiten Semester setzen sich die Studierenden in dem Seminar ‚Professionelle Identitätsbildung' auf der Basis theoriegeleiteter Reflexion mit dem eigenen beruflichen Selbstverständnis, den beruflichen Standards und der Berufsethik auseinander. (vgl. HAWK 2011:

13f). Abgerundet wird dieses Modul durch die Veranstaltung ‚Theoriegeleitete Reflexion'. In kleinen Gruppen reflektieren die Studierenden ihre Studienmotivation, ihre Norm- und Wertvorstellungen und wie auf Basis dessen ihre professionelle Haltung geprägt wird. Darüber hinaus haben sie die Möglichkeit, Handlungssituationen aus dem Praktikum supervisorisch aufzuarbeiten (vgl. HAWK 2011: 13f).

Im dritten Studienjahr wurde im Modul ‚Diversity und Menschenrechte', das einen starken Bezug zu den Handlungsfeldern hat, die Wahlpflichtveranstaltung ‚Professionelle Standards und ethische Grundlagen in exemplarischen Handlungsfeldern' (2 SWS/ 30 Std.) eingerichtet. Ziel der Veranstaltung ist die Auseinandersetzung mit professionellen Standards und beruflicher Ethik in der Sozialen Arbeit. Ausgehend von Handlungssituationen aus den berufspraktischen Phasen sollen die Studierenden ihren beruflichen Alltag reflektieren und in Beziehung zu den normativen Grundlagen und professionellen Handlungsanforderungen setzen. Die Lehrveranstaltung soll die Studierenden befähigen,

> „eine den normativen Grundlagen (Menschenrechte und soziale Gerechtigkeit) der Sozialen Arbeit entsprechende berufsethisch fundierte Haltung gegenüber der Klientel, den BerufskollegInnen, den ArbeitgeberInnen, den Organisationen sowie der Öffentlichkeit einnehmen und vertreten [...] sowie ihr eigenes Verständnis von Sozialer Arbeit als Profession formulieren..." (HAWK 2011: 51)

zu können.

Lernbereiche	Lehrform	Empfohlenes Semester		
Professionelle Standards und ethische Grundlagen der Sozialen Arbeit	Seminar – 2 SWS	5. Semester		
Workload	Hochschulzeit	Selbststudium	Praxiszeit	Prüfungsvorber.
450 Std. / 15 CP	30 Std.	60 Std	300 Std.	60 Std.

Tabelle 2: Modul ‚Diversity und Menschenrechte' (vgl. HAWK 2011: 51f).

Abgeschlossen werden soll der Prozess der Grundlegung von Professionalität bzw. der Aneignung eines professionellen Selbstverständnisses durch das Modul ‚Professionalität und Berufseinstieg' (4 SWS/ 3 CP). Das Modul wird im sechsten Semester angeboten. Als Ziel des Moduls benennt die HAWK (Hildesheim) die Sensibilisierung der Studierenden für relevante Aspekte des beruflichen Alltags in der Sozialen Arbeit. Darüber hinaus sollen sie dazu angeregt werden, ihr professionelles Handeln aus einer Perspektive zu beurteilen, die dem Ansatz von Spiegel entspricht, die eigene Person als Werkzeug zu begreifen (vgl. HAWK 2011: 21).

Lernbereiche	Lehrform	Empfohlenes Semester		
Berufsrecht	Seminar – 2 SWS	6. Semester		
Professionelles Handeln (Reflexion)	Seminar – 2 SWS	6. Semester		
Workload	Hochschulzeit	Selbststudium	Praxiszeit	Prüfungsvorber.
90 Std. / 3 CP	60 Std.			30 Std.

Tabelle 3: Modul ‚Professionalität und Berufseinstieg' (vgl. HAWK 2011: 21).

Insbesondere sollen die Studierenden mit dem erfolgreichen Abschluss dieses Moduls die folgenden Kompetenzen erworben haben:

„Zusammenhänge von Wissen, Können und Haltung erkennen. Sie verfügen über die Fähigkeit berufsethische Konflikte zu artikulieren und sind in der Lage, notwendige Veränderungsprozesse auf der individuellen oder strukturellen Ebene zu benennen und Schritte zur Umsetzung einzuleiten." (HAWK 2011: 21)

Zusammenfassend lässt sich feststellen, dass im Bachelor-Studium der HAWK (Hildesheim) der Prozess der Grundlegung von Professionalität bzw. der Aneignung eines professionellen Selbstverständnisses über den gesamten Studienverlauf begleitet wird. Die Studierenden müssen insgesamt sechs Lehrveranstaltungen besuchen, die auf das erste, zweite, fünfte und sechste Semester verteilt sind. Da die Veranstaltungen einen starken Bezug zu den berufspraktischen Phasen haben, erwerben die Studierenden in diesen Seminaren bzw. Modulen 36 CP von den im Studium insgesamt zu erbringenden 180 CP.

4 Ethik und Standards der Kritischen Profession

Das professionelle Selbstverständnis der Sozialen Arbeit setzt sich aus ethischen und fachlichen Komponenten zusammen. Der ethische Komplex besteht aus Normen und Werten, die sich aus den Menschenrechten und dem Prinzip der sozialen Gerechtigkeit ableiten lassen und die damit ihren Ursprung in den gleichen Grundwerten haben wie die Prinzipien, die der politischen Verfassung der Bundesrepublik Deutschland (Grundgesetz) zugrunde liegen. Der fachliche Komplex der Profession findet seinen Ausdruck in allgemeinen Handlungs- bzw. Arbeitsprinzipien (vgl. Herrmann 2006: 38). Die ethischen Grundlagen der Sozialen Arbeit sind Gegenstand des folgenden Abschnitts. Die handlungsfeldübergreifenden fachlichen Grundlagen der Sozialen Arbeit werden im Anschluss dargestellt.

4.1 Menschenrechte und soziale Gerechtigkeit als zentrale normative Bezugspunkte der Sozialen Arbeit

Innerhalb der nationalen und internationalen Berufsverbände der Sozialen Arbeit bilden die Menschenrechte und die Verpflichtung auf soziale Gerechtigkeit die normativen Bezugspunkte. Die Prinzipien finden sich, laut Aussage der International Federation of Social Workers, in allen kodifizierten berufsethischen Standards der nationalen Verbände. (vgl. IFSW 2000)

Die internationale Definition der IFSW stellt einen Bezug zu den Menschenrechten und sozialer Gerechtigkeit her. Sie verpflichtet die Akteur*innen der Sozialen Arbeit auf diese zentralen Werte. Wörtlich heißt es in der Montreal-Erklärung der IFSW:

> „Grundlagen der Sozialen Arbeit sind die Prinzipien der Menschenrechte und der sozialen Gerechtigkeit." (IFSW 2000)

Im Kommentar zur Definition geht die IFSW noch einmal explizit auf den Wertebezug ein. Als zentrale Bezugsgröße wird die Menschenwürde benannt. Die Orientierung an den Menschenrechten und das Streben nach sozialer Gerechtigkeit werden als treibende Kraft für das professionelle Handeln hervorgehoben.

„Soziale Arbeit basiert auf humanitären und demokratischen Idealen, und diese Werte resultieren aus dem Respekt vor der Gleichheit und Würde aller Menschen. Seit ihrem Beginn vor einem Jahrhundert hat die professionelle Soziale Arbeit sich auf die menschlichen Bedürfnisse konzentriert und die Entwicklung der Stärken der Menschen vorrangig unterstützt. Menschenrechte und soziale Gerechtigkeit dienen als Motivation für sozialarbeiterisches Handeln. Professionelle Soziale Arbeit ist bemüht, Armut zu lindern, verletzte, ausgestoßene und unterdrückte Menschen zu befreien, so wie die Stärken der Menschen zu erkennen und Integration zu fördern. Die Werte von Sozialer Arbeit sind in den ‚Codes of Ethics' in aller Welt enthalten." (IFSW 2014)

Auch der deutsche Berufsverband betrachtet die Menschenwürde als zentralen Bezugspunkt der Profession. Im „Grundlagenheft für die Arbeit des DBSH" nimmt das Prinzip der sozialen Gerechtigkeit neben den Prinzipien der Menschenwürde und den Menschenrechten ebenfalls einen bedeutenden Rang ein. Dem Aspekt der sozialen Gerechtigkeit wird im Grundlagenheft ein eigener Abschnitt gewidmet. In der Einleitung des Abschnitts werden professionell Handelnde auf diesen Wert verpflichtet:

„Sozialarbeiter/innen haben eine Verpflichtung, soziale Gerechtigkeit zu fördern in Bezug auf die Gesellschaft im Allgemeinen und in Bezug auf die Person, mit der sie arbeiten." (DBSH 2009: 8)

Mark Schrödter hebt hervor, dass die Soziale Arbeit dem im Grundgesetz verankerten Wert der sozialen Gerechtigkeit in besonderer Weise verpflichtet ist. Die Soziale Arbeit hat den gesellschaftlichen Auftrag, das Wohlbefinden von Menschen zu verbessern, sie zu befähigen, sich Zugang zu Grundgütern zu verschaffen und sie bei der Aneignung von Grundfähigkeiten zu unterstützen. In diesem Sinn dient die Soziale Arbeit der Herstellung sozialer Gerechtigkeit (vgl. Schrödter 2007: 19 u. 25).

4.1.1 Menschenrechte

Die Allgemeine Erklärung der Menschenrechte der Vereinten Nationen (UN 1948) und das Grundgesetz der Bundesrepublik Deutschland (BRD 1949) sind zeitgleich beraten und verfasst worden. Bei der Ausarbeitung der bundesrepublikanischen Verfassung hat der Parlamentarische Rat einen engen Austausch mit der Menschenrechtskommission der Vereinten Nationen gepflegt. Sowohl das Grundgesetz als auch die Menschenrechtscharta benennen jeweils in Artikel 1 die Würde des Menschen als zentrale Prämisse, an der alle anderen gesellschaftlichen Ordnungskriterien ausgerichtet werden müssen:

"Die Würde des Menschen ist unantastbar. Sie zu achten und zu schützen ist Verpflichtung aller staatlichen Gewalt." (Grundgesetz Art. 1, Satz 1)

"Alle Menschen sind frei und gleich an Würde und Rechten geboren. Sie sind mit Vernunft und Gewissen begabt und sollen einander im Geiste der Brüderlichkeit begegnen." (Allgemeine Erklärung der Menschenrechte Art. 1)

Der Allgemeinen Erklärung der Menschenrechte und dem Grundgesetz der Bundesrepublik Deutschland, aber auch der Grundrechtecharta der Europäischen Union (EU 2000) liegt ein gemeinsamer Begriff der menschlichen Würde zugrunde. Die inhaltliche Kernaussage dieser Dokumente ist:

"Die Menschenwürde kommt allen Menschen gleicherweise zu. Die Würde des Menschen ist mit seiner Existenz gegeben und nicht Gegenstand einer Zuerkenntnis, sondern Anerkenntnis. Die Würde ist der Existenz eines Menschen immanent, dem Leben eines Menschen ‚koextensiv', sie ist nicht teilbar, in keiner Phase seines Lebens ist der Mensch ohne sie." (Reiter 2004: 8)

Die menschliche Würde bildet also den zentralen Ausgangspunkt der Menschenrechte. Die Idee der Menschenwürde nimmt unter den verschiedenen Einflüssen im Lauf der Jahrhunderte Gestalt an. Die Entwicklung der Ideen der Menschenwürde und der Menschenrechte gehen auf die Erfahrungen strukturellen Unrechts zurück. Die Geschichte der Menschheit ist geprägt von Ungleichheitserfahrungen. In jüngerer Zeit waren es eklatante Verstöße gegen das moralische Rechtsempfinden, wie zu Zeiten des Faschismus und des Nationalsozialismus, die Anlass gaben, die Erklärung der Menschenrechte auf einer immer breiter gespannten Basis zu verankern, wie die Formulierung der Allgemeinen Erklärung der Menschenrechte der Vereinten Nationen von 1948 beweist. Die Menschenrechte sind auf das Ziel hin ausgerichtet, ein menschenwürdiges Zusammenleben aller durch die

Gewährleistung gleicher Grundfreiheiten zu ermöglichen (Bielefeldt 2013: 248ff).

„Menschenrechte sind weder eine Weltanschauung noch eine Erlösungslehre. Sie formulieren auch keinen umfassenden Verhaltenskodex für Individuen und Gemeinschaften, sondern enthalten lediglich Mindeststandards für eine menschenwürdige Koexistenz" (Bielefeldt 2013: 248)

Die Ausformulierung der Menschenrechte erfolgte zwar zunächst in Westeuropa und Nordamerika. Die Entwicklungsgeschichte dieses Ideenkomplexes lässt sich aber nicht auf westlich geprägte kulturelle Traditionen reduzieren (Bielefeldt 2013: 250).

„Die Idee der Menschenwürde [lässt] sich bis in die Grundschriften der verschiedenen Kulturen und Religionen zurückverfolgen; sie finden sich in unterschiedlichen metaphorischen oder begrifflichen Ausprägungen zum Beispiel in der Bibel, im Koran, in den Lehrschriften des Konfuzianismus und den Fragmenten der stoischen Philosophie." (Bielefeldt 2013: 248)

Heiner Bielefeldt hebt hervor, dass Ideengeschichten immer einen rekonstruktiven Charakter haben. Historische Ereignisse und Entwicklungstendenzen, auch solche, die Aspekte der Menschenwürde und der Menschenrechte umfassen, werden rückblickend erst als zu einem bestimmten Entwicklungsstrang gehörend eingestuft und entsprechend gedeutet. Die Ausgestaltung der Menschenrechte kann folglich nicht als quasi evolutionär verlaufender Reifungsprozess bestimmter kultureller Anlagen aufgefasst werden. Eine kulturgeschichtliche Vereinnahmung der Menschenrechte als spezifisches Produkt der sogenannten ‚abendländischen' Kultur wird weder dem universellen Ursprung noch dem universellen Anspruch der Menschenrechte gerecht. (vgl. Bielefeldt 2007: 54)

Die Menschenrechtscharta verpflichtet die Mitgliedsstaaten, den Schutz des Menschen und seiner Würde zu garantieren und die in der Charta definierten Rechte zu wahren.

„Als Menschenrechte lassen sich ganz allgemein jene Rechte definieren, die unserer Natur eigen sind und ohne die wir als menschliche Wesen nicht existieren können. Die Menschenrechte und die grundlegenden Freiheiten erlauben uns, unsere menschlichen Eigenschaften, unsere Intelligenz, unsere Begabungen und unser moralisches Bewusstsein voll zu entwickeln und zu gebrauchen und unsere geistigen und sonstigen Bedürfnisse zu befriedigen." (Vereinte Nationen 2002: 5)

Der Artikel 1 des Grundgesetzes der Bundesrepublik Deutschland verpflichtet die gesetzgebenden Instanzen der BRD, die menschliche Würde zu achten und zu schützen. Im Kommentar zum Grundgesetz wird konkretisiert, auf welche Weise die Menschenwürde gewahrt werden soll. Wolfram Höfling hebt die folgenden vier Elemente hervor (vgl. Höfling 2002: 87):

1. Untrennbar mit der Menschenwürde ist der Schutz und die Achtung der körperlichen Integrität verknüpft. Der Staat ist verpflichtet, jeden Menschen vor Angriffen auf seine Persönlichkeit, deren Unversehrtheit als ein hohes, aber auch fragiles Gut angesehen wird, zu schützen.

2. Ein Leben in Würde setzt außerdem voraus, dass Menschen über menschengerechte Lebensgrundlagen verfügen. Daher hat der Staat den Auftrag, diese zu sichern.

3. Der Anspruch auf Gleichheit vor dem Gesetz geht ebenfalls mit der Würde des Menschen einher. Ohne ein Rechtssystem, das diese Rechtsgleichheit garantiert, ist ein demokratischer Rechtsstaat nicht denkbar.

4. Aus dem Schutzgebot der Menschenwürde des Art. 1 GG wird auch die Wahrung seiner personalen Identität hergeleitet, die auf der wechselseitigen Anerkennung miteinander agierender Subjekte basiert.

Innerhalb der beruflichen Ethik der Sozialen Arbeit spielt die menschliche Würde ebenfalls eine zentrale Rolle. Fortwährende Verstöße gegen die Menschenwürde sind Gründe für die Fixierung des Geltungsanspruchs auf der gesellschaftlichen Ebene (Gesetze). Auf der individuellen Ebene äußert sich die menschliche Würde nach Maja Heiner in dem Anspruch auf Achtung als Mensch, die jeder Person zukommt (vgl. Heiner 2010a: 172). Die Soziale Arbeit soll einen Beitrag dazu leisten, dass diesem Anspruch, allen entgegengesetzten

Tendenzen zum Trotz, Geltung verschafft wird. Die Verletzlichkeit der menschlichen Würde wird erst in konkreten Bezügen offenkundig. Gesellschaftliche Strukturen und menschliches Handeln können die Würde einzelner Menschen oder ganzer Gruppen bedrohen. Die Soziale Arbeit hat die Realisierung der sozialen Bedingungen zur Aufgabe, unter denen Menschen ihre Würde erfahren. Freiheit, Gerechtigkeit und Partizipation bilden die Grundlage für menschenwürdige Lebensbedingungen (vgl. Staub-Bernasconi 2007a: 31). Hiermit verbunden ist der Einsatz der Sozialen Arbeit für die Erhaltung bzw. Schaffung menschengerechter Sozialstrukturen und Leistungssysteme, die der Idee der sozialen Gerechtigkeit verpflichtet sind (vgl. Staub-Bernasconi 2007a: 35 u. Zeller 2006: 540).

Trotz des staatlichen Schutzauftrags wird die Menschenwürde nicht immer geachtet. Aus diesem Grund fordert Staub-Bernasconi, das Doppelmandat der Sozialen Arbeit zu einem Tripelmandat zu erweitern. Neben der Verpflichtung, zwischen den berechtigten Interessen des Individuums und den berechtigten Interessen des Staates zu vermitteln, ohne sich einseitig instrumentalisieren zu lassen, müssen die Handelnden in der Sozialen Arbeit den Schutz der Menschenrechte als Bestandteil ihrer beruflichen Standards begreifen. Diese Standards setzen sich nach Staub-Bernasconi aus folgenden Komponenten zusammen (vgl. Staub-Bernasconi 2007: 200f u. IFSW 2004: o.S.):

- Der wissenschaftlichen Beschreibungs- und Erklärungsbasis sozialer Probleme und wissenschaftsbegründeter Arbeitsweisen und Methoden.

- Der ethischen Basis (Berufskodex), auf die sich alle Professionellen berufen.

- Der Orientierung an den Menschenrechten als Legitimationsbasis für eigenbestimmte Aufträge, um Verletzungen der Menschenwürde entgegenzutreten und soziale Gerechtigkeit zu ermöglichen

Nur im Rückgriff auf wissenschaftlich fundierte Theorien und unter Berücksichtigung der Berufskodizes ist die Soziale Arbeit in der Lage, eine objektiven Kriterien genügende und menschenrechtlich begründete Fachpolitik zu betreiben, deren Ziel die Einmischung in öffentliche Diskurse und die Mitgestaltung von Politik ist (vgl. Staub-Bernasconi 2007: 201).

4.1.2 Soziale Gerechtigkeit

Der zweite zentrale Bezugspunkt der Sozialen Arbeit ist die soziale Gerechtigkeit. Das Prinzip der sozialen Gerechtigkeit hat in Deutschland Verfassungsrang. Der Artikel 20 des Grundgesetzes enthält die Staatszielbestimmungen der Bundesrepublik Deutschland: „Die Bundesrepublik Deutschland ist ein demokratischer und sozialer Bundesstaat." (GG Art. 20). Aus diesem Artikel leitet sich das Sozialstaatsprinzip ab, dass auf der Idee sozialer Gerechtigkeit basiert. Sie bildet neben der Garantie der Menschenwürde sowie der Menschenrechte das Fundament der freiheitlich-demokratischen Grundordnung. Das Sozialstaatsprinzip verpflichtet den Staat, eine aktive und sozial gerechte Sozialpolitik zu betreiben. Die Soziale Arbeit orientiert sich an diesem Prinzip. Sie nimmt den vom Staat vermittelten Auftrag wahr, einen Beitrag zur Verwirklichung sozialer Gerechtigkeit zu leisten (vgl. Engel 2011: 14).

Die Soziale Arbeit sucht das Ziel sozialer Gerechtigkeit zu realisieren, in dem sie sich für die Verbesserung der Lebensbedingungen benachteiligter Personen oder gesellschaftlicher Gruppen einsetzt.

Der Capability Approach ist derzeit die einflussreichste am Prinzip sozialer Gerechtigkeit orientierte Handlungstheorie. Im Zentrum dieses Ansatzes steht die Frage nach einem guten Leben. Mit der Theorie der Befähigungsgerechtigkeit wird das Ziel verfolgt, ethische Handlungsleitlinien zu erarbeiten, die zum einen zu einer gerechten Güterverteilung, zum anderen zu einem guten Leben führen (Röh 2011: 105).

Der Ansatz des Capability Approach fußt auf der Gerechtigkeitstheorie von John Rawls. Nach Rawls ist die Verankerung individueller Rechte in der Verfassung die Voraussetzung für eine gerechte Gesellschaft. Neben der institutionellen Sicherung von Freiheitsrechten, die Rawls zu den Grundgütern zählt, geht es darum, Individuen mit ähnlichen Begabungen und Fähigkeiten gleichen Zugang zu sozialen Positionen zu ermöglichen. Die Grundgüter unterteilt Rawls in fünf Kategorien:

„(1) Grundrechte und Grundfreiheiten, von denen ebenfalls eine Liste aufgestellt werden kann; (2) Freizügigkeit und freie Berufswahl vor dem Hintergrund unterschiedlicher Möglichkeiten; (3) Befugnisse und Vorrechte, die mit den Ämtern und Positionen der politischen und ökonomischen Institutionen der Grundstruktur verbunden sind; (4) Einkommen und Besitz; und schließlich (5) die gesellschaftlichen Grundlagen der Selbstachtung." (Rawls 1992: 369)

Der Selbstachtung misst Rawls eine herausragende Stellung unter den Grundgütern bei (vgl. Rawls 1971: 440). Unter Selbstachtung versteht er zum einen die Wertschätzung des eigenen Lebensplans, dessen Verfolgung zu einem positiven Selbstwertempfinden führt, zum anderen das Zutrauen in die eigenen Fähigkeiten, das mit einem hohen Selbstvertrauen einhergeht. Eine gerechte Gesellschaft zeichnet sich dadurch aus, dass sie optimale Bedingungen schafft, unter denen es den Bürgern gelingt, Selbstachtung zu entwickeln. Alle von Rawls benannten Gerechtigkeitsgrundsätze bedürfen der öffentlichen Anerkennung und Akzeptanz (vgl. Rawls 1992: 369ff).

Rawls Gerechtigkeitstheorie, die den Aspekt der Verteilungsgerechtigkeit betont, wurde von Martha Nussbaum und Amartya Sen (Nussbaum 1999, Sen 2003) ergänzt. Ihr Ansatz der Befähigungsgerechtigkeit geht davon aus, dass Verteilungsgerechtigkeit nicht automatisch entsteht. Um die von Rawls benannten Grundgüter auch nutzen zu können, müssen die Menschen über eine bestimmte Persönlichkeitsstruktur und entsprechende Kompetenzen verfügen, um ihre Rechte einzufordern. Die Gesellschaft muss die materiellen, institutionellen und pädagogischen Voraussetzungen vorhalten, die dem Einzelnen einen Zugang zu einem gelingenden Leben eröffnen (vgl. Nussbaum 1999: 24).

„In Abgrenzung von tradierten Vorstellungen einer Leistungs- oder Verteilungsgerechtigkeit sind die Befähigung zu einem guten Leben, die Lebenschancen und die Lebensqualität, die sich Personen im sozialen Raum tatsächlich eröffnen, die zentralen Inhalte des capability approach." (Böllert 2011: 442)

Zentrales Anliegen des Capability Approach wie der Sozialen Arbeit ist es, die Einzelnen zu befähigen, ihr Leben möglichst selbstständig zu bewältigen. Menschen in schwierigen Lebenslagen haben häufig ihr Selbstvertrauen und ihre Selbstachtung verloren. Es fehlt ihnen an

Mut und an Informationen, um rechtmäßige Ansprüche einzuklagen. In diesem Prozess benötigen sie die Unterstützung der Sozialen Arbeit. Hervorzuheben ist jedoch, dass der Befähigungsansatz weder darauf abzielt, den Menschen vorzuschreiben, was sie unter einem guten Leben zu verstehen haben noch wie sie ihr Leben gestalten sollen. Die Selbstbestimmung und die Autonomie des Einzelnen stehen im Vordergrund, staatlicher Zwang wird abgelehnt. Aufgabe des Staates ist es – so Nussbaum – die Versorgung aller Bürger*innen mit dem Notwendigen zu gewährleisten, um die Basis für eine menschenwürdige Lebensführung zu schaffen (vgl. Nussbaum 2002: 22).

Der Capability Approach stellt die Soziale Arbeit vor die Aufgabe, die Handlungsmöglichkeiten des Einzelnen in Relation zu den soziostrukturell bedingten Handlungsmöglichkeiten zu setzen (vgl. Otto u. Ziegler 2008: 9) Hieraus leiten sich für die Soziale Arbeit zwei Handlungsaufträge ab, die Dieter Röh in der untenstehenden Grafik als Einflussnahme auf die gesellschaftlichen und subjektiven Möglichkeiten begreift.

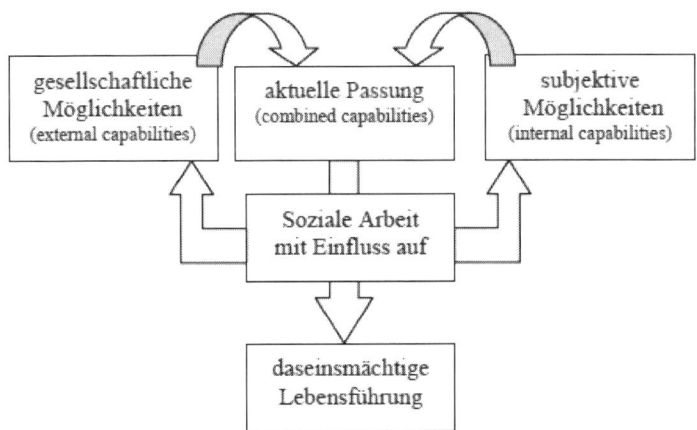

Abb. 2: Ein systemisches Modell daseinsmächtiger Lebensführung (Röh 2013: 181)

Zu den subjektiven Möglichkeiten zählt die Befähigung der Einzelnen, ihr Leben möglichst selbstständig zu bewältigen. Zu den gesellschaftlichen Möglichkeiten zählt das beharrliche Einfordern von Lebensbedingungen, die es den Einzelnen ermöglichen, ihre grundlegenden legitimen Bedürfnisse zu befriedigen bzw. sie in die Lage versetzen, ihre Lebenschancen auch zu nutzen. Dies schließt die Kritik an unmenschlichen, ausgrenzenden und benachteiligenden gesellschaftlichen Strukturen ein und erfordert eine fachpolitische Einflussnahme auf die Sozialpolitik. (vgl. Röh 2013: 181).

4.2 Berufliche Ethik

Eine wichtige Grundlage des beruflichen Handelns in der Sozialen Arbeit bildet die berufliche Ethik, d.h. die Ausrichtung an übergeordneten Werten und Normen der Gesellschaft. Der zentrale Bezugspunkt der beruflichen Ethik ist, wie aufgezeigt, die Achtung und Wahrung der Würde des Menschen.

Die Akteur*innen der Sozialen Arbeit sind aufgefordert, ihr Handeln an den Berufskodizes auszurichten. In der alltäglichen Handlungspraxis treten jedoch häufig moralische Konflikte auf, die keine einfachen Antworten zulassen. Um diese berufsethischen Dilemmata bewältigen zu können, benötigen die Fachkräfte moralische Urteilskraft und ethische Reflexionskompetenzen. Aus diesem Grund haben berufsethische Fragestellungen Eingang in die Ausbildung gefunden (vgl. Lob-Hüdepohl u. Lesch 2007: 8).

Der Wertorientierung der Sozialen Arbeit kommt eine besondere Bedeutung zu. Die Achtung und Verteidigung der Menschenwürde und das Leitbild sozialer Gerechtigkeit bilden die normative Grundlage der Sozialen Arbeit (vgl. Heiner 2010a: 172 u. Staub-Bernasconi 2007a: 31). Die Soziale Arbeit hat den Auftrag, sich für die Verbesserung der Lebensbedingungen Benachteiligter einzusetzen und hat damit eine gesellschafts- und individuumsbezogene Ausrichtung. Ziel ist sowohl eine Optimierung der kollektiven Versorgung mit den notwendigen Grundgütern als auch die Verbesserung der individuellen Fähigkeit zur Lebensbewältigung.

> „Verwirklichungschancen [sind] nicht auf individuelle Eigenschaften oder Dispositionen zu reduzieren, sondern [verweisen] auf das komplexe Zusammenspiel von Infrastrukturen, Ressourcen, Berechtigungen und Befähigungen." (Ziegler 2011:128)

In diesem Sinn ist der Capability Approach – so Martha Nussbaum – ein Menschenrechtsansatz, orientiert an der menschlichen Würde (vgl. Nussbaum 2006: 78).

„[D]er Capabilities Approach stellt ein hinreichendes Grundgerüst für ein Leben in Würde dar. Mit dem Menschenrechtsblick fällt es uns viel leichter, die offensichtliche Verletzung dieser Rechte bzw. die Nicht-Befriedigung von Bedürfnissen zu erfassen und diejenigen moralisch, ökonomisch oder sonst wie zu sanktionieren, die dagegen verstoßen." (Röh 2013: 158)

4.3 Arbeitsprinzipien

Nach der Definition von Heiner enthalten Arbeitsprinzipien grundlegende Aussagen zum professionellen Selbstverständnis der individuellen und kollektiven Akteur*innen der Sozialen Arbeit. In der Regel werden Arbeitsprinzipien knapp und prägnant formuliert (vgl. Heiner 1994: 293). Eingängige Schlagworte wie ‚Anfangen, wo der Klient steht' oder Handlungsmaximen wie ‚Hilfe zur Selbsthilfe' bzw. ‚Eigenkräfte fördern' zählen als Handlungsmaximen zum Gemeingut der Profession. Neben diesen imperativen Handlungsanweisungen werden Arbeitsprinzipien auch als Einzelbegriffe formuliert, die zentrale Orientierungen (Parteilichkeit, Ganzheitlichkeit etc.) der Sozialen Arbeit aufgreifen. Grundsätzlich verweisen Arbeitsprinzipen, wie den Beispielen zu entnehmen ist, auf konkrete Dimensionen des Handelns. (Heiner 2010b: 41).

„Sie sind in der Form einer (normativ begründeten) Aufforderung zum Handeln formuliert, die eine Richtung nahelegt, wie dieser Maxime durch praktisches Handeln nahezukommen sei. Bei einer Konkretisierung zeigt sich jedoch, daß sehr unterschiedliche Umsetzungen denkbar sind, die daher jeweils begründet werden müssen." (Heiner, Meinhold u. Spiegel 1994: 293)

Im Unterschied zu Konzeptionen in der Sozialen Arbeit, die in Abhängigkeit von konkreten sozialpolitischen Aufträgen oder unter Berücksichtigung aktueller institutioneller Rahmenbedingungen erstellt werden, haben Arbeitsprinzipien einen eher zeitlosen Charakter. Sie dienen der Orientierung und vermitteln den Akteur*innen Handlungssicherheit. Sie haben darüber hinaus eine sinnstiftende Funktion für das Selbstverständnis der Profession. (vgl. Heiner 2010b: 41)

„Ihre besondere Wirkung ergibt sich aus der Suggestivkraft abstrakter Handlungsmaximen, die universale Werte und Zielvorstellungen – also Wertewissen – berühren. Sie sind nur bedingt mit wissenschaftlichem Zustands-, Erklärungs- und Verfahrenswissen verknüpft." (Heiner, Meinhold u. Spiegel 1994: 293)

Hans Thiersch hat in seinem Konzept ‚Lebensweltorientierter Sozialer Arbeit' Struktur- und Handlungsmaximen für die Jugendhilfe formuliert. Dieser Katalog wurde mittlerweile auf alle Arbeitsfelder übertragen. Als Struktur- und Handlungsmaximen benennt Thiersch die folgenden Prinzipien: Prävention, Regionalisierung, Alltagsorientierung, Integration und Partizipation (vgl. Thiersch 2003: 30ff). Heiner hält fest, dass diese Maximen nach wie vor von hoher Aktualität sind. Kritisch merkt sie jedoch an, dass sie bisher nur teilweise umgesetzt wurden (vgl. Heiner 2010b: 42). Hierbei geht es um die im folgenden erläuterten Maximen:

Mit der Maxime *Prävention* verbindet Thiersch die Intention, Hilfen und Unterstützungsleistungen anzubieten, bevor sich die Probleme der Klient*innen verhärtet und verdichtet haben (vgl. Thiersch 2003: 30). Heiner hebt hervor, dass Prävention nicht nur als vorbeugendes Handeln im Einzelfall notwendig ist. Durch sozialpolitische Maßnahmen die Lebensbedingungen der Klient*innen nachhaltig zu verbessern, ist aus ihrer Sicht ein weiterer wesentlicher Aspekt von Prävention. Dies umfasst auch das Zurverfügungstellen von Angeboten, die auf die frühzeitige Unterstützung, Entlastung und Beratung abzielen (vgl. Heiner 2010b: 42).

Durch die Maxime *Regionalisierung* soll sowohl die Erreichbarkeit der Sozialen Einrichtungen für Adressat*innen durch die Senkung von Zugangsbarrieren wie auch die Kooperation der Einrichtungen im Sozialraum gefördert werden (vgl. Thiersch 2003: 31). Eng mit der Regionalisierung ist das Konzept der Sozialraumorientierung verbunden, das darauf ausgerichtet ist, die Lebensbedingungen unter aktiver Mitarbeit der Bewohner*innen zu verbessern (vgl. Budde u. Früchtel 2011: 846).

Mit der Maxime *Alltagsorientierung* betont Thiersch die Notwendigkeit einer ganzheitlich ausgerichteten Sozialen Arbeit. Alltagsorientierung steht für ihn nicht im Widerspruch zu einer erforderlichen Spezialisierung sozialer Einrichtungen, wenn diese die Lebensbedingungen und die Lebenswelt ihrer Klient*innen nicht aus dem Blick verlieren (vgl. Thiersch 2003: 32). Die Orientierung am Alltag meint die Berücksichtigung gewachsener sozialer Bezüge. Alltagsorientierung in der Sozialen Arbeit erfordert jedoch die unbürokratische Überwindung organisationsbedingter Spezialisierungen, um dem Anspruch der Ganzheitlichkeit gerecht zu werden (vgl. Heiner 2010b: 42).

Integration als Handlungsmaxime der Sozialen Arbeit zielt auf die Öffnung der Regeldienste (vgl. Thiersch 2003: 33). Voraussetzung hierfür ist die Anerkennung von Vielfalt und Differenz. Ziel der Öffnung der Regeldienste ist es, allen Nutzenden unabhängig von Alter oder Geschlecht, ob mit oder ohne Zuwanderungsgeschichte oder mit oder ohne Beeinträchtigung, den gleichen Zugang zu sozialen Dienstleistungen zu ermöglichen.

Mit der Maxime *Partizipation* betont Thiersch einerseits die Notwendigkeit, die Einspruchs- und Verweigerungsrechte der Klient*innen zu respektieren und zu wahren. Andererseits geht es um das Recht der Klient*innen, über die Planung, Gestaltung und Umsetzung von Interventionen mitzubestimmen. Die Adressat*innen der Sozialen Arbeit und deren soziales Umfeld sind in diesem Verständnis Koproduzent*innen der sozialen Dienstleistung. (vgl. Thiersch 2003: 33f u. Heiner 2010b: 42)

Franz Herrmann hat einen weiteren Katalog allgemeiner Handlungsprinzipien vorgelegt (vgl. Herrmann 2006: 39f). Während bei den Handlungsmaximen von Thiersch primär die sozialpolitischen und organisationellen Rahmenbedingungen der Sozialen Arbeit im Vordergrund stehen, sind die Handlungsprinzipien Herrmanns auf das methodische Handeln und die Interaktion zwischen Sozialarbeiter*innen und Klient*innen ausgerichtet (vgl. Heiner 2010b: 42). Folgende sieben Handlungsprinzipien charakterisieren für Herrmann professionelles Handeln: Wissenschaftliche Basierung, systematisch-methodisches Vorgehen, methodische Offenheit und Flexibilität, Aushandlungsprinzip und Partizipation der Klient*innen, Ressourcenorientierung, Ganzheitlichkeit und Alltagsorientierung (vgl. Herrmann 2006: 39f).

Wissenschaftliche Basierung
Die Soziale Arbeit ist eine Handlungswissenschaft. Sozialarbeiter*innen handeln auf der Grundlage wissenschaftlicher Erkenntnisse und wissenschaftsbegründeter Arbeitsweisen und Methoden. (vgl. Staub-Bernasconi 2007: 200f, DBSH 2009: 13 u. Herrmann 2006: 39f).

Systematisch-methodisches Vorgehen
Professionelles Handeln ist methodengeleitetes und zielgerichtetes Handeln. Methoden in der Sozialen Arbeit sind wissenschaftlich abgesicherte und evaluierte Handlungsformen (vgl. Heiner 1994: 35). Sozialarbeiter*innen müssen in der Lage sein, die Intervention fachlich zu begründen sowie berufsethisch zu rechtfertigen (vgl. Spiegel 2004: 118).

Methodische Offenheit und Flexibilität
Methodisches Handeln in der Sozialen Arbeit ist weder direkt steuer- noch bürokratisch lenk- oder gar expertokratisch regelbar. Welche Methode im konkreten Fall die Methode der Wahl ist, kann jeweils nur im Einzelfall entschieden werden. Heiner spricht in diesem Zusammenhang von „strukturierter Offenheit". Diese setzt die Beherrschung eines breiten Spektrums von Handlungs- und Interventionsformen voraus, die jeweils situations- und personenangemessen anzuwenden sind. (vgl. Heiner 2004: 160)

Aushandlungsprinzip und Partizipation der Klient*innen
Personen- und situationsadäquates Handeln ist grundsätzlich zieloffen. Es basiert auf Aushandlungsprozessen. Nicht die professionell Handelnden bestimmen, welche Interventionsschritte unternommen werden sollen, sondern diese sind Ergebnis eines gemeinsamen Dialogs, in dem die Ziele und die Wege zum Ziel festgelegt, überprüft und ggf. modifiziert werden. Tragfähige Arbeitsbeziehungen bilden die Voraussetzung für langfristig erfolgreiche Interventionen. Dies setzt voraus, dass Sozialarbeiter*innen ihren Klient*innen mit Respekt, Wertschätzung und Empathie beggegnen. Im geschützten Setting ist eine gemeinsame Interpretation der Ausgangslage bzw. des Ausgangsproblems vorzunehmen. Interventionsvorschläge müssen nach demokratischen Regeln von den Sozialarbeiter*innen in die Aus-

handlungsprozesse eingebracht werden (vgl. Herrmann 2006: 40)

Ressourcenorientierung
Professionell Handelnde orientieren sich an den Kompetenzen und Kräften ihrer Adressat*innen und deren sozialem Umfeld. Als Prämisse gilt, die vorhandenen Ressourcen zu nutzen und zu fördern (vgl. Herrmann 2006: 40).

Ganzheitlichkeit
Ein ganzheitliches Vorgehen vereint Erkenntnisse, die aus unterschiedlichen Blickwinkeln gewonnen wurden. Die Veränderungsbemühungen sind auf das Klientensystem und auf das sozialpolitische Leistungssystem ausgerichtet (vgl. Heiner 2010a: 518). In den Blick genommen werden sowohl der Gegenstandsbereich als auch die Methoden. Auf der Grundlage einer mehrdimensionalen Problemanalyse erfolgt eine mehrperspektivische Interventionsplanung, die die Blickwinkel aller Beteiligten zu berücksichtigen hat. Erst im Zuge dieser Vorarbeit kann eine Interventionsstrategie entwickelt werden, die auf die unterschiedlichen Ebenen sowohl des Klienten- als auch des Leistungssystems zugeschnitten ist. (vgl. Heiner 2010a: 528 u. Herrmann 2006: 40).

Alltagsorientierung
Sozialarbeiter*innen orientieren sich am Alltag ihrer Adressat*innen. Ihr Handeln ist darauf ausgerichtet, Menschen bei der Gestaltung und Verbesserung ihrer Lebensbewältigung zu helfen. Sie werden dabei unterstützt, (wieder) mehr Verfügung über ihre Lebensbedingungen zu erlangen. Wie bei der Ressourcenorientierung findet auch bei der Alltagsorientierung das soziale Umfeld der Adressat*innen und die Einflüsse des Sozialraums Berücksichtigung (vgl. Heiner 2010:b 43 u. Herrmann 2006: 40).

5 Reflexion als zentrales Element einer Kritischen Praxis

Diesem Kapitel liegt ein erweiterter Reflexionsbegriff zugrunde. Er geht über die problemorientierte Reflexion, bei der Anlass und Gegenstand des Reflexionsprozesses außerhalb der Person des professionell Handelnden liegen, hinaus. In Handlungssituationen der Sozialen Arbeit bringen sich die Sozialarbeiter*innen in der Regel mit ihrer ganzen Person ein. Hiltrud von Spiegels Ansatz ‚Person als Werkzeug' trägt diesem Umstand Rechnung. Eine qualifizierte Reflexion im Feld der Sozialen Arbeit, deren Anlass häufig Probleme zwischen professionell Handelnden und Klient*innen in Unterstützungsprozessen sind, muss sich auf die persönlichen Faktoren, die unweigerlich in die Arbeitsbeziehungen einfließen, beziehen.

Im identitätsbezogenen Reflexionsprozess werden konkrete Situationen, die sich im Kontext professioneller Arbeitsbezüge ereignet haben, analysiert. Gegenstand des Reflexionsprozesses sind also eigene Erlebnisse oder Erlebnisse von Kolleg*innen (vgl. Schröder 2002: 10). Erste Anknüpfungspunkte der Analyse sind in der Regel unerwartete Ereignisse, die bei einer Sozialarbeiterin/ einem Sozialarbeiter zu Irritationen geführt haben. Beispielsweise stellt sich der beabsichtigte Erfolg einer Intervention nicht ein oder Konflikte zu Handlungspartnern (Klient*innen, Kolleg*innen, Vorgesetzte) treten immer wieder auf. Sozialarbeitende, deren Handlungssicherheit sich besonders stark an routinisierten Abläufen anlehnt, lassen sich von außergewöhnlichen Ereignissen leichter aus dem Konzept bringen als andere. Bei den Akteur*innen lösen unbeabsichtigte Handlungsabläufe häufig starke emotionale Reaktionen wie Wut, Kränkung, Abwehr oder Angst aus. Je intensiver sich eine Situation auf die emotionale Befindlichkeit der professionell Handelnden auswirkt, umso größer ist die Gefahr, dass ihre Fähigkeit, zukünftig in einer Situation adäquat und angemessen zu handeln, beeinträchtigt wird (vgl. Bimschas u. Schröder 2003: 167).

Für die Fähigkeit, professionell auch in Handlungssituationen zu agieren, die nicht eindeutig bestimmbar sind, ist neben dem Fachwissen die Persönlichkeitsstruktur der Sozialarbeiter*innen ausschlaggebend. In Reflexionsprozessen, die im Feld der Sozialen Arbeit stattfinden, müssen daher auch die habitualisierten Denk-, Wahrnehmungs- und Bewertungsschemata, die Sozialarbeitende verinnerlicht haben, in den Blick genommen werden. Bei der problemorientierten

Reflexion stehen nach Bärbel Bimschas und Achim Schröder diese nicht im Vordergrund, bei der identitätsbezogenen Reflexion werden sie dagegen gezielt Gegenstand der Analyse. Reflexionsprozesse auf der Ebene der identitätsbezogenen Reflexion versuchen die Einstellungen und Haltungen der Sozialarbeiter*innen, die die Interaktionen mit den Klient*innen in der Regel unbewusst mitstrukturieren, in den Fokus der Betrachtung zu rücken. Ziel der Reflexion ist nicht in erster Linie die Erarbeitung konkreter und detaillierter Handlungsanweisungen, dank welcher zukünftige Situationen besser gemeistert werden können. Dieser Anspruch an Reflexion besteht zwar auch. Darüber hinaus soll Reflexion Professionellen aber Erkenntnisse über Charakteristika des eigenen Handelns und eventuell hierdurch ausgelöste dynamische Prozesse erschließen (vgl. Bimschas u. Schröder 2003: 168). Bimschas und Schröder sprechen in diesem Kontext auch von einer „selbstbezüglichen Reflexion". Hierunter verstehen sie Konzepte, die sich auf „Erkenntnisse im Überschneidungsfeld von Person und Fachlichkeit" (Bimschas u. Schröder 2003: 160) beziehen. Die Qualität pädagogischer Beziehungen wird entscheidend durch die Faktoren der Fachlichkeit und der Persönlichkeit bestimmt. In den Unterstützungsprozess fließen sowohl die berufsspezifischen Fähigkeiten und Fertigkeiten als auch die Persönlichkeitsmerkmale der Sozialarbeiter*innen ein (vgl. Schröder 2002: 11). In der „selbstbezüglichen Reflexion" werden diese sachlichen und strukturellen Dimensionen im Zusammenhang mit den emotionalen Anteilen der jeweils handelnden Personen betrachtet. Im Zentrum der Reflexion steht eine Analyse der vielschichtigen Prozesse, die eine spezifische Situation geprägt haben (vgl. Bimschas u. Schröder 2003: 160).

Die identitätsbezogene oder selbstbezügliche Reflexion baut auf dem problemlösenden Reflexionskonzept von Schön auf. Aus diesem Grund wird im ersten Abschnitt des dritten Kapitels Schöns Reflexionskonzept ausführlich dargestellt (Kapitel 5.1). Die lern- und identitätsbezogene Reflexion steht im Zentrum des zweiten Abschnitts des Kapitels (5.2). Zunächst wird in diesem Abschnitt aufgezeigt, welche Bedeutung Emotionen und Affekte für Reflexionsprozesse haben (Kapitel 5.3). Anschließend wird herausgearbeitet, warum die Fähigkeit und Bereitschaft zur biografischen Selbstreflexion für die Ausbildung einer professionellen beruflichen Haltung unumgänglich ist. Abschließend werden die wichtigsten Erkenntnisse des Kapitels noch einmal zusammengefasst (Kapitel 5.4).

5.1 Schöns Reflexionskonzept

Im Zentrum von Schöns Analyse steht das Handeln von Berufsgruppen, bspw. Pädagog*innen oder Sozialarbeiter*innen, deren Handlungserfolge in einem besonderen Maße von der sich in der Interaktion zwischen den Fachkräften und den Adressat*innen entwickelnden Arbeitsbeziehung geprägt sind. Professionelles Handeln ist in diesen Feldern zunehmend durch Charakteristika wie Komplexität, Ungewissheit, Unsicherheit und Wertkonflikte gekennzeichnet. Die Besonderheit des Einzelfalles gewinnt an Bedeutung. Fachwissen und Erfahrungswerte können nicht eins zu eins auf einen konkreten Fall übertragen werden. Das bedeutet, dass Handlungsanforderungen nicht mehr allein mit dem auf Verallgemeinerbarkeit aufbauenden Instrumentarium der technischen Rationalität bewältig werden können. (vgl. Schön 1983: 39)

Theoretische Wissensbestände bilden die Grundlage professionellen Handelns. Die Aneignung von und die Verfügung über spezifisches Fachwissen sind nicht zuletzt auch ein Kennzeichen dafür, dass die Handelnden Teil einer Profession sind. Die Wissensbestände eröffnen den Praktiker*innen die Möglichkeit, ihre Arbeit theoretisch zu fundieren. Das theoretische Wissen kann aber nicht unmittelbar in die Praxis umgesetzt werden. Das Modell der technischen Handlungsrationalität basiert auf einer falschen Vorstellung von professioneller Praxis. Die Diskrepanzen, die zwischen dem theoretischen Anspruch und den tatsächlichen Handlungsoptionen in der Praxis bestehen, können dazu führen, dass die professionell Handelnden das Vertrauen in den Nutzen von Theorien verlieren. (vgl. Bruce 2013: 37)

Aus diesem Grund steht Schön traditionellen Modellen der Wissensverwendungsforschung skeptisch gegenüber. Die traditionellen Formen der Wissensverwendungsforschung gehen davon aus, dass es Aufgabe der Theorie ist, für die Praxis technologisches Wissen bereitzustellen. Schön ist dagegen der Ansicht, dass theoretisches Wissen in der Praxis nur dann Wirkung entfalten kann, wenn sich die Theorie aus der Praxis entwickelt. Sein Interesse gilt primär der Frage, welchen Ursprung und welche Qualität das Wissen professionell Handelnder hat, das ihnen ermöglicht, in einer gegebenen Situation situationsadäquat und problemlösungsorientiert zu agieren. Selbstverständlich tritt Schön nicht für eine theoriefreie Praxis ein. Theoretisches Wissen allein gewährleistet seiner Ansicht nach aber nicht, dass ein professionell Handelnder in einer Situation angemessen und zielgerichtet reagiert. Voraussetzung professionellen Handelns ist die Möglichkeit des Rückgriffs auf eine breite Basis von Wissen und Erfahrung. Die geforderte Reflexionsleistung beruht darauf, sich zu vergegenwärtigen, auf welche Annahmen sich das Handeln jeweils stützt. (vgl. Bruce 2013: 37)

„Wissensanwendung und instrumentelles Problemlösen setzen nämlich ein Bild von Praxis voraus, das durch unzweifelhafte Ziele und gleich bleibende institutionelle Kontexte charakterisiert ist." (Altrichter 2000: 203)

Dewe und Otto gehen davon aus, dass das Modell der technischen Handlungsrationalität, wenn auch wenig geeignet, um die Praxis zu bewältigen, so doch für „die meisten Sozialarbeitenden so selbstverständlich ist, dass sie ihr Leben lang daran festhalten" (Dewe 2013: 97). In kritischer Auseinandersetzung mit dem Modell der technischen Handlungsrationalität haben sie das Modell der ‚reflexiven Professionalität' entwickelt, das auf der Relationierung unterschiedlicher Wissensbereiche basiert.

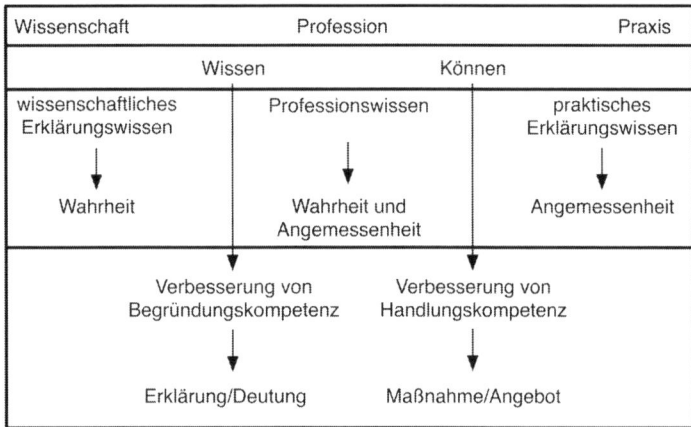

Abb. 3: Wissensformen (Dewe u. Otto 2002: 1967)

Dewe und Otto unterscheiden in ihrem Modell der Wissensformen zwischen spezifischen Wissensformen, die jeweils in unterschiedlichen Kontexten bedeutsam sind. Während sich die Wissenschaft auf das wissenschaftliche Erklärungswissen stützt, das dem Kriterium der Wahrheit verpflichtet ist, basiert das Handeln im beruflichen Alltag auf dem praktischen Erklärungswissen, das das Kriterium der Angemessenheit erfüllen muss. Professionell Handelnde müssen sich nicht nur wissenschaftliches ‚Wissen' angeeignet haben, sondern müssen auch über das ‚Können' verfügen, also die Fähigkeit, das Wissen situativ anzuwenden. Sie müssen folglich in der Lage sein, das wissenschaftliche Wissen und das praktische Erklärungswissen ad hoc in ein der Situation angepasstes Verhältnis zu setzen. Der durch den Prozess der Relationierung entstehende eigenständige Wissensbereich wird als professionelles Wissen bezeichnet. Es ist „zwischen praktischem Handlungswissen, mit dem es den permanenten Entscheidungsdruck teilt und dem systematischen Wissenschaftswissen, mit dem es einem gesteigerten Begründungszwang unterliegt" (Dewe u.a. 1992: 81) angesiedelt. Das Professionswissen ist den Kriterien der Wahrheit und der Angemessenheit in gleichem Maße verpflichtet. Der Zugang zu wissenschaftlichem Wissen verbessert die Begründungskompetenz der Profession. Das praktische Erklärungswissen erweitert die Handlungskompetenz der Profession und stellt sicher, dass die Interventionen, Maßnahmen und Angebote angemessen sind (vgl. Dewe u.a. 1992: 81f).

Das Professionswissen wird von den reflexiv agierenden Fachkräften durch Relationierung erzeugt, in dem sie ihre erworbenen theoretischen Erkenntnisse auf aktuelle Problemsituationen beziehen und sie für die Bewältigung der spezifischen Situation nutzbar machen. Die Rolle des professionell Handelnden besteht laut Dewe darin, die Lebenspraxis und die damit verbundenen Probleme der Adressat*innen unter Bezug auf wissenschaftliche Erklärungsansätze zu deuten. Dieser Prozess soll allen Beteiligten neue Perspektiven erschließen und damit die Voraussetzung für ein kognitives Durchdringen der Problemlagen schaffen. Erst dann sind die unterschiedlichen Handlungsmotive nachvollziehbar und es können Lösungen zur Bewältigung der Probleme gefunden werden.

„Im Zentrum professionellen Handelns steht also nicht das wissenschaftliche Wissen als solches, sondern die Fähigkeit der diskursiven Auslegung und Deutung von lebensweltlichen Schwierigkeiten und Einzelfällen mit dem Ziel der Perspektivenöffnung bzw. der Entscheidungsbegründung unter Ungewissheitsbedingungen." (Dewe 2013: 107).

Das Erfordernis der Relationierung markiert den entscheidenden Unterschied zwischen einem reflexiven und einem technizistischen oder expertokratischen Professionsverständnis (vgl. Dewe 2013: 97f). Dewe und Otto unterstreichen, dass Professionswissen erst durch die Einbindung in die berufliche Praxis gewonnen wird.

> „Professionswissen erwirbt man zu allererst auf dem Wege des berufsförmigen Vollzugs dieser Tätigkeiten im Sinne der Routinisierung und Habitualisierung, d.h. durch Eintritt in eine kollektiv gültig gemachte Praxis als Verfahren." (Dewe u. Otto 2012: 211)

Die Aneignung des Professionswissens ist folglich ein aktiver Prozess, der von den Sozialarbeitenden selbst geleistet werden muss. Eine Schlüsselposition in diesem Prozess nimmt die Reflexion des Handelns, also die Bedeutungszuschreibung und theoretische Einordnung von Handlungen ein. Schön entwickelte ein Handlungsmodell mit den drei Handlungstypen ‚Wissen-in-der-Handlung/ Tacit-knowing-in-action', ‚Reflexion-in-der-Handlung/ Reflection-in-action' und ‚Reflexion-über-die-Handlung/ Reflection-on-action', das diesem Umstand Rechnung trägt.

5.1.1 Wissen-in-der-Handlung/ Tacit-knowing-in-action

Der Handlungstyp ‚Wissen-in-der-Handlung/ Tacit-knowing-in-action' basiert auf der Grundannahme, dass professionell Handelnde in Handlungssituationen grundsätzlich über mehr Wissen verfügen, als ihnen bewusst ist. Sie unterschätzen häufig ihr praktisches Wissen und realisieren nicht, dass ihr spontanes Handeln in Praxissituationen auf implizitem Wissen beruht, dass ihre Handlungen also intuitiv erfolgen. (vgl. Bruce 2013: 37).

Das implizite Wissen konkretisiert sich in typischen Handlungsmustern und in dem ‚sicheren Gefühl' der Handhabung der Situation. Es kann aber nicht in Worte gefasst und daher auch nicht mitgeteilt werden (vgl. Schön 1983: 49). ‚Wissen-in-der-Handlung' kann wie folgt charakterisiert werden:

- Das Handeln basiert nicht auf vorangegangenen Denkoperationen. Denken und Handeln fließen ineinander über, die beiden Prozesse laufen nicht getrennt voneinander ab.

- Die Handelnden können in der Regel nicht benennen, auf welche Weise sie sich dieses Wissen angeeignet haben.
- Die Handelnden können in den meisten Fällen dieses Wissen nicht beschreiben. (vgl. Schön 1983: 51 u. Altrichter 2000: 204)

Schöns Handlungstyp ‚Knowing-in-action' basiert auf dem Ansatz des ‚Tacit knowledge' von Michel Polanyi (1985). Auch Polanyi geht davon aus, „dass wir mehr wissen, als wir zu sagen wissen" (Polanyi 1985: 14). Als ‚Tacit knowledge' bezeichnet Polanyi die Art von Wissen, die unser Handeln unbewusst und intuitiv steuert. Die Durchführung einer Tätigkeit erfolgt, ohne dass der Handelnde über die Abfolge der einzelnen Handlungsschritte nachdenkt oder einen ausgearbeiteten Plan im Kopf hat. Als Beispiel führt Schön das Fahrradfahren vor Augen. Einmal erlerntes ursprüngliches Wissen wird – wie beim Fahrradfahren – intuitiv abgerufen und angewendet. Das ‚Tacit knowlegde' oder in Schöns Terminologie das ‚Wissen-in-der-Handlung' versetzt die Handelnden in die Lage, eine komplexe Tätigkeit auszuführen, ohne dass sie sich bei jedem Handlungsschritt bewusst machen müssen, wie sie sich diese Fähigkeit ursprünglich angeeignet haben und welche Kenntnisse und Einsichten hierfür erforderlich waren. Das ‚Wissen' ist gewissermaßen bereits impliziter Bestandteil der Tätigkeit (vgl. Schön 1987: 25).

Im professionellen Kontext entwickelt sich ‚implizites Wissen' oder ‚Wissen-in-der-Handlung' über einen langen Zeitraum. Voraussetzung ist, dass die professionell Handelnden mit bestimmten Aspekten ihrer Tätigkeiten wiederholt in Berührung kommen und diese nach und nach Teil ihres Repertoires werden. Das Handlungsrepertoire eines professionell Handelnden basiert auf Werturteilen, Fähigkeiten und Fertigkeiten sowie Techniken, die im Laufe der Aneignung der Berufsrolle verinnerlicht bzw. habitualisiert werden, ohne dass dies von den Berufsanfängern als bewusster Vorgang erlebt wird. Die professionell Handelnden lernen – by the way – wie eine Sozialarbeiter*in wahrzunehmen, zu denken und zu handeln. Das professionelle Handeln wird im Laufe der Zeit spontan und intuitiv. Es kann in Handlungssituationen ohne aktives Zutun abgerufen werden. (vgl. Schön 1983: 60).

5.1.2 Reflexion-in-der-Handlung/ Reflection-in-action

Sehen sich professionell Handelnde im beruflichen Alltag mit akuten Problemen konfrontiert, stoßen sie an die Grenzen des ‚Wissens-in-der-Handlung'. Situatives Erfassen der Problemsituation und situative Anpassung der eigenen Handlungsweise an die neuen Herausforderungen nennt Schön ‚Reflexion-in-der-Handlung/ Reflection-in-action'. (Schön 1983: 62)

„Think on your feet" ist eine Metapher, mit der Schön diese Art und Weise des Umgangs mit problematischen Situationen charakterisiert. In Handlungssituationen, die sich schnell wandeln, die als unübersichtlich erlebt werden und die mit den üblichen Handlungsroutinen nicht zu bewältigen sind, fallen Denken und Handeln zusammen. „Think about doing whilst doing" ist dann die Handlungsmaxime der professionell Handelnden (vgl. Schön 1983: 54). Der Handlungsfluss wird nicht unterbrochen, aber die Situationswahrnehmung, insbesondere die Beobachtung der Folgen einzelner Handlungsschritte für das Geschehen, also dafür, wie sich die Situation durch Interventionen immer wieder neu gestaltet, ist geschärft. Zudem ist der kreative Geist geweckt und verleitet die Akteur*innen, spontanen Einfällen zu folgen oder neue Verhaltensweisen in Betracht zu ziehen. (vgl. Schön 1987: 26).

Bei der Kennzeichnung des Handlungstyps ‚Reflexion-in-der-Handlung' greift Schön auf John Deweys Ansatz des ‚forschenden Lernens' zurück. Die professionell Handelnden beziehen sich nicht auf etablierte Theorien oder Techniken, sondern konstruieren eine neue Theorie für den besonderen Einzelfall. Das forschende Lernen ist nicht an der Erreichung vordefinierter Ziele orientiert. Es geht vielmehr darum, Mittel und Ziele als voneinander abhängige, wechselseitig aufeinander bezogene Variablen zu betrachten und ihr Verhältnis zueinander auszuloten. Das ‚forschende Lernen' trennt nicht zwischen Denken und Handeln. Der Entscheidungsfindung geht kein Reflexionsprozess voraus, denn das forschende Herantasten an die Situation ist bereits ein Teil der Handlung. Die Ausführung der Tätigkeit nimmt während der Erkundung der Situation bzw. bei der Eruierung der Frage „Was ist Sache?" Gestalt an. Der Handlungstyp ‚Reflektieren-in-der-Handlung' ermöglicht es, in ungewissen, mehrdeutigen und einzigartigen Situationen handlungsfähig zu bleiben, weil diese Form der

Reflexion gerade nicht an die technische Rationalität gebunden ist (vgl. Schön 1983: 68f)
In „Educating the Reflective Practioner" (1987) arbeitet Schön Stufen heraus, die charakteristisch für den Ablauf des Handlungsmodells ‚Reflection-in-action' sind:

- Im beruflichen Alltag wird der professionell Handelnde immer wieder mit Situationen konfrontiert, die er nicht spontan und intuitiv mit der üblichen Handlungsroutine des ‚Knowing-in-action/ Wissen-in-der-Handlung' bewältigen kann. Er stellt fest, dass sich eine Situation mit dem gewohnten Handlungsrepertoire nicht bearbeiten lässt. Tritt dieser Fall ein, wird seine Aufmerksamkeit geschärft. Dabei ist unwichtig, ob das Eintreten der unvorhergesehenen Situation oder deren Ablauf vom professionell Handelnden als positiv oder negativ bewertet wird. (vgl. Schön 1987: 28)
  Der professionell Handelnde erfasst in ein und demselben Augenblick sowohl das Ereignis, mit dem er nicht gerechnet hat, als auch den Umstand, dass seine intuitive Handlungsroutine des ‚Knowing-in-action' nicht ausreichen wird, um die Situation zu bewältigen (vgl. Schön 1987: 28). Er ruft spontan vorhandenes Wissen ab, um Analogien zu anderen Situationen herstellen zu können. Er sucht nach einer ‚ersten Definition', um das Problem zu benennen und zu beschreiben. Altrichter nennt diesen Prozess ‚Naming und framing' (Altrichter 2000: 205). Ein wesentliches Merkmal ist, dass sich die professionell Handelnden bewusst sind, dass die ‚erste Problemdefinition' lediglich einen hypothetischen Charakter besitzt.

- ‚Reflexion-in-der-Situation' ermöglicht das sofortige Agieren in einer Handlungssituation. Schön nennt diese Verfahrensweise „on-the-spot-experiment" (Schön 1987: 28), Altrichter nennt es das „Rahmenexperiment" (Altrichter 2000: 206). Die Handlung kann als ‚Learning by doing' charakterisiert werden. Im Handlungsablauf entwickeln professionell Handelnde eine mögliche Handlungsalternative und erproben sie. Gleichzeitig suchen sie fortwährend abzuschätzen, welchen Verlauf die Entwicklung nimmt. Beides ist nicht voneinander zu trennen.

- Die vorläufige Problemdefinition wird überprüft, bekräftigt oder verworfen, je nach dem, ob sich die Situation auf die gewünschte Weise entwickelt oder nicht. Schön hebt hervor, dass die professionell Handelnden offen für den „back-talk" (Schön 1983: 164) der Situation bleiben müssen. Der Situation wird durch die erste Problemdefinition eine Ordnung auferlegt, aus der sich erste Handlungsschritte ergeben. Die erste Problemdefinition ist aber die vorläufige Hypothese des professionell Handelnden, die sich in der Praxis bewähren muss. Die Frage, ob sie für die Problemlösung taugt, gerät nicht aus dem Blick. Die Erwiderung der Situation auf die ersten Handlungsschritte, der ‚back-talk', geben einen Hinweis darauf, ob die Hypothese und die an sie angelehnten Handlungsschritte in die richtige Richtung weisen oder nicht. (vgl. Schön 1983: 135 u. Altrichter 2000: 205ff)

> „Sie müssen darauf hören, wie die Situation auf ihre Versuche, sie nach dem Bild ihrer Definition zu formen, antwortet. In einer *double vision* kombinieren sie für eine Zeit lang konsequentes Eintreten für ihre Situationsdefinition mit deren kritischer Erforschung." [Hervorh. im Orig.] (Altrichter 2000: 206).

Der Handlungstyp ‚Reflexion in der Handlung' vollzieht sich in Handlungsabläufen, die eine ganzheitliche Bewertung der Situation erfordern. Bei der Bewertung steht die Ergebnisorientierung nicht im Vordergrund, auch mögliche negative oder positive Nebenfolgen eines Handlungsschritts werden in Betracht gezogen.

> „Praktiker können eine Situation nicht bloß vor dem Hintergrund der erwarteten Konsequenzen beurteilen, sie müssen vielmehr die Wünschbarkeit aller Effekte und Nebeneffekte in Betracht ziehen." (Altrichter 2000: 206)

In komplexen Handlungssituationen führen Veränderungen häufig zu nicht beabsichtigten Effekten. Aus diesem Grund betont Schön, dass es bei der Evaluation einer Situation nicht nur um die Frage geht, ob das, was beabsichtigt war auch erreicht wurde, sondern auch, ob das Ergebnis positiv bewertet wird (vgl. Schön 1987: 71).

„Here the test of the affirmation of a move ist not only Do you get what you intend? but Do you like what you get?" (Schön 1987: 71).

- Der Handlungstyp ‚Reflexion in der Handlung' erfordert eine selbstkritische Haltung. Durch ihn werden die professionell Handelnden animiert, ihre vorgefertigten Denk-, Wahrnehmungs- und Bewertungsschemata, ihr ‚Wissen-in-der-Handlung', zu hinterfragen und zu überdenken (vgl. Schön 1987: 28).

Die Unterschiede zwischen Schöns Handlungstypen ‚Knowing-in-action' und ‚Reflection-in-action' sind nur graduell. Erfahrene Sozialarbeiter*innen passen ihre Reaktionen kontinuierlich an die sich verändernde Handlungssituation an. In dieser Schritt für Schritt erfolgenden Beurteilung des Prozesses entwickeln sie ein breit gefächertes Repertoire an Vorstellungen über Handlungsrahmen und Handlungsmöglichkeiten. Zusammenfassend kann festgehalten werden, dass professionell Handelnde, während sie im Modus des Handlungstyps ‚Reflection-in-action' agieren, eher auf Veränderungen als auf Überraschungen reagieren, weil die Veränderung des Kontextes und die Reaktion darauf nie die Grenzen des Vertrauten zu überschreiten vermögen. (vgl. Schön 1987: 29)

Das Hinterfragen der impliziten Annahmen des ‚Knowing-in-action' ermöglicht die kritische Neubewertung der handlungsleitenden Denk- und Wahrnehmungsschemata in der jeweiligen Problemsituation. Das Ergebnis auf die Frage „Was wissen wir?" versetzt den professionell Handelnden in die Lage, ein neues Verständnis und eine neue Perspektive zu entwickeln und neue Strategien für die Bewältigung ähnlicher Situationen zu entwerfen. (vgl. Bruce 2013: 39)

5.1.3 Reflexion-über-die-Handlung/ Reflection-on-action

Der Handlungstyp ‚Reflexion-über-die-Handlung/ Reflection-on-action' ist der zumindest im deutschsprachigen Raum bekannteste Teil von Schöns Reflexionskonzept. Wenn in der deutschsprachigen Fachliteratur von Reflexion die Rede ist, wird in der Regel ausschließlich dieser Handlungstyp beschrieben. Im Fachdiskurs der Sozialen Arbeit ist die Bedeutung von Reflexion für das professionelle Handeln mittlerweile unstrittig (vgl. Ebert 2012b: 8ff). Von professionell Handelnden in der Sozialen Arbeit wird erwartet, dass sie in der Lage sind, ihr Handeln wissenschaftlich fundiert zu begründen. Reflexionsprozesse eröffnen die Möglichkeit, die eigenen Handlungsweisen genauer zu beschreiben und das eigene Handeln zu analysieren. Intuitives Handlungswissen wird auf diese Weise mitteil- und erst dadurch auf einer professionellen Kommunikationsebene analysier- und reorganisierbar. (vgl. Altrichter 2000: 208)

Im Gegensatz zur ‚Reflexion-in-der-Handlung' beginnt der Reflexionsprozess bei ‚Reflexion-über-die-Handlung' erst im Nachhinein. Die zu analysierende Situation liegt entweder in der Vergangenheit oder der primäre Handlungsfluss wird absichtlich unterbrochen (vgl. Ebert 2012b: 41). Wie schon beim Modus ‚Reflection-in-action' wird der Schritt des ‚Naming and framing' genutzt, um sich die Handlungsweisen der verschieden Akteure*innen in der Situation zu vergegenwärtigen und sie multiperspektivisch einzuordnen. Altrichter charakterisiert diesen Schritt als ‚reale' Objektivierung der primären Handlung, weil im Gegensatz zum ‚Naming and framing' des Handlungstyps ‚Reflection-in-action' eine umfassende Analyse des Handlungsverlaufs und der Intentionen der unterschiedlichen, an der Situation beteiligten Akteur*innen erfolgen kann (vgl. Altrichter 2000: 209).

Das Verfahren ‚Reflection-on-action' hat in der Sozialen Arbeit aufgrund der bereits erörterten Besonderheiten des Arbeitsfeldes einen hohen Stellenwert. Strukturell bedingte, schwer zugängliche Probleme sind in der Regel Gegenstandsbereich der Sozialen Arbeit. Die Interaktionen zwischen den Sozialarbeiter*innen und ihren Klient*innen sind zudem komplex und Handlungsverläufe schwer vorhersagbar. Ohne fachliche, eigens für diesen Zweck institutionalisierte Kommunikationsrahmen (Teamgespräche etc.) sind viele der sich konfliktreich gestaltenden Beziehungen und auftretenden Handlungsprobleme nicht zu durchdringen. Gegenstand der Reflexion müssen auch die Norm- und Wertvorstellungen der professionell Handelnden sein, da diese unbewusst die Wahrnehmung beeinflussen, die Problemdefinition bestimmen und das Handeln leiten.

‚Reflection-on-action' kann also zum einen erfolgen, in dem der Handlungsfluss unterbrochen wird. Dies setzt voraus, dass der Handlungsdruck nicht zu groß ist und die Option besteht, entweder einvernehmlich (in Absprache) oder stillschweigend (‚spontanes Innehalten', ‚sich selbst bremsen', ‚sich selbst zurücknehmen') vorübergehend Abstand vom Geschehen zu bekommen. Durch die zeitliche Unterbrechung oder durch einen kurzfristigen Ortswechsel werden Zeit und Raum zum Überdenken der Ereignisse gegeben, die sich gerade zugetragen haben. Sowohl diese Einbettung des ‚Reflection-on-action' in den unmittelbaren Handlungszusammenhang als auch die nachträgliche Erörterung von Situationen, die ursprünglich im ‚Reflection-in-action' Modus abgelaufen sind, im Kontakt mit Fachkolleg*innen schafft Gelegenheit, die eigene Handlungspraxis zu hinterfragen, neue Handlungsmöglichkeiten zu erschließen oder eingefahrene Handlungsweisen zu verändern. Die bewusste Auseinandersetzung mit den Erfahrungen im fachlichen Kommunikationsrahmen bedeutet eine nachhaltige Steigerung der Handlungsfähigkeit und Erweiterung des Handlungsrepertoires der professionell Handelnden. (vgl. Bruce 2013: 40)

5.2 Die Bedeutung von Emotionen für Reflexionsprozesse

Mit der Frage, welche Rolle Emotionen im Reflexionsprozess spielen, hat sich eine australische Forschergruppe, namentlich David Boud, Rosemary Keogh und David Walker, befasst. Sie kommen zu dem Schluss, dass durch den Reflexionsprozess angeregte Lernerfolge behindert werden, wenn die Akteur*innen ihren Emotionen keine Bedeutung beimessen oder sie zu verdrängen suchen. (vgl. Boud, Keogh u. Walker 1985: 19ff u. Boud u. Miller 1996: 10). Emotionen sind aber ein zentraler und nicht zu vernachlässigender Aspekt menschlichen Lernens. Das Gelingen von Reflexions- und Lernprozessen ist davon abhängig, ob die Sozialarbeiter*innen realisieren, dass und wie Stimmungen und Gefühle ihr Denken und Handeln beeinflussen.

> „It is common for reflection to be treated as if it were an intellectual exercise – a simple matter of thinking rigorously. However, reflection is not solely a cognitive process; emotions are central to all learning." (Boud u. Walker 1998: 194)

Wie Schön gehen auch Boud, Keogh und Walker von der Annahme aus, dass das Sammeln von Erfahrungen allein nicht zwangsläufig zu Lernprozessen führt. Erst das Nachdenken über die gemachten Erfahrungen versetzt die Akteur*innen in die Lage, aus ihren Erfahrungen zu lernen und die eigene Handlungsfähigkeit zu steigern. Boud, Keogh und Walker kritisieren, dass Reflexion in der Regel als rein intellektuelle Tätigkeit begriffen wird. Sie definieren Reflexion dagegen sowohl als einen kognitiven als auch affektiven Prozess, auf den sich die Akteur*innen bewusst einlassen, um neue Erkenntnisse zu gewinnen:

> „[R]eflection in the context of learning is a generic term for those intellectual and affective activities in which inidviduals engage to explore their experience in order to lead to new appreciations." (Boud, Keogh u. Walker 1985: 19)

Boud, Keogh und Walker teilen die Annahme von Dewey und Schön, dass der Stimulus für einen Reflexionsprozess in der Regel aus einer Handlungssituation herrührt, die von den Akteur*innen als unbefriedigend erlebt wird, weil sie mit den Grenzen ihrer Handlungsmöglichkeiten konfrontiert werden. Ihr Erkenntnisinteresse ist es, herauszufinden, auf welche Weise die Emotionen der Akteur*innen ihre Problemwahrnehmung und -definition bestimmen. Häufig bildet erst das Aufkommen heftiger Emotionen den Anlass, sich mit der Situation reflexiv auseinanderzusetzen. (vgl. Bruce 2013: 41) Im Unterschied zu Dewey und Schön gehen Boud, Keogh und Walker jedoch nicht davon aus, dass nur negative Emotionen Anlass für die reflexive Auseinandersetzung mit unerwarteten Handlungsverläufen geben. Auch positive Gefühle wie Vergnügen, Lust oder Freude, die den Handelnden mit Befriedigung erfüllen, weil sich wider Erwarten die Dinge positiv entwickeln, sind für den Reflexionsprozess bedeutsam und ermöglichen weitreichende Lernfortschritte (vgl. Boud, Keogh u. Walker 1985: 11).

Boud, Keogh und Walker verdeutlichen anhand der folgenden Grafik, wie die Verarbeitung von Erfahrungen den Reflexionsprozess und damit die Entscheidungsfindung in einer Handlungssituation beeinflussen kann. Reflexionsarbeit und Erfahrungswerte der Akteur*innen sind eng aneinander gekoppelt.

Die im Verlauf der Interaktion in den Personen ausgelösten Tendenzen können sowohl Verhaltensdispositionen, spontane Einfälle oder aufkommende Gefühle sein. Reflexion und Erfahrungswerte wirken wechselseitig aufeinander ein und führen schließlich zu einer Entscheidung darüber, welches Verhalten das Richtige ist.

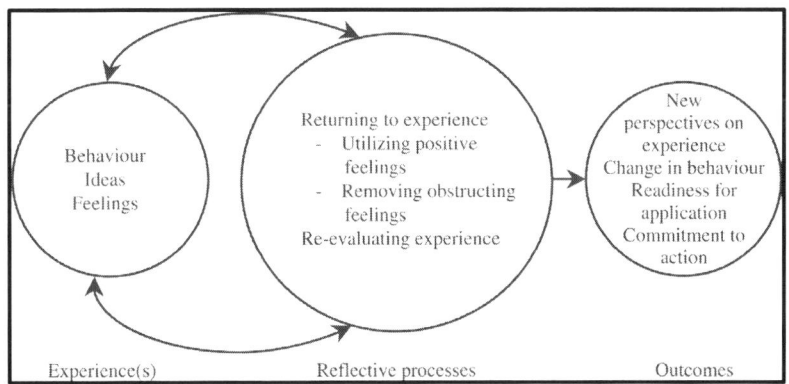

Abb. 4: Reflexionsprozess nach Boud, Keogh und Walker (vgl. Bruce 2013: 77)

Der Reflexionsprozess vollzieht sich in drei Schritten:

1. *Returning to the experience*: In Erinnerungrufen der wesentlichen Aspekte der betreffenden Handlungssituation

2. *Connecting with feelings*: Nutzbarmachung der positiven Gefühle und Aufarbeitung der negativen Gefühle

3. *Re-Evaluating the experience*: Neubewertung der Erfahrung durch die Nutzung der ursprünglichen Intention und des vorhandenen Wissens sowie die Integration neuer, im Reflexionsprozess entstandener Erkenntnisse. (vgl. Boud, Keogh u. Walker 1985: 20ff)

5.3 Die Notwendigkeit zur biografischen Selbstreflexion

Ein wesentlicher Bestandteil der Reflexion ist, neben der Auseinandersetzung mit den unmittelbar themenbezogenen Inhalten, die Auseinandersetzung mit der jeweiligen persönlichen Befindlichkeit der Akteur*innen. Die Wahrnehmung, Deutung und Bewertung der Handlungssituation wird von den verinnerlichten Norm- und Wertvorstellungen der Interaktionspartner*innen geprägt. Selten sind diese den Sozialarbeitenden bewusst. Gerade verfestigte, habitualisierte Verhaltensmuster mögen Teil der Persönlichkeitsstruktur sein, werden von den professionell Handelnden häufig aber nicht als solche wahrgenommen. Die sozialen Beziehungen im Berufsalltag werden also von der persönlichen Identität der Akteur*innen, ihren Haltungen und Einstellungen, die sie sich im Verlauf ihrer Lebensgeschichte angeeignet haben, beeinflusst. Die sich in der Persönlichkeitsstruktur manifestierenden Denk- und Handlungsschemata lassen sich nur durch gezielte Reflexion in professionellen Settings (Supervision, Intervision, Kollegiale Beratung etc.) entschlüsseln. Diese kritische reflexive Arbeit bildet die Grundlage für eine reflektierte berufliche Haltung. Sie dient dazu, Arbeitsbeziehungen künftig professioneller zu gestalten (vgl. Schröder 2002: 11).

Die soziale Umwelt wird im Alltag gewöhnlich nicht hinterfragt, sondern als selbstverständlich hingenommen. Als vergegenständlichte soziale Strukturen bilden sie die sozialen, politischen und kulturellen Rahmenbedingungen einer Handlungssituation. Die Subjekte eignen sich die sozialen Konstruktionen im Lauf ihrer lebenslangen Sozialisation an. Sie steuern unbewusst ihre Wahrnehmung und formen ihre Denkgewohnheiten und Bewertungsschemata. Sie bestimmen das Selbstbild und die Weltanschauung des Einzelnen mit und können dazu führen, dass bestimmte Inhalte einer Handlungssituation in den Fokus der Betrachtung gerückt und als besonders positiv oder negativ gewertet werden, während andere ausgeblendet bleiben. Die persönlichen Dispositionen üben folglich auch einen Einfluss auf die Reflexions- und Lernprozesse aus (siehe Teil I Kapitel 6.1).

„The context in which we operate has many features which are taken for granted and are normally invisible on a day-to-day basis. These features have a profound influence over who we are, what and how we think and what we regard as legitimate knowledge. [...] These wider features of the context of learning reach deeply into the ways in which we view ourselves and others." (Boud u. Walker 1998: 197)

Neben der Reflexion individueller Norm- und Wertvorstellungen ist es auch erforderlich, dass sich Sozialarbeitende intensiv mit ihren individuellen Berufswahlmotiven auseinandersetzen. Eine unreflektierte Motivation der Berufswahl kann sowohl die Auswahl eines Arbeitsfeldes, einer Zielgruppe als auch die Handlungsfähigkeit in bestimmten Situationen als problematisch erscheinen lassen. Durch eine gezielte Bearbeitung der Berufswahlmotive können Fehlentwicklungen bearbeitet, kontrolliert bzw. partiell neutralisiert werden (vgl. Spiegel 2004: 109).

Gefühle, die durch ethische Konflikte hervorgerufen werden, können den Reflexionsprozess nachhaltig beeinflussen oder blockieren. Die Einsicht in diesen Zusammenhang ermöglicht es den professionell Handelnden, eine Verbindung zwischen ihren Gefühlen, ihren subjektiven Präferenzen und ihren Handlungsmustern herzustellen. Im Reflexionsprozess kann versucht werden, zu ergründen, warum bestimmte Handlungssituationen bestimmte Emotionen hervorrufen (vgl. Bolton 2010: 37).

Da heftige und immer wiederkehrende Emotionen häufig durch bestimmte Interaktionspartner*innen ausgelöst werden, darf der Reflexionsprozess nicht darauf beschränkt werden, Einsichten in die eigene Persönlichkeit zu vermitteln. Er erfordert auch ein sich Hineinversetzen in die Position der jeweiligen Interaktionspartner*innen, den Versuch, ihre Beweggründe nachzuvollziehen sowie eine Analyse der sich entwickelnden, wechselseitig aufeinander bezogenen Interaktionen. Die Art und Weise der Beziehungsgestaltung in der Sozialen Arbeit ist somit ein weiterer wichtiger Aspekt von Reflexion.

Der professionelle Umgang mit Macht ist gerade im Feld der Sozialen Arbeit von großer Bedeutung. „Soziale Arbeit ist ohne differenzierte Auseinandersetzung mit Macht nicht denkbar." (Staub-Bernasconi 2007: 395). Nur durch die Reflexion von Machtverhältnissen kann der Missbrauch von Macht in der Arbeitsbeziehung zwischen den professionell Handelnden und den Klient*innen verhindert werden. Wird dieser Aspekt ausgeblendet, besteht die Gefahr, dass professionelles Handeln in Unterdrückung, Bevormundung und Entmündigung umschlägt (vgl. Ebert 2012b: 44).

Steve Seidel und Tina Blythe haben ein Reflexionsmodell entwickelt, das sowohl die kognitiven, die emotionalen als auch die sozialen Aspekte des Reflexionsprozesses miteinander zu verbinden sucht. Das Modell soll als Grundlage dienen, die Reflexionsperspektive der Handelnden zu erweitern. Seidel und Blythe gliedern den Reflexionsprozess in vier Bereiche: 1. Der Blick zurück, 2. Der Blick nach innen, 3. Der Blick nach außen und 4. Der Blick nach vorn. (vgl. Bruce 2013: 45)

1. *Der Blick zurück*: Die Konstruktion dieses Bereichs lehnt sich eng an Dewey und Schön an. In der rückblickenden Betrachtung wird versucht, nachzuvollziehen, wie das professionelle und intuitive Wissen sowie die Fertigkeiten und Werte das Denken und Fühlen beeinflussen und so Einfluss darauf nehmen, wie das zukünftige Handeln ausgerichtet sein wird. (vgl. Bruce 2013: 45)

2. *Der Blick nach innen*: Beim Blick nach innen geht es um die Auseinandersetzung mit der eigenen Persönlichkeit. Diese Perspektive knüpft an die Arbeiten von Boud, Keogh und Walker an. Es geht darum zu erkennen und zu verstehen, auf welche Weise die Emotionen der Akteur*innen unbewusst ihre Handlungsweisen und ihre ethische Praxis beeinflussen. (vgl. Bolton 2010 nach Bruce 2013: 45)

3. *Der Blick nach außen* trägt dem Umstand Rechnung, dass die Interaktionspartner*innen in unterschiedlichen sozialen und kulturellen Kontexten aufgewachsen sind. Ihre jeweilige Sicht der Welt ist keine allgemein gültige. Die im Rahmen der Sozialisationsprozesse angeeigneten Denk-, Wahrnehmungs- und Bewertungsschemata prägen nicht nur das Selbstbild, sondern auch das Bild, das sich die Handelnden von ihren Interaktionspartner*innen machen. Um zu einer objektiveren Beurteilung der Handlungssituation zu gelangen, ist es nicht nur wichtig, die eigenen Vorstellungen kritisch zu reflektieren, sondern auch der Versuch von Bedeutung, die Perspektive des Gegenüber einzunehmen. (vgl. Bolton 2010 nach Bruce 2013: 45)

4. *Der Blick nach vorn*: Sinn und Zweck des Reflexionsprozesses ist es, die Handlungsfähigkeit zu steigern. Der Reflexionsprozess ist nur dann erfolgreich gewesen, wenn er dazu geführt hat, dass dem Handelnden seine verinnerlichten Denk- und Handlungsstrukturen bewusst geworden und sich aus der neu gewonnenen Perspektive auch neue Handlungsmöglichkeiten erschlossen haben. (vgl. Bruce 2013: 45)

Im Zuge eines Reflexionsprozesses können bei den Sozialarbeitenden auch Gefühle von Desorientierung und Bedrohung ausgelöst werden.

(vgl. Gibbs 1981: 87) Aus diesem Grund ist es erforderlich, dass Lernprozesse durch erfahrene Anleiter*innen, Supervisior*innen oder in der kollegialen Beratung durch Peers begleitet werden. Neben der vordergründigen Auseinandersetzung mit Handlungsproblemen erfahren die Sozialarbeiter*innen, wie sie innere Blockaden gegenüber der Konfrontation mit ungewohnten Inhalten, schwierigen Themen oder blinde Flecken überwinden können. (vgl. Bruce 2013: 44)

5.4 Zusammenfassung

In diesem Kapitel wurden mit den Ansätzen von Schön und Boud, Keogh und Walker zwei einflussreiche theoretische Reflexionskonzepte vorgestellt. Sowohl Schön als auch Boud haben sich über Jahre hinweg mit zentralen Fragestellungen zu diesem Themenkomplex befasst. Aktuelle Reflexionsansätze knüpfen an die Arbeiten von Schön und Boud, Keogh und Walker an. Alle vorgestellten Autor*innen eint ein Grundverständnis von Reflexion: Reflexion ist eine bewusste Aktivität mit der Intention, neue Perspektiven zu eröffnen. Sie soll zum Überdenken der Denk-, Wahrnehmungs- und Handlungsmuster anregen und zur Professionalisierung des Handelns beitragen. Dies setzt voraus, dass Sozialarbeiter*innen die im Reflexionsprozess gewonnenen Erkenntnisse auch umsetzen. Im Kern zielen Reflexionsprozesse auf die Steigerung der Handlungsfähigkeit, die Erhöhung der Selbstwahrnehmung und die ethische Fundierung des Handelns im beruflichen Alltag ab.

Schöns Reflexionsansatz unterstreicht die Notwendigkeit und Bedeutung einer ausgeglichenen Balance zwischen Denken und Handeln in der Berufspraxis. Er zeigt auf, dass professionell Handelnde über eine breite Basis von Wissen verfügen müssen. Dies schließt sowohl ‚formales', theoretisches und forschungsbasiertes Wissen als auch ‚informelles', aus Praxis und Erfahrung gewonnenes Wissen, ein. Nur der Rückgriff auf beide Wissensarten versetzt die Sozialarbeiter*innen in die Lage, nach Lösungen für chaotische, widersprüchliche und komplexe Handlungsprobleme zu suchen. Mit der Methode der fortwährenden Reflexion sollen professionell Handelnde dazu angeregt werden, formelles und informelles Wissen miteinander zu kombinieren. Noch im Handlungsfluss oder aber im Anschluss an die Interaktion sollen sie nach Lösungen suchen, die den Bedürfnissen der Klient*innen und zugleich den fachlichen Anforderungen, die an die professionelle Soziale Arbeit gestellt werden, entsprechen.

Ein besonderes Merkmal von Schöns Reflexionsansatz ist, dass das Handeln immer ein Ergebnis des Prozesses ist, der sich aus der Handlungssituation ergibt. Ziel ist es, vor dem Hintergrund der permanenten Herausforderung, der Sozialarbeitende sich stellen müssen, zu lernen, Wissen, Können und Haltung kritisch zu hinterfragen und kontinuierlich an die Anforderungen der Praxis anzupassen und sie ggf. auch neu zu gestalten.

Schön stellt die Fähigkeit zur ‚Reflexion-in-der-Handlung' in das Zentrum seines Ansatzes. Durch den in Gang gesetzten Reflexionsprozess, der sich während des Handlungsprozesses vollzieht, bleibt die Handlungskompetenz gesichert und der Handlungsverlauf führt im günstigen Fall zu einem befriedigenden Ergebnis. Dem Handlungstyp sind aber Grenzen gesetzt. Aus diesem Grund bedarf die ‚Reflexion-in-der-Handlung' der Ergänzung durch die ‚Reflexion-über-die-Handlung'. Insbesondere für die Entwicklung einer Reflexionskompetenz ist es erforderlich, das eigene Wissen in Worte fassen zu können, damit es der Analyse und der kritischen Überprüfung und Modifizierung durch Kolleg*innen, Klient*innen und Berufsanfänger*innen zugänglich gemacht werden kann (vgl. Altrichter 2000: 210).

Sowohl Schön als auch Boud, Keogh und Walker heben hervor, dass Reflexion nur dann sinnvoll ist, wenn sie mit der Intention einhergeht, dass eigene Handeln zu verändern. Die Reflexion von Handlungssituationen soll die einzelnen Akteur*innen in die Lage versetzen, aus ihren Erfahrungen sinnvolle Schlüsse zu ziehen und ihre Handlungsfähigkeit zu steigern.

Emotionen prägen die professionelle Haltung von Sozialarbeiter*innen maßgeblich. Aus unserer Sicht wird sowohl in der Ausbildung als auch in der Praxis diesem Faktum zu wenig Beachtung geschenkt. Mit welcher Haltung einem Menschen begegnet wird, bestimmt jedoch zu einem großen Teil die Wahl der Interventionsausrichtung und entscheidet in der methodischen Umsetzung letztlich über Erfolg oder Misserfolg der Arbeit mit den Adressat*innen. Es ist das Verdienst von Boud, Keogh und Walker, dass sie der Bedeutung von Emotionen im Reflexionsprozess besondere Beachtung beigemessen haben. Starke Gefühle – ob positiv oder negativ – wirken sich nicht nur auf die Handlungsoptionen in der Situation, sondern auch auf den Reflexionsprozess aus. Werden sie in der Reflexion nicht beachtet, stellen sich Lernerfolge nur erschwert ein. Folglich ist Reflexion kein ausschließlich kognitiver Prozess. Emotionale Verstrickungen müssen ebenfalls Gegenstand von Reflexionsprozessen werden, damit sie bearbeitet werden können. In diesem Zusammenhang haben Boud, Keogh und Walker herausgestellt, dass auch positive Erlebnisse einen Anlass zur Reflexion darstellen. Daher ist es sinnvoll, im Reflexionsprozess zu eruieren, welche Gründe dafür ausschlaggebend waren, dass eine Handlungssituation erfolgreich abgeschlossen werden konnte. Nach Schön und Dewey sind es primär negative Ereignisse, die der Aufarbeitung in der Reflexion bedürfen.

Gillie Bolton teilt die Sicht von Boud, Keogh und Walker, verweist aber darauf, dass negative Gefühle im professionellen Kontext in der Regel durch berufsethische Konflikte hervorgerufen werden. Folglich ist es zwingend notwendig, berufsethische Aspekte im Reflexionsprozess zu berücksichtigen. Diese Perspektive ist insbesondere für die Professionalisierung der Sozialen Arbeit von hoher Relevanz, da durch sie Konflikte sowohl zwischen den individuellen und gesellschaftlichen Norm- und Wertvorstellungen als auch den normativen Grundlagen der Sozialen Arbeit offengelegt und somit bearbeitbar werden.

Seidel und Blythe suchen in ihrem Reflexionsmodell die unterschiedlichen Aspekte der Ansätze von Schön, Boud, Keogh und Walker sowie Bolton miteinander zu verknüpfen. Insbesondere in der Ausbildung können die vier von Seidel und Blythe vorgeschlagenen Sichtweisen den Studierenden einen erleichterten Zugang zur Reflexion verschaffen. Wir möchten im Zusammenhang mit dem Feld der Sozialen Arbeit besonders die Bedeutung des ‚Blicks nach innen' hervorheben. Erfahrungsgemäß fällt es sowohl Studierenden als auch Sozialarbeiter*innen nicht leicht, Emotionen bei sich selbst zu benennen und deren Auswirkungen im professionellen Kontext zu erkennen. Wir sehen es als wichtige Aufgabe der Berufsgruppe an, die affektiven Anteile der Beziehungsgestaltung nicht nur auf Seiten der Adressat*innen wahrzunehmen. Im Rahmen der Reflexion sollte die Perzeption auf die eigene professionelle Persönlichkeit, deren emotionale Ebenen und Einflussfaktoren erkannt und bearbeitet werden. Abschließend soll hier noch eine Anmerkung zu einer These von Geraldine Gillis erfolgen. Sie warnt davor, den Umfang der Reflexion im Berufsalltag zu hoch zu veranschlagen. Handlungsroutinen nehmen aufgrund von Zeitmangel in Arbeitszusammenhängen einen breiten Raum ein.

„If any reflection is to take place, it must either be lightning fast, or the frequency of unusual events is much lower than Schon suggests [...] As pointed out earlier, teachers and administrators do sometimes reflect, reframe problems, and invent solutions. However, they are not in a position to make these occasions their normal modus operandi. Much of what happens must simply follow general routines. Life is too short to allow reflection on every occurrence." (Gillis 1988: 52)

Aus unserer Sicht unterstreicht ihre Aussage jedoch umso mehr die Notwendigkeit, dass soziale Einrichtungen für institutionelle Gegebenheiten sorgen, in denen Reflexionsprozesse stattfinden können.

6 Grundlagen professioneller Haltung

Wie in den vorhergehenden Kapiteln ausgeführt, erfolgt Reflexion im beruflichen Kontext auf verschiedenen Ebenen. Das Wahrnehmen und Hinterfragen der professionellen Haltung ist eine grundsätzlich notwendige Reflexionsdimension, denn selbst wenn mehrere Fachkräfte über dasselbe theoretische Wissen verfügen, dieselben Interventionen und methodischen Schritte zum Erreichen derselben Zielsetzung wählen würden, wäre dennoch die Umsetzung unterschiedlich und die Klient*innen würden sehr wahrscheinlich auch jeweils verschieden auf die (gleichen) Angebote der jeweiligen Fachkräfte reagieren. Die gesellschaftlichen und kulturellen Rahmenbedingungen üben einen starken Einfluss auf die professionelle Haltung aus. Häufig kann dies von Fachkräften allerdings nicht bewusst wahrgenommen werden. In der Reflexion sind die Auswirkungen dieser gesellschaftlichen Bedingungen daher als äußerst wichtige Grundlage der Selbstwahrnehmung in Bezug auf die individuelle Haltung zu sehen.

Grundsätzlich sollten sich die Fachkräfte darüber im Klaren sein, dass und wie sie die strukturellen Vorgaben ihrer Herkunftskultur internalisiert haben und diese, zunächst unbewusst, in ihr jeweiliges professionelles Bewerten und Handeln einbeziehen. Die meist unausgesprochenen Werte und Normen der Gesellschaftsform, in der sie sozialisiert wurden, prägen ihre jeweilige persönliche und professionelle innere Haltung. (siehe auch Ebert 2012a: 79ff)

Friedrich Glasl stellt in Bezug auf die vermittelnden Personen im Rahmen von Konfliktlösungsverfahren fest:

> „Wir werden mit all unseren widersprüchlichen Licht- und Schattenseiten konfrontiert, als Konfliktpartei genauso wie als beratende Drittpartei – und wir müssen uns den ungeläuterten Seiten unserer Persönlichkeit, unserer Gruppe oder der Organisation stellen: Konflikte führen uns immer in Grenzsituationen, in denen alles davon abhängt, wie wir uns zu uns selber stellen – und in welchem Menschen- und Weltbild wir uns geistig verankert wissen." (Glasl 2010: 479)

Im Fokus der Sozialen Arbeit stehen in der Regel Menschen in konflikthaften Lebenslagen. Nehmen wir den Gedanken des obigen Zitats auf, bedeutet dies, dass Sozialarbeiter*innen sich beständig auch in

Bezug auf ihre eigene Person in Grenzsituationen befinden, die sie zu eigenen persönlichen Positionierungen herausfordern. Dabei ist es unerheblich, ob es sich um intra- oder interpersonelle Konflikte handelt oder es um ein gesellschaftlich als nicht angemessen betrachtetes Verhalten eines Menschen geht.

Die Soziale Arbeit hat den Auftrag, zwischen Individuen sowie zwischen Individuen und Gesellschaft zu vermitteln. In diesem Sinne erweitern wir die Ausrichtung des obigen Zitats. Denn es geht auch darum, sich den ‚ungeläuterten Seiten' der Herkunftskultur zu stellen und zu erkennen, dass diese sich auf alle Mitglieder dieser Gesellschaft auswirken. So haben eben auch Fachkräfte das gesellschaftliche Menschen- und Weltbild internalisiert. Wie also der elterliche Umgang mit Kindern, der Zustand einer Wohnung, gewählte Lebensziele u.a. bewertet werden, erfolgt hauptsächlich nach gesellschaftlich vorgegebenen Deutungsmustern. Diese werden nicht nur in der Gesetzgebung deutlich, an der sich die Soziale Arbeit auszurichten hat. Bewertungen entstehen auch aufgrund der mittelschichtsorientierten Lebens- und Denkausrichtungen. Die kulturellen Gegebenheiten werden meist selbstverständlich und häufig ohne explizite Hinterfragung in das eigene Menschenbild aufgenommen und prägen die Werthaltungen, die in die Arbeit mit der Klientel einfließen.

Daraus folgt, dass Fachkräfte im psychosozialen Kontext grundsätzlich auf zwei persönlichen Ebenen reflektiert haben sollten, um eine fundierte Reflexion eines Falls oder einer Situation durchführen zu können:

- das eigene Menschenbild

- die eigene Biografie

Die daraus gewonnenen Erkenntnisse in Bezug auf die individuelle professionelle Haltung ermöglichen es erst, im fachlichen Handeln die Vorgaben der Definition Sozialer Arbeit so weit wie möglich umsetzen zu können. In der ‚Global Definition of Social Work' ist 2014 formuliert worden:

> „Social work is a practice-based profession and an academic discipline that promotes social change and development, social cohesion,

and the empowerment and liberation of people. Principles of social justice, human rights, collective responsibility and respect for diversities are central to social work. (IFSW 2014 u. DBSH 2014)

Respekt und Achtung der Vielfalt menschlicher Lebensentwürfe kann von den Fachkräften nur dann in ihr professionelles Handeln einbezogen werden, wenn sie sich mit ihren eigenen kulturellen Ausrichtungen, in denen sie verankert sind, auseinandergesetzt haben. Erst dann wird Soziale Arbeit als Profession ihren Ansprüchen gerecht und kann sozialen Wandel, soziale Entwicklung sowie Stärkung und Befreiung von Menschen zum Ziel haben.

6.1 Menschenbild

Je nach wissenschaftlicher Disziplin und deren spezifischer Ausrichtung sind unterschiedlich modifizierte Definitionen des Begriffs ‚Menschenbild' vorzufinden. Sie beschreiben die jeweiligen Vorstellungen zum menschlichen Verhalten, eben das jeweilig grundsätzliche Bild vom Menschen. In den Fachlexika der Sozialen Arbeit findet sich der Begriff erstaunlicherweise überhaupt nicht. Eine Erläuterung des Terminus bieten Eckard König und Gerda Volmer:

„Ein Menschenbild ist zunächst der begriffliche Rahmen zur Beschreibung menschlichen Tuns. [...] Ein Menschenbild definiert aber darüber hinaus zentrale Werte, die die Grundlage für das Handeln bilden und einzelne Interventionen begründen." (König u. Volmer 2014: 76f)

Den psychosozialen Disziplinen und Arbeitsfeldern liegt in der Regel das humanistische Menschenbild (siehe auch Schilling 2000) zugrunde.

„Zu diesem Menschenbild gehören z.B.: die Einmaligkeit eines jeden Individuums; sein Einbezogensein in soziale und historische Bedingungen; sein subjektives emotionales und leibliches Erleben; die Fähigkeit, sich aktiv und sinnorientiert entscheiden zu können; ein Leben, das auf Ziele ausgerichtet ist, zu denen Sinn, Werte, Glauben,

Liebe, Verantwortung, persönliches Wachstum und Selbstverwirklichung gehören." (Rudolf 2015: 288)

Demgegenüber steht der ‚homo oeconomicus' als ein gängiges Menschenbild aus der Wirtschaftstheorie, das inzwischen auch in Bereiche der Sozialen Arbeit aufgenommen wurde. Es ist das Modell des rationalen Akteurs, der auch in sozialen Situationen mit dem geringstmöglichen Aufwand und optimalen Einsatz seiner verfügbaren Mittel den subjektiv höchstmöglichen Ertrag erreichen möchte (vgl. Miebach 2006: 29f).

Jede Person entwickelt je nach Sozialisation und kultureller sowie beruflicher Ausrichtung ein individuelles Menschenbild.

„Niemand, der in helfenden Berufen arbeitet, kommt ohne ein Menschenbild aus [...] subjektive Menschenbilder gehören ebenso wie religiöse oder politische Grundeinstellungen vermutlich zu den stabilsten subjektiven Theorien, über die Menschen verfügen und sie gehören zu den tiefliegenderen Mustern, die für Kommunikation und Gespräch handlungsleitend sind." (Widulle 2011: 45)

Menschenbilder von Fachkräften entwickeln sich aufgrund individuell gewählter Aspekte der folgenden Bereiche:

- Fachliche Ausrichtungen (z.B. psychologische oder anthropologische Menschenbilder)

- Spezielle Ansätze (wie z.B. der in der Sozialen Arbeit häufig vertretene systemische Ansatz)

- Internalisierte gesellschaftliche Werte

- Persönliche Werte

Fachliche Ausrichtungen sowie spezielle Ansätze werden – meist im Rahmen des Studiums oder von Zusatzausbildungen – bewusst ausgewählt. Im Laufe der beruflichen Entwicklung kann sich durch diese Einflüsse das Menschenbild weiterentwickeln bzw. verändern.

95

Sowohl internalisierte gesellschaftliche als auch persönliche Werte sind im Rahmen der Sozialisation und aufgrund bestimmter Lebenserfahrungen entstanden. Meist fällt es schwer, diese Werte genauer zu benennen. Aus diesem Grund ist es unumgänglich, im Rahmen des Studiums bzw. von Zusatzausbildungen auf einer persönlichen Ebene vertieft zu reflektieren, um davon ausgehend auch das eigene, individuelle Menschenbild erfassen und artikulieren zu können.

Das handlungsleitende Menschenbild ist also niemals ein fertiges, festgefügtes Konstrukt und muss dementsprechend immer wieder überprüft werden. Jede Sozialarbeiterin, jeder Sozialarbeiter sollte folglich das eigene Menschenbild formulieren können und sich selbst seines eigenen Menschenbildes immer wieder vergewissern.

„Wie auch immer das Menschenbild aussieht, es ist ein wesentlicher Bezugspunkt sozialkommunikativen Handelns. [...] Niemand kann auf Dauer gravierende Diskrepanzen zwischen privatem und beruflich-institutionellem Menschenbild ohne kognitiv, emotional oder ethisch belastende Folgen aushalten." (Widulle 2012: 52f)

6.1.1 Internalisierte gesellschaftliche Werte

Das gesellschaftliche Zusammenleben ist durch Normen und Werte geprägt, die den Menschen Orientierung und Sicherheit geben.

„Normen und Werte geben die inhaltlichen Orientierungen in dem, was in der Gesellschaft als gut gelten und als böse unterbunden werden soll. Sie sind [...] historisch und kulturell bestimmt, sie müssen vor allem aber jeweils im Zusammenhang mit den das Leben der Gesellschaft insgesamt bestimmenden Bedingungen der materiellen, sozialen und kulturellen (symbolischen) Ressourcen gesehen werden." (Thiersch 2015: 1059)

Diese bestimmenden Bedingungen der symbolischen Ressourcen sind auf einen Typus ausgerichtet, den wir als ‚gesellschaftlichen Leittypus' bezeichnen und in Bezug auf die gesellschaftlichen Gegebenheiten der Bundesrepublik Deutschland betrachten. Es ist die Konstruktion eines fiktiven Menschen, auf den das Gesellschaftssystem so zugeschnitten ist, dass er in keiner Weise der Unterstützung bedarf und somit auch nicht zur Klientel der Sozialen Arbeit gehören würde. Dieser ‚Leittypus' unterliegt den gesellschaftlichen Entwicklungen. Die Ausgestaltung des Leittypus und die damit einhergehenden gesellschaftlichen Hierarchieebenen beeinflussen als internalisierte Haltung die fachlichen Bewertungen der Sozialarbeitenden. Wie bereits ausgeführt, ist die eigene kulturelle Verwurzelung so vertraut und selbstverständlich, dass es häufig schwerfällt, die damit einhergehenden Grundlagen und Hierarchien zu erkennen und deren Wirkungen auf Normen und Werte wahrzunehmen.

Der gesellschaftliche Leittypus stellt sich in seiner Ausprägung folgendermaßen dar:

Mann, deutsch, weiß,
westdeutsch und christlich sozialisiert,
30-40 Jahre alt, heterosexuell, verheiratet, 1-2 Kinder,
Schulabschluss, Berufsausbildung, erwerbstätig,
demokratisch, gesetzestreu,
gesund, nicht behindert,
schlank, sportlich, gepflegtes Äußeres
angemessene Wohnverhältnisse, mobil,
soziales Engagement,
tragfähiges soziales Umfeld

Der auf Deutschland bezogene gesellschaftliche Leittypus ist Mitglied der Dominanzkultur (vgl. Rommelspacher 2006). In unserer patriarchal strukturierten Gesellschaft handelt es sich folglich um einen weißen (vgl. Wollrad 2005: 43ff), (west)deutschen, heterosexuellen Mann, der nach christlich-religiösen Werten sozialisiert wurde (siehe auch Beauvoir 2000). Er ist gesund und betätigt sich in irgendeiner Form sportlich, um seine Gesundheit zu erhalten. Er achtet auf ein gepflegtes Äußeres und ist nicht übergewichtig. Er ist nicht durch ein Handicap eingeschränkt. Weiterhin verfügt er über eine grundlegende Bildung aufgrund eines Schulabschlusses (Abitur) und einer Berufsausbildung (Studium oder auch eine anerkannte Fachausbildung). Er ist erwerbstätig und hat eine in dem Sinne gesicherte Position, dass ein beruflicher Wechsel möglich ist. Er hat eine demokratische Grundhaltung und verhält sich den gesetzlichen Maßgaben entsprechend.

Abb. 6: Gesellschaftlicher Leittypus

Er ist verheiratet und hat 1-2 Kinder. Mit Ehefrau und Kindern lebt er in einem angemessenen Wohnumfeld. Mobilität ist selbstverständlich für ihn. Er verfügt über ein tragfähiges soziales Umfeld (Familie, Freunde), und in adäquater Weise zeigt er soziales Engagement.

Dieser Leittypus bezieht sich auf die gesellschaftliche Situation zu Beginn des 21. Jahrhunderts. Bestimmte Aspekte sind laufenden Veränderungen unterworfen. Zum Beispiel wird sich der Fokus auf die westdeutsche Sozialisation wahrscheinlich in einigen Jahren auflösen, weil in dieser Zeit die neuen Bundesländer völlig angepasst wurden und es keine gravierenden Unterschiede zwischen den alten und neuen mehr geben wird. Ob dieser Prozess Jahre oder Jahrzehnte andauern wird, ist umstritten.

Bereits jetzt zeichnet sich deutlich ab, dass sich die Altersspanne, auf die sich der Leittypus bezieht, auf ein höheres Alter hin verändern wird. Die prognostizierte demografische Entwicklung und das sich deutlich wandelnde gesellschaftliche Bild von Menschen ab 50 werden auf diese Veränderungen einen großen Einfluss haben. Auch die Anzahl der Kinder wird sich offensichtlich nach oben korrigieren. Drei Kinder zu haben, scheint für Familien der Mittel- und Oberschicht inzwischen zunehmend erstrebenswert.

Der Leittypus spiegelt das Gesellschaftssystem und die dementsprechenden Normen und Werte wider. Er lässt sich am Sprachverhalten, an gesetzlichen Ausrichtungen und nicht zuletzt auch daran erkennen, was die Mitglieder dieser Gesellschaft als normal (eben im Sinne ‚der Norm entsprechend') ganz selbstverständlich voraussetzen. Diese internalisierten Werte sind so vertraut, dass sie kaum infrage gestellt und erst bewusst werden, wenn sie in einzelnen Aspekten als nicht umgesetzt auffallen.

Zum Beispiel nutzen die meisten Menschen das generische Maskulinum selbst dann, wenn ausschließlich über Frauen gesprochen bzw. berichtet wird. Eine Formulierung im Femininum jedoch fällt auf und wird sofort korrigiert, spätestens wenn es um eine Gruppe geht, an der auch nur ein Mann beteiligt ist. (vgl. Pusch 1984 u. Klann-Delius 2005). Manch frauenspezifischer Begriff wird nicht mehr verwendet. So wird inzwischen statt der Bezeichnung ‚Base' (das weibliche Pendant zu ‚Vetter') der männliche Begriff als Grundlage benutzt und ‚Vetterin' wie in ‚Namensvetterin' verwandt. Auch Frauen bezeichnen sich selbst und andere häufig mit den männlichen Begriffen wie ‚Ich als Sozialarbeiter' o.ä. Würde ein Mann sich selbst als Sozialarbeiterin titulieren, würde dies auffallen und auf die meisten lächerlich wirken. Klassische Frauenberufe wie z.b. Hebamme oder Krankenschwester werden in der männlichen Form nicht zu ‚Hebammer' oder ‚Krankenbruder', sondern es werden neue Berufsbezeichnungen eingeführt, die dann ‚Geburtshelfer' und ‚Krankenpfleger' heißen.

Wie selbstverständlich das generische Maskulinum sogar in offiziellen Verlautbarungen genutzt wird, die sich der Gleichbehandlung verschrieben haben, zeigt bspw. die Formulierung der Allgemeinen Erklärung der Menschenrechte, Artikel 1 (siehe auch Kapitel 4.1.1): „Alle Menschen sind frei und gleich an Würde und Rechten geboren. [...] und sollen einander im Geiste der Brüderlichkeit begegnen." Es wäre einfach, ‚Brüderlichkeit' durch das neutrale ‚Geschwisterlichkeit' zu ersetzen. Wahrscheinlich undenkbar wäre sicherlich, ausschließlich von ‚Schwesterlichkeit' zu sprechen. Der Gedanke der Brüderlichkeit stammt aus der Französischen Revolution 1789, in der Frauen ergebnislos für gleiche Rechte kämpften. Olympe de Gouges (1748 – 1793) verfasste 1791 das Manifest ‚Die Zulassung der Frauen zum Bürgerrecht', das sie als Ergänzung zur von der französischen Nationalversammlung verabschiedeten ‚Erklärung der Menschen- und Bürgerrechte' verstanden wissen wollte.

Ebenso lassen sich internalisierte Rassismen, die sich sowohl sprachlich als auch in Verhaltens- und äußeren Zuschreibungen zeigen, von diesem Leittypus ableiten. Wie oben bereits ausgeführt ist er weißer, christlich sozialisierter (West)Deutscher. Auch wenn diese Beschreibung zunächst sehr verschwommen wirkt, scheint doch ein klares Bild zu existieren. Zumindest in der Abgrenzung erfolgt eine Zuordnung im Sinne von Zugehörigkeit oder Ausschließung.

> „Ausschließungspraxen [dienen] nicht nur dazu, Gruppen vom Zugang zu materiellen und kulturellen Gütern auszuschließen. Sie haben auch die Funktion, sie symbolisch aus der Familie, der Nation, aus der Gemeinschaft auszuweisen." (Hall 2000: 14)

Diese – häufig unbewusste – Form der Exklusion basiert auf Vorurteilen, die sich im Rahmen der Sozialisation und davon gelenkten Lebenserfahrungen ergeben haben. In der klassischen Definition von Gordon W. Allport wird Vorurteil beschrieben als

> „eine ablehnende oder feindselige Haltung gegen eine Person, die zu einer Gruppe gehört, einfach deswegen, weil sie zu dieser Gruppe gehört und deshalb dieselben zu beanstandenden Eigenschaften haben soll, die man dieser Gruppe zuschreibt." (Allport 1971: 21)

und ergänzt mit einer Definition des ethnischen Vorurteils:

> „Ein ethnisches Vorurteil ist eine Antipathie, die sich auf eine fehlerhafte und starre Verallgemeinerung gründet. Sie kann ausgedrückt oder auch nur gefühlt werden. Sie kann sich gegen eine Gruppe als ganze richten oder gegen ein Individuum, weil es Mitglied einer solchen Gruppe ist." (Allport 1971: 23)

Ausgehend von dem hier vorgestellten gesellschaftlichen Leittypus lässt sich erkennen, welche Konflikte sich auf gesellschaftlicher Ebene zwangsläufig ergeben. Die oben genannten Beispiele ließen sich noch vielfach erweitern. Diese Konfliktebenen zeigen sich strukturell in einer Weise, die aufgrund der internalisierten Werte für die Mitglieder dieser Gesellschaft nur schwierig zu erfassen sind. Daher ist es in der Sozialen Arbeit eine besondere Herausforderung, die vorhandenen bzw. potenziellen Konfliktebenen zu erkennen, um sowohl präventiv als auch kurativ mit ihnen umgehen zu können.

Ebenso gilt es, sich als Fachkraft der Sozialen Arbeit den eigenen Vorurteilen zu stellen und mit ihnen auseinanderzusetzen. Dies ist kein leichter Prozess. Er erfordert Offenheit und den Mut, auch unangenehme Seiten zu entdecken und detailliert zu betrachten.

6.1.2 Persönliche Werte

Werte bestimmen grundlegend, was Menschen antreibt. Um Werte wird gestritten und gekämpft. Soziale Bewegungen (Frauen-, Friedensbewegung etc.) stellen etablierte Werthaltungen und Handlungspraktiken infrage. Die sich in der Gesellschaft daraus entwickelnden Differenzen zu Fragen von grundsätzlicher Bedeutung (z.B. Gleichstellung der Frau im BGB, Wiederbewaffnung der Bundesrepublik, Debatten um Embryonenforschung, Sterbehilfe etc.) haben in unterschiedlicher Weise intranationale Konflikte ausgelöst.

> „*Werte* sind theoretisch rekonstruierbare Hintergrundvorstellungen darüber, was für eine Person zu einem gelungenen Leben gehört und woran eine vernünftig eingerichtete Gesellschaft zu bemessen ist. [...] Demgegenüber sind *Normen* handlungsleitende Anweisungen, die dazu dienen, Werte zu realisieren oder gegenüber anderen Zielsetzungen zu schützen." (Schmid Noerr 2012: 37)

Die eigenen Werte sind wichtiger Teil des Menschenbilds und bestimmen in vielschichtiger Weise fachliche Einschätzungen und Bewertungen. Unabhängig von der wissenschaftlichen Disziplin werden Werte als übergeordnete Vorstellungen bzw. Leitlinien eingestuft. Jegliches Handeln erfolgt immer in Orientierung an Normen und Werten. Werte dienen rückwirkend als Maßstäbe für die Beurteilung von Handlungsvollzügen. (vgl. Schilling 2000: 219f)

> „Werte, Bedürfnisse, Motivationen und Ziele sind vier Teile eines Gesamtkonzepts und nur gedanklich (analytisch) zu trennen. Werte geben Sinntiefe und Sinnerfüllung. Man findet sie in religiösen Geboten, Verboten, Grundrechten der Verfassung, im Grundgesetz." (Schilling 2000: 221)

Wichtige Leitlinien sind im Rahmen der Sozialen Arbeit die Werte, die vom Berufsverband als ‚Berufsethische Prinzipien' aufgestellt worden sind (vgl. DBSH 1994) und als Grundlage des Handelns in der Sozialen Arbeit gelten.

Wie bereits ausgeführt, haben Sozialarbeiter*innen zum einen die Aufgabe, ihr Handeln an gesellschaftlichen und berufsethischen Prinzipien auszurichten, zum anderen sind die persönlichen Werte leitend für ihr professionelles Handeln. Je bewusster die Werte dieser drei Ebenen für die Fachkraft sind, desto deutlicher kann sie erkennen, wovon sie sich in ihren Interventionen leiten lässt, um dies mit ihrem Arbeitsauftrag und den Bedürfnissen bzw. Zielen der Klient*innen abzugleichen und vor allem abzugrenzen.

Im Rahmen von Supervisionen und Lehrveranstaltungen zeigte sich, dass die Bearbeitung folgender Fragestellungen helfen kann, die persönlichen Werte genauer zu benennen und deren mögliche Auswirkungen zu erkennen:

- Wofür kämpfe ich und welche Werte ergeben sich daraus?
- Welcher Wert ist mir zurzeit am wichtigsten in Bezug auf
  - meine Beziehung
  - meine Freundschaften
  - das Austragen von Konflikten?
- Wie reagiere ich, wenn diese Werte in meinem privaten Umfeld nicht beachtet werden?
- Wie reagiere ich, wenn Kolleg*innen diese Werte nicht beachten?
- Wie reagiere ich, wenn Klient*innen diese Werte nicht beachten oder gegen sie verstoßen?

Interessant sind auch Fragestellungen zu Werten, die abgelehnt werden. Häufig werden im psychosozialen Bereich Werte eher negativ konnotiert, die mit Hierarchie, Macht und Kontrolle in Zusammenhang stehen. Auch hier ist eine vertiefte Reflexion sinnvoll, die die jeweiligen Assoziationen und emotionalen Reaktionen dazu verdeutlichen. Ergänzend dazu sollte eruiert werden, wie die persönliche Umsetzung in der Praxis (Leitung von Gruppen, Hierarchie zwischen Sozialarbeiter*in und Klient*in, Kontrolle von vereinbarten Zielen etc.) erfolgt und wie die übertragene Verantwortung übernommen und ausgefüllt wird.

Ein Blick auf die grundsätzliche Werteausrichtung lohnt, um festzustellen, wie diese sich auf die alltägliche Arbeit auswirkt, wenn Aufgaben als schwierig wahrgenommen werden. Weiterhin können auch biografische Erfahrungen, die sich in unbewussten Übertragungen äußern, eine Rolle spielen.

6.2 Biografie

Die persönliche Eignung bzw. die Persönlichkeit einer Fachkraft spielt in der Sozialen Arbeit eine besondere Rolle. Ein Großteil der geforderten Schlüsselkompetenzen, wie z.b. Eigeninitiative, Kommunikationsfähigkeit, Flexibilität etc., ergeben sich aus lebensgeschichtlich erworbenen Fähigkeiten. Sozialarbeitende müssen in vielfacher Weise Aspekte ihrer Persönlichkeit in die professionelle Beziehungsgestaltung einbringen. Spiegel hat hierfür den Begriff ‚Person als Werkzeug' geprägt. (vgl. Spiegel 2013: 71ff)

> „Die Fachkräfte sollen ihre persönlichkeitsbedingten Fähigkeiten wahrnehmen, reflektieren und fachlich qualifizieren. Als Ausweis von Fachlichkeit gilt, dass sie die Art und Weise des Einsatzes ihrer Person fachlich begründen und berufsethisch rechtfertigen können." (Spiegel 2013: 75)

Diese Anforderungen zeigen, dass bereits im Studium die Selbsterfahrung zur fachlichen Einordnung von persönlichen Ressourcen einen hohen Stellenwert haben muss. Welche persönlichen Kompetenzen sich aus der jeweiligen Vita ergeben, sollte im Rahmen einer angeleiteten Reflexion erfolgen. Die Erfahrung zeigt, dass es den meisten Studierenden und oft auch fertig ausgebildeten Fachkräften schwerfällt, diese Fähigkeiten wahrzunehmen und zu benennen.

Bereits der Berufswunsch ist durch biografische Erfahrungen geprägt. Die Frage nach der Motivation, diesen Beruf zu wählen, ist daher besonders am Anfang und am Ende des Studiums lohnenswert. Im Laufe der Auseinandersetzung mit den Studieninhalten haben sich in der Regel die Motive modifiziert. Auch nach einigen Berufsjahren ist es sinnvoll, sich immer wieder einmal daran zu erinnern, mit welchen Ideen und vielleicht auch Idealen die Tätigkeit am Anfang ausgeführt wurde und dies mit der aktuellen professionellen Haltung zu vergleichen.

Eigene Erfahrungen mit schwierigen Lebensbedingungen, durchlebten Phasen von Erkrankungen oder erlittener Traumata können eine Motivation sein, einen psychosozialen Beruf zu ergreifen bzw. beeinflussen dessen Ausführung. Einige Studien scheinen dies zu belegen (vgl. Brake 2004: 99f). In Bezug auf die Arbeit im Bereich des Kinderschutzes stellt Dirk Bange fest:

„Die eigenen Kindheitserfahrungen der Helfer haben eine erhebliche Bedeutung für ihren Umgang mit Kindeswohlgefährdungen. Es ist deshalb wichtig zu wissen, wie sich ihre Elternbeziehungen gestaltet haben und ob sie selbst körperlich misshandelt, vernachlässigt oder sexuell missbraucht worden sind." (Bange 2009: 26)

Bange führt in seinem Artikel die Folgen auf, die im Rahmen der Arbeit mit den Familien aufgrund schwieriger biografischer Gegebenheiten der Fachkräfte auftreten können, wenn diese nicht bewältigt und in Bezug auf den jeweiligen Arbeitskontext reflektiert wurden. Er verweist in diesem Zusammenhang auch auf die Auswirkungen der jeweiligen beruflichen Biografie (Bange 2009). Diese Erkenntnisse lassen sich auf andere Arbeitsfelder übertragen und dementsprechend reflektieren.

Zur Betrachtung der Biografie gehört die Auseinandersetzung mit

- der Herkunftsfamilie

- dem daraus resultierenden kulturellen Hintergrund

- der Position und Rolle in der (Herkunfts-)Familie

- Lebensbrüchen im Sinne besonderer Ereignisse

- positiven und negativen Vorbildern

- sonstigen Beeinflussungspersonen und -bereichen

und den daraus resultierenden individuellen Ressourcen. Hieraus ergibt sich eine Beurteilungsgrundlage, welche Persönlichkeitsanteile in bestimmten beruflichen Kontexten aktiviert werden und wie sich dies auf die verschiedenen Bereiche der professionellen Arbeit auswirkt.

Eine wichtige Reflexionsbasis für professionell Handelnde ist die Rollendistanz (Goffman 1973), um ihre professionelle Haltung situativ wahrnehmen und adäquat einsetzen zu können. Fachkräfte müssen ein grundsätzliches Verständnis dafür haben, welche persönlichen Aspekte sich mit der professionellen Ebene vermischen und entwickeln im besten Falle ein Gespür, wann sie eine supervisorische Klärung benötigen.

„Zur sozialen Arbeit gehört die Fähigkeit eigene Bedürfnisse wahrnehmen zu können und eigene emotionale Erlebnisinhalte zu verbalisieren." (Brake 2004: 95)

Diese Kompetenz wird mit der Reflexion lebensgeschichtlicher Erfahrungen und deren Auswirkungen auf die individuelle professionelle Haltung in der Sozialen Arbeit gestärkt.

7 Aufbau einer tragfähigen Arbeitssituation

Im Mittelpunkt der Sozialen Arbeit steht der Mensch. Die Zielgruppen sind Menschen, die Unterstützung in sehr unterschiedlichen Lebenssituationen suchen. Diese Menschen zeigen sich mit ihren Stärken und Schwächen und vertrauen sich oftmals mit sehr persönlichen, auch intimen Hintergründen an. Einer der ersten und wichtigsten Schritte in der professionellen Arbeit ist somit der Aufbau einer tragfähigen Beziehung. In dieser Arbeitsbeziehung soll eine angemessene Form der Nähe hergestellt werden und gleichzeitig müssen klare Grenzen für alle Beteiligten ersichtlich und auch emotional erkennbar sein.

Gerade beim Berufseinstieg ist es für viele Fachkräfte schwer, professionelle Nähe und Distanz den jeweiligen Situationen gemäß umzusetzen. In Arbeitsbeziehungen ist es nicht immer einfach, die Gratwanderung zwischen einer vertrauensvollen Nähe und der Grenzüberschreitung zu einem allzu persönlichen, gar freundschaftlichen Kontakt zu meistern. Es stellt sich insbesondere dann als schwierig heraus, wenn von Klient*innenseite im Laufe der Beziehung der Wunsch nach Freundschaft bzw. nach über die professionelle Ebene hinausgehendem Kontakt besteht und die emotionale Haltung der professionell Handelnden dies grundsätzlich auch erwidern könnte. Eine immer wiederkehrende Frage in Studium und Supervisionen ist deshalb die nach der richtigen Form professioneller Nähe und Distanz (Heiner 2010a: 470f u. Dörr u. Müller 2012). Dörrlamm stellt die Formulierung ‚Professionelle Distanz' grundsätzlich infrage. Er sieht eben gerade die Nähe als notwendige Voraussetzung für gelingende Soziale Arbeit.

> „Professionelle Nähe beinhaltet grundsätzlich auch das Problem des Ausbalancierens zwischen Nähe und Distanz. Im Gegensatz zur ‚professionellen Distanz' kann dieser Begriff aber weder zur Abwehr von Ansprüchen der KlientInnen dienen, noch die Beziehung zwischen SozialarbeiterIn und KlientIn entwerten. Dadurch wird es wichtiger, genau zu bestimmen, was die Nähe ausmacht und zu verstehen, wie die Nähe der professionellen Arbeit nützt." (Dörrlamm 2006: 155)

Die wichtigste Grundlage hierfür besteht in einer eindeutigen Übernahme der professionellen Rolle seitens der Sozialarbeitenden und der

Transparenz der damit einhergehenden Handlungen und Unterstützungsmöglichkeiten gegenüber den Klient*innen. Welche Aspekte zum Aufbau einer tragfähigen Arbeitsbeziehung außerdem Beachtung finden müssen, wird im Folgenden ausgeführt.

7.1 Vertrauen

Um eine sinnvolle Zusammenarbeit mit Klient*innen gestalten zu können, geht es zunächst um den Aufbau von Vertrauen. Die wissenschaftliche Auseinandersetzung mit diesem lange eher als Alltagsphänomen begriffenen Konstrukt erfolgt bis auf Niklas Luhmanns soziologische Publikation von 1973 in den unterschiedlichen Disziplinen erst seit den 1990er Jahren, eine dezidierte Forschung für den Bereich der Sozialen Arbeit mit Beginn des 21. Jahrhunderts. Im Fachlexikon der Sozialen Arbeit 2011 finden sich unter den Stichworten ‚Beziehungsarbeit' und ‚Vertrauen' keine Einträge, unter ‚Soziale Distanz' nur ein kurzer Hinweis auf die als grundlegend bezeichnete Problematik des Spannungsfelds zwischen sozialer Nähe und sozialer Distanz. Vertrauen und damit eben auch angemessene Nähe im Kontakt zu schaffen, ist jedoch ein so wichtiger Bestandteil Sozialer Arbeit, dass ihm wesentlich mehr Beachtung geschenkt werden muss.

Im Folgenden soll ein Überblick über die der Reflexion des professionellen Handelns zugrundeliegenden Aspekte und Prinzipien gegeben und der Frage nachgegangen werden, was Vertrauen im Rahmen der Sozialen Arbeit heißt bzw. welche Bedeutung dieses soziale Phänomen für sie hat.

„Vertrauen im weitesten Sinne eines Zutrauens zu eigenen Erwartungen ist ein elementarer Tatbestand des sozialen Lebens." (Luhmann 1989: 1)

Ohne Vertrauen in sich selbst, andere Menschen und Dinge bzw. Systeme, wäre kein einziger Tag im Leben zu bewältigen. Wir vertrauen z.B. darauf, dass Menschen sich im Straßenverkehr an Regeln halten, die Ärztin eine Erkrankung richtig behandelt, der Koch des Restaurants dem Essen nichts Gesundheitsgefährdendes beifügt etc. Wir alle gehen mit diesem jeweiligen ‚Vertrauensvorschuss' Risiken ein, die im Extremfall auch lebensbedrohend sein können. Wenn wir allerdings in jeder Situation alles in Betracht zögen, was passieren könnte und einzeln entscheiden müssten, ob wir auf einen positiven Verlauf vertrauen oder lieber nicht, könnten wir keinen Alltag leben. Wir nehmen deshalb eine notwendige Reduktion der unendlich vielen zukünftigen Möglichkeiten vor, um einen Überblick behalten zu können.

"Im Akt des Vertrauens wird die Komplexität der zukünftigen Welt reduziert. Der vertrauensvoll Handelnde engagiert sich so, als ob es in der Zukunft nur bestimmte Möglichkeiten gäbe." (Luhmann 1989: 20)

Vertrauen heißt demnach, einem Menschen oder auch einer Sache bzw. Systemen im Sinne von Institutionen (z.b. Betriebe, Behörden, soziale Einrichtungen) oder technischen Funktionssystemen (z.b. Auto, Fahrrad) positive Erwartungen entgegenzubringen. Aufgrund vergangener Erfahrungen werden Situationen in bestimmter Weise bewertet. So wird versucht, das Risiko einer Enttäuschung zu minimieren, indem neue Situationen an Vertrautem gemessen und eingeschätzt werden. Aufgrund von persönlichen Erfahrungen, dass sich positive Erwartungen nicht erfüllt haben, entwickelt sich Misstrauen, das auch auf neue Zusammenhänge bzw. Personen übertragen werden kann. Die Forschung verschiedener Disziplinen bietet für diesen Vorgang unterschiedliche Erklärungsansätze (vgl. z.B. Petermann 2013: 12ff u. Endress 2002).

Vertrauen gliedert sich im psychologischen Sinne in die Trias:

- Interpersonales Vertrauen: Vertrauen in andere; ontogenetisch in der frühen Kindheit angelegt und vor allem durch die Form der sozialen Bindungen beeinflusst.

- Selbstvertrauen (auch intrapersonales Vertrauen genannt): Vertrauen in sich und die eigenen Fähigkeiten; entwickelt sich im Vorschul- und Primarschulalter. Das mimetische Lernen hat hier eine besondere Bedeutung.

- Zukunftsvertrauen: Vertrauen in das eigene Lebenskonzept, die persönliche und gesellschaftliche Zukunftsgestaltung; Entwicklung im Jugendalter. Die persönliche und soziale

Identität hat hierfür eine hohe Relevanz. (vgl. Krampen 1997: 41ff)

Soziale Arbeit bewegt sich in allen diesen Bereichen. Sie soll das Selbstvertrauen der Klient*innen stärken, Zukunftsvertrauen unterstützen und das Vertrauen in andere Personen ausbauen helfen. Dies ist nur dann möglich, wenn Klient*innen Vertrauen zu den Sozialarbeiter*innen haben können.

7.1.1 Personenbezogenes Vertrauen

Vertrauensaufbau erfordert einen Einsatz aller Beteiligten und unterliegt somit der Reziprozität. Klient*innen vertrauen darauf, dass ihre Interessen und Anliegen von den Sozialarbeitenden vertreten werden. Die Sozialarbeitenden vertrauen darauf, dass Klient*innen die von den professionell Handelnden angebotene Arbeit als kompetent und im Sinne der Klientel erkennen und annehmen. Nach Luhmann erfordert dieser Prozess

> „einen beiderseitigen Einsatz und kann nur dadurch erprobt werden, dass beide Seiten sich auf ihn einlassen; und zwar in nichtumkehrbarer Reihenfolge: zuerst der Vertrauende und dann der, dem vertraut wird." (Luhmann 1989: 45)

Auch andere Ansätze vertreten diese reziproke Haltung der Beteiligten (vgl. Petermann 2013: 12f). Das bedeutet für den Beginn einer Arbeitsbeziehung zwischen Klient*in und Sozialarbeitenden ein gegenseitiges Einlassen auf die jeweiligen Risiken mit deren Auswirkungen und lässt beide das Augenmerk auf das Gegenüber lenken, um einschätzen zu können, ob das entgegengebrachte Vertrauen gerechtfertigt scheint oder nicht. Die oben genannten Vertrauensebenen definiert Luhmann als

> „die generalisierte Erwartung, dass der andere seine Freiheit, das unheimliche Potential seiner Handlungsmöglichkeiten, im Sinne seiner Persönlichkeit handhaben wird – oder genauer, im Sinne der Persön-

lichkeit, die er als die seine dargestellt und sozial sichtbar gemacht hat." (Luhmann 1989: 40)

Alle Beteiligten stellen jeweils ihre Persönlichkeit aufgrund der Rolle dar, die in dieser Situation wichtig ist und sozial sichtbar werden soll. Sozialarbeitende sollen und wollen sich im Kontakt mit Klient*innen authentisch zeigen. Das bedeutet jedoch nicht, dass sie jede affektive Regung, wie z.b. (fachliche) Unsicherheit, unpassende Emotionen (bspw. Wut auf oder Genervtsein über Klient*innen), privat konnotierte Gefühlslagen etc. der Klientel zeigen bzw. erläutern müssten. Vielmehr geht es darum, was sozial sichtbar werden soll. Dies ist auf Seiten der Sozialarbeitenden verbunden mit der professionellen Rolle und der dazu passenden Haltung. Damit sich professionell Handelnde Vertrauen erwerben können, müssen sie die Fähigkeit zeigen, ihnen entgegengebrachte Erwartungen in adäquater Weise in die eigene Selbstdarstellung aufzunehmen (vgl. Luhmann 1989: 68). Hier gilt es zu reflektieren, welche Erwartungen zum eigenen Professionsprofil passen und welche begründet abgelehnt werden müssen. Diese kontinuierliche Reflexion führt zu einer gefestigten Ambiguitätstoleranz (siehe unten), die eine wichtige Grundlage für Fachkräfte in der Sozialen Arbeit darstellt.

Die professionelle Persönlichkeit wird auch geprägt durch die Erfahrungen, die Menschen aufgrund ihres Herkunftsmilieus und ihrer Lebenssituation, ihres Alters, ihres Geschlechts, ihres kulturellen Hintergrunds und ihrer Bildung machen. So zeigen Studien, die belegen, dass Vertrauen dann leichter hergestellt werden kann, wenn einzelne dieser Kriterien zueinander passen oder den jeweiligen Erwartungen der Klientel entsprechen (vgl. Bierhoff u. Buck 1997: 99ff).

Mit dem Begriff ‚Person als Werkzeug' hat Spiegel den Einsatz der eigenen Persönlichkeit treffend benannt. Sie verweist auf vier wichtige Kompetenzen, um damit methodisch arbeiten zu können (vgl. Spiegel 2013: 93f):

- Fähigkeit zur Selbstbeobachtung im Sinne einer grundlegenden Reflexion der eigenen Stärken und Schwächen und des Bewusstseins für die eigene Wirkung

- Fähigkeit zur Selbstreflexion, die den Einsatz der ‚Person als Werkzeug' kontinuierlich begleitet und dadurch Handeln und Haltung kontrolliert

- Empathiefähigkeit in Bezug auf das Hineinversetzen in andere Personen, ohne die eigene Haltung zu verlieren

- Ambiguitätstoleranz im Sinne des Aushaltens von Unklarheiten und Widersprüchlichkeiten

Auch Sympathie oder Antipathie beeinflussen die Möglichkeit, eine vertrauensvolle Arbeitsbeziehung aufbauen zu können. Allerdings sollte die grundsätzlich professionelle Haltung Sozialarbeitender bewirken, dass sie in beiden Fällen sehr genau reflektieren, wodurch die jeweilige emotionale Reaktion ausgelöst wird und woran sie an die eigenen biografischen Erfahrungen anknüpft. Meist zeigt sich dann sehr schnell, dass diese Reaktion auf eine Person nur wenig mit dieser selbst zu tun hat und als Übertragung oder Projektion erkannt und aufgelöst werden kann. Es sollte daher die Fähigkeit bestehen, zumindest im Rahmen einer respektvollen, zugewandt neutralen Haltung zu agieren, um die Grundlage für eine vertrauensvolle Arbeitsbeziehung herzustellen.

Die bisherigen Ausführungen zeigen, dass Vertrauen eine emotional konnotierte Geste ist, die von vielen biografischen Erfahrungen geprägt wird. Woher manche Reaktion kommt, warum manchen Menschen vertraut, anderen misstraut wird, ist meist noch nicht einmal den Personen selbst bewusst und es spielen sehr vielfältige Lebenserfahrungen eine Rolle. Sozialarbeitende müssen dennoch Signale des Vertrauens bzw. Misstrauens und die jeweilige Bedeutung für ihr professionelles Handeln erkennen und einbeziehen können. Ebenso müssen sie in der Lage sein, immer wieder auszuloten, inwieweit die aktuelle Arbeitsbeziehung oder sozialarbeiterische Zielsetzungen von diesen Aspekten beeinflusst werden. In Abgrenzung zu therapeutischen Ausrichtungen handelt die Soziale Arbeit im ‚Hier und Jetzt' und hat nicht die Aufgabe vertieft zu eruieren, aus welchen Gründen biografischer Ereignisse zu dem jeweilig von Klient*innen gezeigten Verhalten führten, geschweige denn an konkreten Kindheitserfahrungen zu arbeiten. Im Rahmen von wertschätzender Empathie genügt es festzustellen, dass offensichtliche Störungen der Möglichkeiten des Vertrauens existieren, die durch neue und andere Erfahrungen zumindest teilweise verändert werden können. An der Vermittlung solcher positiver Erfahrungen muss dann jeweils gearbeitet werden.

7.1.2 Systemvertrauen

Neben den oben aufgeführten Ebenen des Vertrauens, die Luhmann soziologisch als ‚Persönliches Vertrauen' einordnet (Luhmann 1989: 40ff), sind im Rahmen der Sozialen Arbeit weiterhin Systemvertrauen (vgl. Luhmann 1989: 50ff) sowie Expert*innenvertrauen (oder auch ‚Spezifisches Vertrauen' nach Wagenblass (2004: 62f) von Bedeutung.

Menschen haben ein grundsätzliches Vertrauen in ihnen bekannte Systeme, unabhängig davon, ob sie die handelnden Personen in diesem System persönlich kennen. Wir steigen z.B. in Flugzeuge und Züge meist ohne die Personen zu sehen, geschweige denn zu kennen, die diese Verkehrsmittel steuern, weil wir dem jeweiligen System vertrauen (müssen), um uns in dieser Form fortbewegen zu können. So vertrauen auch Klient*innen darauf, dass soziale Einrichtungen gemäß ihrer jeweiligen Zielsetzung personelle und materielle Rahmenbedingungen im Sinne der jeweiligen Zielgruppen zur Verfügung stellen.

In diesem Zusammenhang ist auch das Vertrauen in die Integrität von Personen und Rechtsordnungen von Bedeutung. Es wird zugrunde gelegt, dass dem Bekenntnis zu Werten und Normen entsprechende Handlungen und Umsetzungen folgen. Sollten die postulierten Werte und Normen allerdings lediglich Mittel sein, um Loyalitäten zu erzeugen, während unter der Hand andere Ziele verfolgt werden, erfolgt ein Missbrauch dieses Vertrauens. Denn wenn die Grundprinzipien, zu denen sich ein Individuum bekennt, nicht in Handlungsvollzüge umgesetzt werden oder Satzungen keine Rolle spielen, die einer Organisation für deren Verfahrensweisen eigentlich zugrunde gelegt wurden, erfolgt ein Vertrauensbruch und es wird im Weiteren Misstrauen ausgelöst. Als z.B. 1973 im Bundestag der Gesetzentwurf für den Allgemeinen Teil des Sozialgesetzbuchs diskutiert wurde, galt als ein wichtiger Faktor zur Erneuerung der Sozialgesetzgebung ein möglicher

Vertrauensverlust der Bürger angesichts der Undurchsichtigkeit existierender Rechtsvorschriften und Zuständigkeiten. Diese mangelnde Transparenz wurde als unvereinbar mit den demokratischen Grundwerten gesehen. Wenn die Leistungsgewährung vom individuellen Spürsinn und Geschick der Bürger*innen abhängig ist, werden die Prinzipien der sozialen Gerechtigkeit und der Gleichheit ausgehebelt. In der Öffentlichkeit kam es folglich zu Unsicherheiten darüber, ob in der konkreten Ausgestaltung und Umsetzung des Rechts den Grundwerten der Bundesrepublik tatsächlich Geltung verschafft wird oder ob informelle Absprachen den Prinzipien zuwiderlaufen.

Im Rahmen des spezifischen Vertrauens oder Expert*innenvertrauens suchen Menschen, die in bestimmten Lebenssituationen Unterstützung brauchen, Fachleute auf. Sozialarbeitende sind in ihren professionellen Bereichen Expert*innen und vertreten damit ihre jeweiligen sozialen Einrichtungen, von denen sie als Mitarbeitende aufgrund ihrer Kompetenzen ausgewählt wurden. Dementsprechend stellen sie ihr Wissen und Können zur Verfügung, auf dessen Wirksamkeit die Zielgruppen dieser Einrichtungen vertrauen.

7.1.3 Vertrauen im Kontext unterschiedlicher Kulturen

Wie bereits ausgeführt, wird Vertrauen von den jeweiligen Erwartungen bestimmt, die wiederum u.a. auch von kulturellen Gegebenheiten geprägt sind. Auf Basis des Vertrauten, aus dem eigenen sozialen Umfeld Bekannten werden Situationen und Verhalten eingeordnet und bewertet. Aus dieser Bewertung schöpft sich Vertrauen oder Verwirrung bis hin zu Misstrauen. (vgl. Arnold 2009: 53f, Wagenblass 2004: 107ff u. Cleppien 2012: 49ff)

Treffen im Kontext Sozialer Arbeit unterschiedliche Kulturen aufeinander, ist die Gefahr der missverständlichen Interpretationen von Signalen und der damit einhergehenden Bildung von Misstrauen groß. Um diese Gefahr so gering wie möglich zu halten, ist eine vertiefte Reflexion sowohl des eigenen Verhaltens als auch der Kenntnisse zu interkultureller Arbeit dringend notwendig. Zuallererst ist es wichtig, die eigenen Bewertungsmuster infrage und zurückzustellen, um in einem deutlichen Perspektivenwechsel fremde Sinnzusammenhänge erarbeiten und erkennen zu können. Hier geht es um eine spezifische Form des Vertrauens,

> „das [...] in einem Vertrauen in die Sinnhaftigkeit des Unbekannten begründet liegt, unabhängig davon, ob sich der Sinn aktuell erschließen lässt oder nicht. Vertrauen könnte also als eine Voraussetzung für die Art von Differenzerfahrung verstanden werden, die (im letzten Schritt) zu einem Fremdverstehen führen kann." (Bartmann 2008: 5)

Die professionell Handelnden sind aufgefordert, diesen ausschließlich auf sie selbst bezogenen Prozess durchzuführen und mit der daraus resultierenden Haltung eine gelingende Arbeitsbasis schaffen zu können. Sie müssen also zum einen eigene Unsicherheiten und mangelndes Wissen aushalten. Zum anderen müssen sie in der asymmetrischen Beziehungssituation, in der sie selbst als Expert*innen gefragt sind, verdeutlichen, dass sie in diesen Punkten die Unwissenden und u.a. von den Klient*innen Lernenden sind. (vgl. Bartmann u. Immel: 2011 u. Nieke 2015: 720ff)

Im Rahmen der Reflexion interkultureller Arbeit ist auch ein Hinweis auf die Bezeichnungen der Menschen, die die Soziale Arbeit als ihre Zielgruppen sieht, von Wichtigkeit. Zunächst als ‚Ausländer', ‚Gastarbeiter', ‚Migranten' bezeichnet, wird heute der Begriff ‚Menschen mit Migrationsgeschichte' präferiert. Dies soll unter anderem Abwertungen vermeiden. Wolfgang Nieke verweist darauf, dass nicht alle Menschen mit Migrationsgeschichte zur Zielgruppe Interkultureller Arbeit gehören,

> „sondern nur ein Teil von ihnen: beispielsweise nicht Österreicher oder US-Amerikaner, sondern Türken oder Aussiedler aus Kasachstan. Die Zielgruppe für interkulturelle Arbeit sind also nur solche MigrantInnen, die andauernde Probleme im Zurechtfinden im neuen Sprach- und Kulturraum und mit der Zugehörigkeit zur neuen Staatsbevölkerung haben oder von Einheimischen gemacht bekommen." (Nieke 2015: 721)

Die Erkenntnis, die sich vor allem aus „oder von Einheimischen gemacht bekommen" ergibt, könnte eine große Bedeutung für den Aufbau der Arbeitsbeziehung haben, weil Fachkräfte unter Umständen gesellschaftlich vorgegebene und damit häufig unbewusste Vorurteile störend in die aufzubauende Vertrauensbasis einbringen.

7.1.4 Vertrauen als Basis der Arbeitsbeziehung

Der Beginn eines sozialarbeiterischen Kontakts ist also vor allem durch das Schaffen von Klarheit geprägt. Dies beinhaltet, dass professionell Handelnde sowohl in Bezug auf die Darstellung ihrer eigenen Rolle Transparenz herstellen als auch Wünsche und Erwartungen der jeweiligen Klient*innen erkennen und in adäquater Form benennen können. Gleichzeitig müssen sie die gesellschaftlichen und institutionellen Rahmenbedingungen einbeziehen (siehe Teil II Kapitel 2 u. 3). In besonderer Weise sollte betrachtet werden, ob es sich für die Klientel um einen freiwilligen oder einen Zwangskontext handelt. Wenn Klient*innen gezwungen sind, die Beratung oder sonstige Angebote der Sozialen Arbeit in Anspruch zu nehmen, werden sie wahrscheinlich mit mehr Vorsicht oder Skepsis in die Arbeitsbeziehung gehen, und es ist schwieriger bzw. dauert erfahrungsgemäß länger, Vertrauen aufzubauen. (siehe z.B. Conen u. Cecchin 2009 u. Kähler 2005) Auch die Sozialarbeitenden verhalten sich im Zwangskontext anders als bei Freiwilligkeit der Inanspruchnahme ihres Angebots. Meist gehen sie eher von einer ablehnenden Haltung der Klient*innen aus (vgl. Kreutz u. Trost 2014: 233). Inwiefern diese Annahme auch mit der Erwartung aufgrund sozialisationsbedingter Erfahrungen auf Seiten der Fachkräfte verbunden sein könnte, wird nachfolgend aufgeführt.

Sozialarbeitende erwarten von ihren Klient*innen, dass diese in der Arbeitsbeziehung Vertrauen aufbauen wollen und können. Ebenso müssen die Fachkräfte selbst auch Vertrauen in das von ihnen im positiven Sinne erwartete Handeln der Klientel setzen. Alle Beteiligten bewerten in dieser Anfangssituation das Handeln des Gegenübers auf Basis ihrer individuellen Erfahrungen. Fachkraft und Klient*in befinden sich demnach in einer sehr wichtigen Phase der Erprobung, von dessen Bewertung der weitere Verlauf der Beziehung und die sozialarbeiterischen Handlungsmöglichkeiten abhängen. Es handelt sich um eine äußerst sensible Zeit, die von Vorsicht auf beiden Seiten geprägt ist.

Gerade in dieser Anfangsphase wird von Sozialarbeitenden ein hohes Maß an Selbstreflexion gefordert, das ihnen ermöglichen soll, eventuelle eigene Problematiken, vor allem in Form von Übertragungen und Projektionen, zu erkennen und außerhalb der direkten Arbeitsbeziehung (supervisorisch) zu bearbeiten. Mit dieser persönlichen Auseinandersetzung sorgt die Fachkraft dafür, dass die Arbeitsbeziehung von eigenen unangemessenen Bewertungen und Emotionen frei ist und eine adäquate Vertrauensgrundlage geschaffen werden kann.

Wie beschrieben hat beiderseitiges Vertrauen als Basis der Arbeitsbeziehung eine große Bedeutung und wird von der Fachkraft bewusst, von Klient*innen meist eher unbewusst angestrebt. In manchen Arbeitsfeldern allerdings ist es für die professionell Handelnden schwierig, der Klientel in einer Haltung gegenüber zu treten, die offen für Vertrauen ist. Ein Beispiel dafür ist der Suchtbereich, der teilweise mehr von Misstrauen als Vertrauen gegenüber den Klient*innen geprägt ist. Hier scheint Vertrauen häufig eher als schlechtere Alternative zur Kontrolle gesehen zu werden. Aus unserer Sicht wäre es sinnvoll zu überdenken, wem diese Formen der Kontrolle dienen. Ein Teil der sozialarbeiterischen Arbeit ist darauf ausgerichtet, dass Klient*innen mehr Vertrauen in sich selbst und andere entwickeln können. Es stellt sich in diesem Zusammenhang die Frage, ob eine solche Zielsetzung nicht auch Vorbilder braucht, die im Rahmen der konkreten Sozialen Arbeit gegeben werden müssen. Eine Möglichkeit wäre, mit den jeweiligen Klient*innen zu erarbeiten, welche Form der Kontrolle sie zur Erreichung ihrer Ziele brauchen. Diese dann erfolgende Kontrolle wäre im Sinne von Unterstützung zu sehen. Vertrauen in den Fokus der Zusammenarbeit zu setzen, ist sicher in einigen Arbeitsfeldern als Herausforderung verbunden mit laufenden Überprüfungsprozessen und Handlungsanpassungen zu sehen. Sicher aber lohnt sich diese Abkehr von einer grundsätzlich misstrauenden Haltung, um als Vorbild Veränderungsprozesse auf Seiten der Klient*innen nachhaltiger unterstützen zu können.

Im Rahmen des Vertrauensaufbaus ist es unumgänglich, dass Sozialarbeitende nicht nur sich selbst und die jeweiligen Klient*innen im Kontakt betrachten. Vielmehr müssen auch die institutionellen Bedingungen unter diesem Aspekt reflektiert werden. Professionelle Interaktionsbeziehungen zwischen Fachkräften und Klient*innen unterliegen in vielen Bereichen der Sozialen Arbeit einer Machtasymmetrie.

Menschen, die sich in diese Interaktionsbeziehungen freiwillig oder unter Zwang als Klient*innen begeben, müssen darauf vertrauen können, dass sie in ihren Entfaltungsmöglichkeiten und Handlungsbefähigungen unterstützt werden. Wenn die damit einhergehende Macht von Seiten der Institution oder einzelner Fachkräfte nicht in diesem Sinne genutzt wird, erfolgen Vertrauensbrüche, die weit reichende Folgen für die betroffenen Personen haben können. Welche oft lebenslangen negativen Auswirkungen Misstrauen und Vertrauensbrüche haben können, berichten die Menschen, die autoritärer und missbräuchlicher Pädagogik in Heimen ausgeliefert waren. (vgl. Düring 2012: 110ff)

Ein weiteres Beispiel für von grundsätzlichem Misstrauen geprägte Vorgehensweisen des vorgeblichen Kinderschutzes sind Zwangsadoptionen in Großbritannien. Hier werden mehrere tausend Kinder pro Jahr auch bei nicht verifiziertem Verdacht von Kindesmissbrauch, -misshandlung oder -vernachlässigung zwangsweise aus der Herkunftsfamilie genommen und zur Adoption freigegeben. Dies führt inzwischen dazu, dass es nicht genügend Adoptionswillige gibt. Um dies zu verändern, werden potenzielle Eltern über Plakate und Werbespots gesucht und sogar sogenannte ‚Adoptionspartys' durchgeführt, bei denen Gruppen von Kindern mit Ehepaaren bekannt gemacht werden, die adoptionswillig sind. Den biologischen Eltern wird ein so grundsätzliches Misstrauen entgegengebracht, dass ihnen jegliche Unterstützung, manchmal auch die Richtigstellung der Familiensituation versagt bleibt und das Kind genommen wird. Martha Cover, Vorsitzende des britischen Verbandes der Kinderrechtsanwält*innen äußert sich dazu folgendermaßen:

> „Die Regierungsideologie sagt im Kern: Das radikale Zerschneiden aller Bande zwischen einem Kind und seiner Ursprungsfamilie sei die beste Lösung für Kinder, die vernachlässigt oder misshandelt wurden, beziehungsweise in Gefahr schweben, vernachlässigt oder misshandelt zu werden. Eine zwangsweise Adoption sei besser als die Unterbringung bei Verwandten. Denn die Adoption trenne das Kind zuverlässig von seiner als Übel angesehenen Ursprungsfamilie und transferiere es in eine gute Familie." (Kruchem 2015)

Die meisten der zur Zwangsadoption freigegebenen Kinder stammen aus einem Elternhaus, das eher zu den ärmeren oder ‚bildungsfernen'

119

Bevölkerungsschichten gezählt wird oder von Eltern mit einem Migrationshintergrund. (vgl. Kruchem 2015). Um Adoptionen zu erleichtern wurde in Großbritannien im Dezember 2013 eine Gesetzesreform vorgenommen (vgl. Children and Families Act 2014).
Dass in einem demokratischen Land eine solche Vorgehensweise möglich ist und von Sozialarbeitenden getragen wird, macht deutlich, welch tiefes Misstrauen den biologischen Müttern bzw. Eltern entgegengebracht wird. Mit diesem Vorgehen wird den Betroffenen jegliches Vertrauen in staatliches Handeln genommen und da meist die Eltern kein Widerspruchsrecht haben, wird damit auch das oben erläuterte Vertrauen in die Integrität von Personen und Rechtsordnungen zerstört. Auf Anfragen des Petitionsausschusses des Europaparlaments bezüglich vorgenommener Zwangsadoptionen antworteten die britischen Behörden nicht (vgl. Krumbach 2015). Die stellvertretende Vorsitzende der ‚British Association of Social Workers' kritisiert in einer Stellungnahme die Art und Weise von Inobhutnahmen, die im Zeitraum von 2013 auf 2014 um 18 % gestiegen sind und merkt an:

„adoption was not the answer to rising poverty and inequality, and it was the flow of children into care that needs to be stemmed." (BASW 2015)

Sie erläutert die schwierige Situation der Herkunftsfamilien und beschreibt die Zunahme der Inobhutnahmen und daraus folgenden Adoptionsfreigaben als Resultat der Sparmaßnahmen der Regierung. In Bezug auf die Soziale Arbeit fordert sie

„Social workers must stand up for preventative services and support for families if we are not to be condemned for failing to protect children from the miserable outcomes of poor care by the state." (BASW 2015)

Diese Ausführungen zeigen, dass Fachkräfte ihren Klient*innen nicht nur ihr eigenes fachliches Handeln in angemessener Weise erläutern und ihnen damit Möglichkeiten der Vertrauensentwicklung geben, sondern diese Transparenz auch auf die Bedingungen der Sozialen Einrichtung bzw. gesetzliche Gegebenheiten ausweiten müssen. Nur wenn Klient*innen erkennen können, in welchen gesetzlichen und institutionellen Zusammenhängen sie sich im Kontakt mit den professionell Handelnden bewegen, können sie sich bewusst zur aktiven Mitarbeit entscheiden. Dazu gehören neben den Zielsetzungen und methodischen Ausrichtungen nicht zuletzt die grundlegenden, auch durch staatliche Vorgaben geprägten Werte, die die Institutionen beeinflussen und die sich im professionellen Handeln der Mitarbeitenden manifestieren. Die Adressat*innen können erst dann im vertrauensvollen Kontakt stehen, wenn die Soziale Arbeit erkennbar für die Interessen der Zielgruppen eintritt.

7.2 Bindungsbasierte Soziale Arbeit

In besonderer Weise wird in der ‚Bindungsbasierten Sozialen Arbeit' der Aufbau und pädagogische Einsatz der Arbeitsbeziehung fokussiert (vgl. Brisch 2011: 29ff). Dieser Ansatz baut auf der Bindungstheorie von John Bowlby auf. In dieser Theorie geht es um frühkindliche Bindung zu den primären Bezugspersonen und deren Auswirkung auf das weitere Beziehungsverhalten sowie der jeweiligen Möglichkeiten, Vertrauen aufzubauen. Die individuelle Entwicklung von Bindungssicherheit wirkt sich folglich auch auf das Verhaltensrepertoire der professionell Handelnden aus, weil die Qualität der Arbeitsbeziehung immer die Basis für das Handeln bildet (vgl. Kreutz u. Trost 2014: 225ff). Besonders in Bezug auf selbst erlebte Traumata beschreibt Bange, wie sich der jeweilige Bindungshintergrund und die eigenen Erfahrungen der professionell Handelnden auf den Umgang mit den Beteiligten im Falle von Kindeswohlgefährdung auswirkt. Er betont die Bedeutung einer intensiven Auseinandersetzung mit der eigenen Biografie, um sich als Fachkraft vor Gegenübertragungen, Idealisierungen und vorschnellen Bewertungen von Situationen zu schützen. (vgl. Bange 2009)

War die bindungsorientierte pädagogische und Soziale Arbeit bisher eher auf die Arbeit mit Kindern und im Rahmen der Traumapädagogik bezogen, erfolgt aktuell eine Ausweitung der Einsatzbereiche, insbesondere in der Arbeit mit Menschen mit psychischer Erkrankung. Hier ist auf das Soteria-Konzept zu verweisen, das Menschen im psychotischen Schub durch kontinuierliche Beziehungsarbeit eine Bewältigung mit einem geringen Anteil an Psychopharmaka ermöglichen soll (vgl. Hinüber 2014: 185ff).

In der bindungsorientierten Sozialen Arbeit wird davon ausgegangen, dass Klient*innen Unterstützung von Sozialarbeitenden suchen, die die Rolle der Bindungsperson übernehmen sollen. Brisch führt neun Aspekte auf, die Sozialarbeitende in Anlehnung an Bowlby in der Beziehungsarbeit berücksichtigen sollen (vgl. Brisch 2014: 25):

- Das Fürsorgeverhalten soll sich am aktivierten Bindungssystem der Klient*innen orientieren; die Fachkräfte sollen zeitlich, räumlich und emotional zur Verfügung stehen.

- Es soll ein flexibler Umgang mit Nähe und Distanz erfolgen.

- Die Auseinandersetzung der Klient*innen mit deren aktuellen Beziehungsformen soll angeregt werden.

- In der Arbeitsbeziehung zwischen Klient*in und Sozialarbeiter*in spiegeln sich die sozialisationsbedingten Beziehungswahrnehmungen wider. Daher soll die sozialarbeiterische Beziehung dahingehend überprüft und auf die jeweiligen Beziehungswahrnehmungen der Klient*innen fokussiert werden.

- Klient*innen sollen aktuelle Wahrnehmungen und Gefühle mit denen aus der Kindheit vergleichen.

- Es soll erarbeitet werden, dass schmerzliche frühere Erfahrungen auf die derzeitige Wahrnehmung Einfluss haben; diese Wahrnehmungen sollen als nicht mehr angemessen erkannt werden.

- Sozialarbeitende sollen in der Loslösung aus der sozialarbeiterischen Beziehung Vorbild für den Umgang mit Trennungen sein und damit u.a. Trennungsängsten entgegenwirken.

- Zu frühe Distanzierungen von der Arbeitsbeziehung sollen bei Klient*innen mit bindungsvermeidendem Muster als Reaktion auf zu viel Nähe seitens der Sozialarbeitenden gewertet werden.

Hierbei sieht Brisch es als unerheblich an, ob die Zielgruppen Kinder, Jugendliche oder Erwachsene sind. Die starke Fokussierung auf die Bindungsorientierung wird damit begründet, dass es in der Problematik der Klient*innen immer um soziale und interaktionelle Beziehungsschwierigkeiten geht. (vgl. Brisch 2014: 24ff)

Wenn wir auch die Bedeutung der Beziehung zwischen Kient*in und Fachkraft in Bezug auf die Soziale Arbeit teilen, so ist die beschriebene Umsetzung in einigen wesentlichen Aspekten aus unserer Sicht als unangemessen zu bewerten.

Sozialarbeitende agieren häufig im Alltäglichen, so dass das Setting eben nicht – wie in psychotherapeutischen oder klassisch beraterischen Bereichen – losgelöst vom üblichen Lebensablauf der Klient*innen verortet ist. Gerade deshalb ist es besonders wichtig zu vermitteln, dass die Zusammenarbeit auf einer sicheren vertrauensvollen Basis erfolgt, aber eben keine enge persönliche Beziehung ist. Es gilt vor allem, keine falschen Erwartungen zu wecken und damit Enttäuschungen auf Seiten der Klientel zu provozieren. Die Gefahr, dass sich der Wunsch nach Freundschaft oder auch mehr im Rahmen der Arbeitsbeziehung entwickelt, ist im Kontext der psycho-sozialen Arbeit immer gegeben. Es ist eine vorrangige Aufgabe der professionell Handelnden, für eine verlässliche Einschätzbarkeit innerhalb dieser Beziehung zu sorgen.

Weiterhin ist es in der Umsetzung einiger der beschriebenen neun Punkte schwierig, sich von psychotherapeutischen Vertiefungen der genannten Themen abzugrenzen. Soziale Arbeit bleibt, wie bereits ausgeführt, in der Bearbeitung der aktuellen Gegebenheiten und zukünftigen Möglichkeiten, dementsprechend sind die Rahmenbedingungen ausgelegt. Aus unserer Sicht sollte eine deutliche Abgrenzung zur Psychotherapie erfolgen, auch um zu einem klaren Profil der Sozialen Arbeit beizutragen. Wenn die bindungsorientierte Soziale Arbeit einen so starken Fokus auf einen psychotherapeutischen Umgang mit der Klientel legt, wird zum einen die eigentliche fachliche Ausrichtung der Sozialen Arbeit behindert und originäre Aufgabenstellungen können nicht wahrgenommen werden. Zum anderen erscheint Soziale Arbeit als eine Subdisziplin der Psychotherapie, die jedoch von ihrer methodischen Ausrichtung nicht für psychotherapeutische Arbeit ausgebildet wurde. Peter-Ulrich Wendt unterscheidet Soziale Arbeit und Therapie dahingehend, dass die Zielgruppe der Sozialen Arbeit „potenziell jeder Mensch mit Anliegen und Notlagen des Alltags und/oder (sozialen) Rechts- und/oder Versorgungsansprüchen" ist (Wendt 2015: 46), Therapie sich an Menschen mit psychischen Problemen bzw. Störungen wendet. Hier sollte eine gegenseitige Ergänzung erfolgen und die jeweilige Ausrichtung eine eigenständige gesellschaftliche und berufliche Wertschätzung erfahren.

Die Bewertung der Sozialen Arbeit im Vergleich zu Beratung und Therapie fällt häufig zu Ungunsten der Sozialen Arbeit aus. Johannes Herwig-Lempp und Ludger Kühling vertreten die Position, dass Soziale Arbeit wesentlich anspruchsvoller sei als Beratung und Therapie. Sie erläutern, dass in sehr komplexen Situationen multifaktorielle Problemlagen erkannt und in angemessener Weise Lösungen gefunden werden müssen. Die konkreten Handlungsarten, die sie in ihren Ausführungen mit den sechs Bereichen ‚Beraten, Verhandeln, Eingreifen, Vertreten, Beschaffen und Da-sein' kennzeichnen, gehen aus ihrer Sicht weit über die Tätigkeit der Beratung hinaus. (vgl. Herwig-Lempp u. Kühling 2012: 51ff) In diesem Zusammenhang bezeichnen sie die Soziale Arbeit als „Königsdisziplin im psychosozialen Feld" (Herwig-Lempp u. Kühling 2012: 55). Mit diesem Beitrag wollen die Autoren provokativ auf die Besonderheiten der Sozialen Arbeit hinweisen und zur profilierten Abgrenzung von anderen psychosozialen Berufsgruppen beitragen.

7.3 Aufbau der Arbeitsbeziehung

Wie ausgeführt geht es im Rahmen der Sozialen Arbeit in vielfältiger Weise darum, Vertrauen zu schaffen. In der Fachliteratur wird allerdings wenig dazu vermittelt, wie dies konkret umgesetzt werden kann. So ergibt sich häufig auch für die Sozialarbeiter*innen selbst die Vorstellung, dass dieser erste Handlungsschwerpunkt in der Arbeit mit Klient*innen wenig mit Professionalität zu tun hat, sondern mehr über allgemein menschliche Fähigkeiten erfolgt, über die jemand entweder verfügt oder eben nicht. Je höher die Alltagsnähe der Interventionen desto schwieriger scheint das Benennen der professionellen Handlungen zu sein und so wird die Gestaltung von Beziehungen meist als rein durch Intuition gesteuertes Handeln beschrieben (vgl. Heiner 2010a: 459f).

Personenbezogenes Vertrauen, das durch die professionelle Haltung geschaffen und im weiteren Verlauf gestärkt werden kann, stellt die Grundlage der Arbeitsbeziehung dar. Die Haltung der Fachkraft muss von Empathie, Akzeptanz und Kongruenz geprägt sein (vgl. Rogers 2004: 23ff):

- Empathie zeigt sich in verbaler sowie nonverbaler Form und macht deutlich, dass Persönlichkeit und Anliegen des Klienten wahrgenommen und ernst genommen werden. Auf dieser Kontaktebene werden Signale des Vertrauens bzw. Misstrauens beobachtet und adäquat in den professionellen Unterstützungsprozess aufgenommen.

- Akzeptanz bezieht sich auf die Person, nicht auf alle Ansichten oder Handlungsweisen der Klientin. In diesem Zusammenhang muss die Autonomie des Gegenübers Beachtung finden. Die Klientin ist

    „eine eigenständige Persönlichkeit [...], die ‚eigensinnig' ist, das heißt selbst Sinn herstellt über das, was sie erlebt, und die autonom unter den ihr erkennbaren und zugänglichen Handlungsoptionen auswählt." (Herwig-Lempp 2002: 43)

- Kongruenz bedeutet, sich im Kontakt mit dem Klient*innen authentisch, d.h. gemäß der professionellen Rolle als Sozialarbeiter*in, zu verhalten.

Um eine professionelle Ebene als Sozialarbeiter*in zu garantieren, ist die ständige Planung und Reflexion der einzelnen Arbeitsschritte notwendig. Für den Aufbau der Arbeitsbeziehung sollten die folgenden inhaltlichen Schritte, die sich aus den Ausführungen dieses Kapitels ergeben, angepasst an den jeweiligen Kontext umgesetzt werden.

- Klärung des Arbeitsauftrags aus Klient*innensicht, evtl. unter Einbezug des institutionell vorgegebenen Auftrags (Klarheit und Transparenz schaffen)

- Erwartungen und Bedürfnisse des Klienten und die sich daraus ergebenden Kontaktebenen ermitteln. Hier sind evtl. Korrekturen notwendig, wenn z.b. der Klient eine unangemessene Nähe erwartet. (Ausbalancieren der professionellen Nähe und Distanz)

- Reflexion der eigenen Haltung in Bezug auf die Klientin und deren spezifischem Hintergrund, u.a. unter folgenden Fragestellungen: Gibt es Vorurteile? Existiert grundsätzliches Vertrauen in die Klientin und deren Möglichkeiten? Besteht professionelles Interesse an der Person?

- Klarheit in Bezug auf Rollen aller Beteiligten schaffen; auch hinsichtlich der institutionellen und evtl. gesetzlichen Gegebenheiten und deren Auswirkungen auf den Unterstützungsprozess (Expert*innen- und Systemvertrauen)

- Möglichkeiten und Grenzen der Zusammenarbeit verdeutlichen (Transparenz schaffen)

- Wertschätzung durch verbale Äußerungen verdeutlichen, z.B. indem Vertrauen in die Fähigkeiten der Klientin formuliert wird.

- Mögliche Zielsetzungen von dem Klienten festlegen lassen und gemeinsam bewerten, ob diese Ziele erreichbar erscheinen

- Der Klientin Möglichkeiten geben, Angebote abzulehnen (vgl. Herwig-Lempp 2002: 50)

- Das Befinden des Klienten in der Beziehung zum Sozialarbeiter eruieren und Störungen beachten

Diese Aspekte sind die Grundlage für eine tragfähige Arbeitsbeziehung und selbstverständlich nicht nur am Anfang relevant. Da es sich um einen fortlaufenden Prozess handelt, muss je nach Situation ein Fokus gesetzt werden, um das Vertrauen auszubauen und eine förderliche Zusammenarbeit zu gestalten. Allerdings ist gerade am Anfang des Kontakts eine grundsätzliche Unsicherheit auf beiden Seiten gegeben. Es ist Aufgabe der Sozialarbeiter*innen die Basis für eine gelingende Beziehung zwischen Klientel und Fachkraft zu schaffen.

Teil II Reflexionsmodelle für die Praxis

1 Planung und Reflexion Sozialer Arbeit

Wie in Teil I ausgeführt, liegt unserem kritischen Reflexionsbegriff ein Professionsverständnis zugrunde, das auf den normativen Grundlagen der sozialen Gerechtigkeit und den Menschenrechten basiert. Bei einem solchen Verständnis von Sozialer Arbeit wird der Zusammenhang zwischen individuellen Problemen und gesellschaftlichen Fragen nicht außer Acht gelassen. Auf die strukturelle Bedingtheit sozialer Probleme hat bereits Mills hingewiesen. Er unterscheidet zwischen privaten Problemen ('private troubles'), die ihren Ursprung in der Biografie und dem unmittelbaren Umfeld von Personen haben und öffentlichen Problemen ('public issues'), die ihre Ursache in Entwicklungen haben, die die ganze Gesellschaft betreffen. In dem einen wie in dem anderen Fall geht es darum, dass Werte als bedroht angesehen werden, die von den Individuen und/ oder der Öffentlichkeit geschätzt werden. Persönliche Probleme (Bsp. Arbeitslosigkeit aufgrund eines Mangels an Selbstvertrauen) können von Fachkräften der Sozialen Arbeit in Zusammenarbeit mit den Klient*innen gelöst werden, öffentliche Fragen (Bsp. strukturell bedingte Arbeitslosigkeit) können nur auf der politischen Ebene bearbeitet und behoben werden. Entwicklungen auf der strukturellen Ebene ('public issues') wirken allerdings immer auf die persönliche Situation der Individuen ein und werden so zu privaten Problemen. Bei der Reflexion persönlicher Probleme ist also immer zu fragen, inwieweit das Problem nur auf die private Situation der Klientin begrenzt ist oder die Auswirkungen gesellschaftlicher Veränderungen (Strukturwandel, Wertewandel) die Situation des Klienten beeinflussen (siehe Teil II Kapitel 3). Voraussetzung für die Auseinandersetzung mit den unterschiedlich gelagerten Problematiken ist also jeweils eine Einschätzung über die von den Individuen oder der Gesellschaft als bedroht empfundenen Werte (vgl. Mills 2000: 8ff). Die Soziale Arbeit hat in diesem Sinn eine doppelte Aufgabenstellung, die sich zum einen mit Blick auf den gesellschaftlichen Bezug (siehe Teil II Kapitel 7) und zum anderen mit Blick auf den Bezug zu den Klient*innen gestaltet (siehe Teil II Kapitel 5 u. 6).

In der Praxis der Sozialen Arbeit gilt es, die unterschiedlichen Arbeitsaufträge zu strukturieren und, wie zuvor erläutert, zum Wohle und gemäß den Interessen der Klientinnen und Klienten auszuführen. Für einen gelingenden Arbeitsalltag ist es daher notwendig, geplant vorzugehen, die jeweiligen Ergebnisse zu evaluieren und dementsprechend eventuelle Veränderungen vorzunehmen. Diese Evaluationen und gleichzeitigen Überlegungen, welche Alternativen grundsätzlich auch möglich (gewesen) wären, dienen sowohl zukünftigen Vorgehensweisen mit denselben Klient*innen als auch der bewussten grundsätzlichen Erweiterung des eigenen fachlichen Repertoires.

Nachfolgend möchten wir Reflexionsmodelle aufzeigen, die wir im Laufe der Arbeit mit Studierenden entwickelt haben. Rückmeldungen aus der Praxis zeigen, dass besonders die Fall- und Situationsreflexionen im beruflichen Alltag sehr gut umsetzbar sind und als sinnvolle Strukturierungshilfe eingesetzt werden können. Es wird hervorgehoben, dass diese Reflexionsformen auch als Unterstützung zum Verfassen von Berichten jeglicher Art bzw. zur Erläuterung der jeweiligen inhaltlichen Ausrichtung der Sozialen Arbeit wahrgenommen werden.

Als Grundlage der Reflexion liegt immer ein Fall, eine Situation oder eine als problematisch gesehene Organisationsstruktur vor. Im Folgenden werden die verschiedenen Reflexionsmodelle vorgestellt und grundlegende Aspekte der jeweiligen Betrachtungen erläutert. Da sich unser Verständnis von Reflexion nicht nur auf die Bedeutung sozialarbeiterischen Handelns im engeren Kontext der Intervention beschränkt, sondern auch die strukturellen Bedingungen in den Blick nimmt, gehen wir zunächst in den Kapiteln 2 und 3 näher auf die institutionellen und außerinstitutionellen Rahmenbedingungen Sozialer Arbeit ein.

2 Analyse der institutionellen Rahmenbedingungen

Die professionelle Soziale Arbeit wird in der Regel in institutionellen Handlungszusammenhängen erbracht. Aus diesem Grund sind auch die strukturellen Rahmenbedingungen und Organisationsformen, in denen die Sozialarbeiter*innen agieren, kritisch zu reflektieren. So ist zu fragen, welche strukturellen Bedingungen die Umsetzung fachlicher und ethischer Prinzipien der Sozialen Arbeit erschweren oder befördern (vgl. Meinhold u. Lob-Hüdepohl 2007: 332).

2.1 Träger der Sozialen Arbeit

Sozialarbeiter*innen und Sozialpädagog*innen zählen zu einer der Berufsgruppen, die innerhalb des Sozialsystems der Bundesrepublik Deutschland Sozialleistungen für Anspruchsberechtigte bereitstellen. Das Interesse an einer Zentralisierung der Staatsfunktionen bei gleichzeitigem Interesse, Strukturen der Selbstverwaltung auf der Ebene der Länder, der Kommunen und frei gewählter Vereinigungen zu installieren oder aufrechtzuerhalten, hat gegen Ende des 19. Jahrhunderts dazu geführt, dass sowohl Körperschaften öffentlichen Rechts als auch Verbände und Organisationen privaten Rechts für die drei Funktionen: Gewährleistung, Regelung der Finanzierung und Bereitstellung sozialer Dienstleistungen vorgesehen wurden. Träger der sozialen Dienstleistungen sind alle Körperschaften und Einrichtungen, die zu einer oder mehrerer dieser Funktionen verpflichtet sind. Berechtigte sind all diejenigen, die aufgrund einer Notlage, deren Definition sich im Gesetz findet, Anspruch darauf haben, Unterstützung von Seiten des Staates zu erhalten. Die in der Sozialgesetzgebung der Bundesrepublik Deutschland verankerten Rechte sind einklagbar. Grundlage der Finanzierung sind Geldleistungen, die die Bürger und Bürgerinnen in Form von Versicherungsprämien oder Steuerzahlungen erbracht haben. Der Aufbau des Sozialsystems basiert auf einer überindividuellen und generationenübergreifenden Solidarität.

2.2 Trägerstruktur der Sozialen Arbeit nach strukturellen Gesichtspunkten

Die Träger der Sozialen Arbeit lassen sich folglich nach strukturellen oder nach funktionalen Gesichtspunkten voneinander unterscheiden. Zunächst soll eine Differenzierung nach strukturellen Merkmalen vorgenommen werden. Hier können zwei Gruppen von Trägern unterschieden werden: die öffentlichen und die privaten Träger. Die öffentlichen Träger lassen sich aufschlüsseln in kommunale Träger, überörtliche Träger und die Träger der Sozialversicherungen. Die privaten Träger lassen sich untergliedern in die der Freien Träger und die der privat-gewerblichen Träger.

Bei den öffentlichen Trägern handelt es sich um öffentlich-rechtliche Körperschaften mit unterschiedlich ausgeweiteten Kompetenzbereichen. Kommunale und überörtliche Träger bilden die Verwaltungsstruktur ab, Krankenkassen, Rentenversicherungsanstalten, die Bundesagentur für Arbeit verkörpern die Strukturen des gesetzlichen Sozialversicherungssystems.

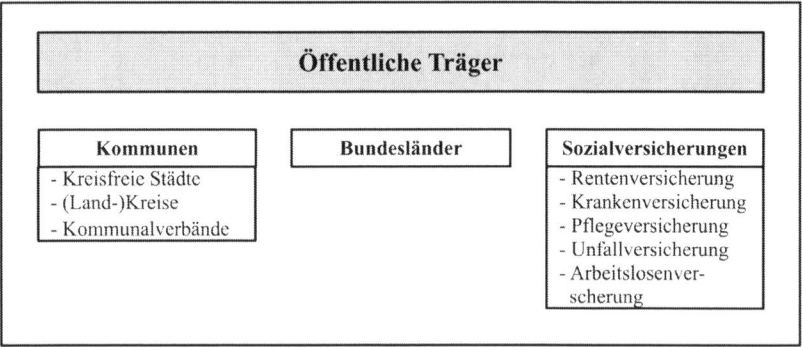

Abb. 7: Öffentliche Träger sozialer Dienste (vgl. Bäcker u.a. 2010: 527)

Kommunale Träger
Unter den öffentlichen Trägern haben die kreisfreien Städte und die Landkreise eine große Bedeutung für die Soziale Arbeit. Im Rahmen der öffentlichen Verwaltungen erfüllen Sozialarbeiter*innen wichtige Aufgaben zur Lösung sozialer Probleme bspw. im Jugend-, Sozial-, Gesundheits- oder Wohnungsamt oder im Amt für Soziale Dienste. Einen weiteren Bereich bilden die Jobcenter, die jedoch als Mischbe-

hörde (Art. 91e GG) gemeinsam von dem jeweiligen kommunalen Träger (Stadt oder Kreis) und der Bundesagentur für Arbeit betrieben werden. Insbesondere im Jugend- und im Gesundheitsamt haben die Kommunen auch ‚hoheitliche' Aufgaben. Hierunter werden Aufgaben verstanden, die ohne oder gegen den Willen der Betroffenen durchgesetzt werden können, z.b. eine Inobhutnahme von Kindern oder Jugendlichen bei Gefährdung des Kindeswohls (§ 42 SGB VIII) oder die Unterbringung in einer geschlossenen psychiatrischen Einrichtung bei Fremd- oder Selbstgefährdung (in Niedersachen NPsychKG § 18). (vgl. Bieker 2011: 20f)

Überörtliche Träger
Die überörtlichen Träger sind in der Regel nur Leistungs- bzw. Kostenträger. In Ausnahmefällen wird aber auch auf Bundes- oder Länderebene praktische Soziale Arbeit geleistet. Auf Bundesebene handelt es sich um Angebote der betrieblichen Sozialen Arbeit bei der Bundeswehr, auf Länderebene um die Soziale Arbeit im Bereich der Justiz. In einigen Bundesländern gibt es eine dritte Verwaltungsebene, welche oberhalb der Städte und Kreise angesiedelt ist. Die höheren Kommunalverbände, die durch den Zusammenschluss von Städten und Kreisen gebildet werden, übernehmen in der Regel Aufgaben überörtlicher Träger, in der Jugendhilfe bspw. die Beratung örtlicher Jugendämter, die Förderung der Zusammenarbeit zwischen den örtlichen Trägern und den anerkannten Trägern der freien Jugendhilfe, die Förderung von Einrichtungen der Jugendsozialarbeit und Jugendberufshilfe oder von Modellvorhaben zur Weiterentwicklung der Jugendhilfe und die Wahrnehmung der Aufgaben zum Schutz von Kindern und Jugendlichen in Einrichtungen nach § 85 SGB VIII. Im Bereich der Sozialhilfe übernehmen überörtliche Träger z.B. die Eingliederungshilfe für behinderte Menschen, Leistungen der Hilfe zur Pflege oder die Blindenhilfe nach § 97 Abs. 2 SGB XII. In Bundesländern ohne dritte Verwaltungsebene werden diese Aufgaben von den Landesjugend- und Landessozialämtern (in Niedersachsen das Landesamt für Soziales, Jugend und Familie) ausgeführt.

Gesetzliche Sozialversicherungen
Für den Bereich der Sozialen Arbeit fungieren die Träger der gesetzlichen Sozialversicherung primär als Leistungs- und Kostenträger. In der Regel sind Sozialarbeiter*innen und Sozialpädagog*innen entweder bei Freien oder Privaten Trägern angestellt und erbringen spezifi-

sche Sach- und Dienstleistungen, die von den einzelnen Trägern der gesetzlichen Sozialversicherung finanziert werden. In einigen Bereichen der Sozialversicherung werden ganze Leistungspakete finanziert, von denen nur einzelne, herauslösbare Leistungen von Sozialarbeiter*innen erbracht werden. Im Bereich der gesetzlichen Krankenversicherung (SGB V) zählen hierzu die Leistungen der Krankenhaussozialarbeit (§ 112 SGB V), die Soziotherapie (§ 37 SGB V), die Arbeitstherapie (§ 42 SGB V) sowie die Selbsthilfeförderung in Verbänden und Kontaktstellen (§20c SGB V). Im Bereich der gesetzlichen Rentenversicherung (SGB VI) fallen darunter Umschulungsmaßnahmen für Menschen mit Behinderung (§ 16 SGB VI i.V. mit § 33 SGB IX), unterstützende Beschäftigung (§ 16 SGB VI i.V. mit § 38a SGB IX), berufliche Eingliederungsmaßnahmen durch Integrationsfachdienste (§ 31 i.V. mit § 110 SGB IX) und medizinische Rehabilitationsmaßnahmen bei Abhängigkeitserkrankungen (§ 15 SGB VI). Im Bereich der gesetzlichen Arbeitslosenversicherung (SGB III) werden Aktivierungsmaßnahmen (§ 46 SGB III), berufsvorbereitende Bildungsmaßnahmen (§ 61 SGB III), ausbildungsbegleitende Hilfen (§ 241 SGB III) und das Eingangsverfahren und der Berufsbildungsbereich einer Werkstatt für behinderte Menschen durch Einrichtungen der Sozialen Arbeit getragen. (vgl. Bieker 2011: 25) Im Bereich der Pflegeversicherung rechnen hierzu Aufklärung und Beratung (§ 11 SGB XI) und die Förderung ehrenamtlicher Strukturen (§ 45 SGB XI). Die gesetzliche Unfallversicherung (SGB VII) trägt zum Beispiel die Leistungen der Krankenhaussozialarbeit, die in Krankenhäusern oder in Rehabilitationseinrichtungen (§ 33 SGB VII) erbracht werden.

Private Träger
Aufgrund des Subsidiaritätsprinzips übernehmen die öffentlichen Träger den größten Teil der sozialen Dienstleistungen nicht selbst. Diese werden an die privaten Träger der Sozialen Arbeit delegiert. Bis Mitte der 1990er Jahre wurden soziale Dienstleistungen, die nicht von den öffentlichen Trägern selbst angeboten wurden, ausschließlich von den sogenannten Freien Trägern geleistet. Mit der Öffnung des Sozialmarktes für privat-gewerbliche Anbieter werden soziale Dienstleistungen mittlerweile auch von Unternehmen angeboten, die damit erwerbswirtschaftliche Zwecke verfolgen.

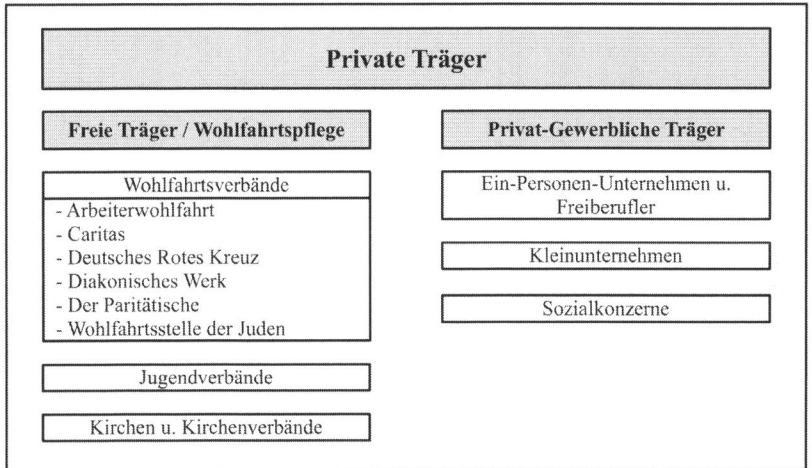

Abb. 8: Private Träger sozialer Dienste (vgl. Bäcker u.a. 2010: 527)

Freie Träger
Der Begriff Freie Träger wurde in den Sozialgesetzbüchern für alle Leistungserbringer eingeführt, die keine öffentlichen Träger sind. Zu den Freien Trägern werden primär die sechs Spitzenverbände der Freien Wohlfahrtspflege (die Arbeiterwohlfahrt, der Deutsche Caritasverband, das Deutsche Rote Kreuz, das Diakonische Werk, der Paritätische Wohlfahrtsverband und die Zentralwohlfahrtsstelle der Juden) gezählt. Weiterhin werden unter diesem Begriff die im Bundesjugendring vertretenen Jugendverbände, deren Betätigungsfeld überwiegend auf die Jugendarbeit (§ 11 SGB VIII) beschränkt ist, subsumiert. Die Kirchen sowie sonstige Religionsgemeinschaften bilden die letzte Gruppe innerhalb der Freien Träger. In der Regel arbeiten diese eng mit den konfessionell gebundenen Wohlfahrtsverbänden zusammen. Charakteristisch für die Freien Träger ist, dass sie nicht gewinnorientiert, sondern gemeinnützig tätig sind.

> „Die Gemeinnützigkeit der Verbände bildet ein Essential ihres Selbstverständnisses und ein Abgrenzungskriterium gegenüber erwerbswirtschaftlichen Trägern." (Bieker 2011: 30)

Ein weiteres prägendes Kriterium, dass die Verbände der Freien Wohlfahrtspflege kennzeichnet, ist die Selbstbestimmung. Im Gegensatz zu den öffentlichen Trägern bieten die Verbände ihre sozialen Dienstleistungen freiwillig an. Sie stehen nicht in der Pflicht – wie die öffentlichen Träger – bestimmte Leistungen vorzuhalten. Sie können ‚frei' entscheiden, in welchen Bereichen der Sozialen Arbeit sie sich engagieren oder aus welchen Bereichen sie sich zurückziehen. (vgl. Bauer, Dahme u. Wohlfahrt 2012: 813)

Privatgewerbliche Anbieter
Die Gruppe der privatgewerblichen Träger, die soziale Dienstleistungen anbietet, setzt sich aus erwerbsorientierten Unternehmen und freiberuflichen Trägern zusammen. Die Unterscheidung beider Gruppen basiert auf den Vorgaben des Steuerrechts. Bestimmte Tätigkeiten werden im Einkommensteuergesetz als freiberufliche Tätigkeiten klassifiziert. Freiberufliche Träger sind in der Regel natürliche Personen. Gewerbliche Träger können als Einzelunternehmen (natürliche Personen), Personengesellschaften (z.B. GbR) oder juristische Personen (z.B. GmbH) agieren. Im Gegensatz zu den gemeinnützigen Trägern verfolgen sie eigenwirtschaftliche Interessen (vgl. Bieker 2011: 34)

Die privatgewerblichen Träger sind überwiegend in den Bereichen der Sozialen Arbeit aktiv, in denen das Interesse an der Dienstleistung als ähnlich gelagert gedacht wird wie das Interesse zahlungswilliger Kunden am Kauf einer Sache. Angebot und Nachfrage sollen sich über einen Markt regulieren. Aus diesem Grund sind erwerbsorientierte Träger bisher kaum in der Jugendhilfe tätig. Ihre Dienstleistungen offerieren sie primär in den Bereichen Pflege und Gesundheit sowie Beratung und Therapie. In diesen Bereichen erhalten sie – wie die gemeinnützigen Träger – auch Vergütungen und Entgelte aus öffentlichen Haushalten, wenn Leistungsempfänger*innen Anspruch auf (Teil-) Leistungen aus dem SGB haben und die entsprechenden Vereinbarungen mit den Leistungs- bzw. Kostenträgern abgeschlossen wurden. (vgl. Bäcker u.a. 2010: 555f)

2.3 Gliederung der Trägerstruktur der Sozialen Arbeit nach funktionalen Gesichtspunkten

Als Träger der Sozialen Arbeit werden Organisationen bezeichnet, die soziale Dienstleistungen planen, finanzieren oder ausführen. In der Praxis finden sich sowohl Organisationen, bei denen alle drei Tätigkeitsbereiche einen gleichrangigen Platz einnehmen als auch solche, deren Arbeitsschwerpunkt entweder mehr im Bereich ‚Planung und

Ausführung' oder mehr im Bereich ‚Planung und Finanzierung' liegt. Einige wenige Organisationen befassen sich ausschließlich mit der ideellen Förderung und konzeptionellen Weiterentwicklung der Sozialen Arbeit. Im Sozialrecht werden die Träger der Sozialen Arbeit nach ihren spezifischen Aufgabenschwerpunkten unterschieden. Es haben sich die Begriffe Leistungsträger, Kostenträger und Leistungserbringer eingebürgert. Während im wohlfahrtsstaatlichen Modell das Subsidiaritätsprinzip den Verbänden der Freien Wohlfahrtspflege im Dreiecksverhältnis zwischen Leistungsträger, Kostenträger und Leistungserbringer noch einen bedeutenden Platz einräumte, wird jetzt der Wettbewerb zwischen einer Vielzahl von Anbietern forciert. (vgl. Kolhoff 2012: 16ff) Diese Entwicklung hängt mit der Umorientierung der sozialstaatlichen Politik zusammen. Der Staat garantiert zunehmend nur noch die Gewährleistung sozialer Ansprüche und überträgt die Bereitstellung des Angebots und die Regelung der Finanzierung privatwirtschaftlich organisierten Einrichtungen. (vgl. Bieber u.a. 2005: 30)

Leistungsträger
Die Verpflichtung Sozialleistungen bereitzustellen leitet sich aus dem Sozialstaatsprinzip der Bundesrepublik ab (Art. 20 u. 28 GG). Zuständig sind, je nach Art der Sozialleistung, unterschiedliche, im Sozialgesetzbuch als Leistungsträger titulierte Körperschaften, Anstalten und Behörden (§ 12 SGB I). Der Staat hat dafür Sorge zu tragen, dass die sozialen Dienste und Einrichtungen rechtzeitig und ausreichend zur Verfügung stehen. (§ 1(2) SGB I) Präzisiert wird diese Pflicht zur Ausführung der Sozialleistungen in § 17 SGB I. Der Staat muss im Rahmen der Sozialgesetzgebung sicherstellen, dass eine geeignete soziale Infrastruktur vorgehalten wird. Die Sozialgesetzgebung der Bundesrepublik ist also im Grundgesetz fundiert und wird in den Sozialgesetzbüchern im Einzelnen geregelt. Die in Teilen bis heute geltenden Paragrafen der Reichsversicherungsordnung, die 1911 verabschiedet wurde, wurden ab 1976 sukzessive in das Sozialgesetzbuch überführt. Anlass für die Neugestaltung der Sozialgesetzgebung war die über Jahrzehnte hinweg gewachsene Unübersichtlichkeit des Sozialrechts. So begründete der Bundesminister für Arbeit und Sozialordnung Walter Arendt bei Einbringung des Gesetzentwurfs 1973 die Notwendigkeit der Schaffung eines einheitlichen Sozialrechts damit, dass die Zersplitterung des Rechts zu Ungerechtigkeiten innerhalb des Leistungssystems führe.

"Der Bürger steht vielfach verständnis- und hilflos diesem Dschungel von Gesetzen und Verordnungen gegenüber. Ich meine, daß dieses Paragraphen- und Gesetzesdickicht endlich gelichtet werden muß, um das Vertrauen in das Recht und damit in den Staat und seine sozialen Institutionen zu fördern. Das Vertrauen in das Recht ist eine der Grundvoraussetzungen lebendiger Demokratie [...] Gerade im sozialen Bereich darf das Recht nicht eine Geheimwissenschaft der Experten sein. Es muß vielmehr auch in dem Sinne sozial werden, daß es von möglichst allen Bürgern verstanden und als ihr Recht empfunden wird." (Arendt 1973: 2884 C)

Zu den Aufgaben, die das zu schaffende Sozialgesetzbuch zu regeln hat, zählt Arendt die Informationspflicht des Staates gegenüber den Bürgern.

"Wer Rat oder Auskunft in sozialen Angelegenheiten benötigt, soll einen Anspruch darauf bekommen, daß die zuständige Stelle der Sozialverwaltung ihn umfassend und schnell berät. [...] Deshalb ist vorgesehen, daß bürgernahe Verwaltungsstellen Auskünfte über alle sozialen Angelegenheiten erteilen. Darüber hinaus gibt der Gesetzentwurf selbst einen umfassenden Überblick über die zuständigen Leistungsträger." (Arendt 1973: 2885 C)

Zum anderen soll die Stellung der Bürger und Bürgerinnen gegenüber dem Staat gestärkt werden. Sozialleistungen sollen – so Arendt – „nicht mehr so ‚von oben herab gewährt' werden, sondern eine selbstverständliche Aufgabe des sozialen Rechtsstaats sein". Entsprechend soll sichergestellt werden, dass sich die Bürger bei der Verwirklichung ihrer sozialen Rechte „als Partner der Sozialverwaltung" verstehen. Arendt verweist in diesem Zusammenhang auf die „Vorschriften über die Mitwirkung des Bürgers bei der Ausgestaltung von Rechten und Pflichten sowie bei der Geltendmachung von Sozialleistungen". (Arendt 1973, 2885 C)

Diskutiert wurde die Frage, inwieweit Sozialleistungen auf erworbenen Ansprüchen (Beitragszahlungen in die Sozialversicherungssysteme) und/ oder auf einer moralischen Verpflichtung des Gemeinwesens gegenüber Bürger*innen beruhen, die sich nie in der Lage befunden haben, in Vorleistung zu treten. So hält ein Vertreter der Opposition anlässlich der Diskussion des Gesetzentwurfs dem von der Regierung eingebrachten Antrag folgende Sicht entgegen:

„'Sozialleistungen' werden in weiten Kreisen der Bevölkerung ohne Unterschied der Leistungsträger und des Leistungsrechts als Leistungen des Staates, die sie gar nicht sind, hingestellt und angesehen, obwohl die Leistungen beispielsweise der gesetzlichen Krankenversicherung ausschließlich und die der Rentenversicherung im wesentlichen von den Betroffenen, natürlich im Rahmen der Versichertengemeinschaft, selbst finanziert werden. Andererseits können vergleichbare Leistungen aber auch auf einer anderen Rechtsgrundlage auf Kosten der Allgemeinheit gewährt werden. Nur die, wenn Sie wollen, Fachleute und ein relativ kleiner Kreis von Bürgern unterscheiden zwischen lohn- oder besser leistungsbezogenen und anderen auf Grund sozialstaatlicher Prinzipien gewährten Sozialleistungen. Wir wünschen hier keine Verwischung der Rechtsgrundlagen und Begriffe." (Müller 1973: 2887 C)

Nach Verabschiedung des Sozialgesetzbuchs wurden vor dem Bundesgerichtshof immer wieder Ansprüche von Bevölkerungsgruppen eingeklagt, deren Berechtigung im Sozialgesetzbuch noch nicht verankert war. (vgl. Bieker: 2011: 16)

Die Leistungsträger sind grundsätzlich dazu verpflichtet, die im Gesetz definierten Leistungen vorzuhalten bzw. zu erbringen. Die Leistungserbringung kann an geeignete Organisationen delegiert werden. Der Leistungsträger hat jedoch die Gewährleistungspflicht. Er muss sicherstellen, dass dem Anspruchsberechtigten die ihm zustehenden Leistungen tatsächlich angeboten werden.

„[D]er Begriff des Leistungsträgers [ist] ausschließlich öffentlichen Rechtsträgern vorbehalten. Zu diesen zählen u.a. die kreisfreien Städte, Kreise, oder aber auch öffentlich-rechtliche Körperschaften wie die Bundesagentur für Arbeit und die sonstigen Träger der Sozialversicherung." (vgl. Bieker: 2011: 15)

Kostenträger

In engem Zusammenhang mit dem Begriff des Leistungsträgers steht der Begriff des Kostenträgers. In der Regel haben die durch das Sozialgesetzbuch bestimmten Leistungsträger auch die Verpflichtung, die Mittel bereitzustellen, damit die Leistungen (Personal, Räume u. Sachmittel) erbracht werden können. Besteht ein gesetzlicher Anspruch, sind die Leistungen rechtzeitig, ausreichend und in zeitgemäßer Weise zur Verfügung zu stellen (vgl. § 17 SGB I). Der zuständige Träger ist verpflichtet, die Kosten für die Leistung zu tragen.

„Der Leistungsbedarf steht nicht unter dem Vorbehalt der Verfügbarkeit ausreichender Mittel, sondern umgekehrt hängt der Mittelaufwand von dem Bedarf an Leistungen ab." (Bieker 2011: 17)

Einige soziale Dienstleistungen werden nicht nur von einem einzigen Kostenträger übernommen. Bei einem Finanzierungsmix übernehmen unterschiedliche Kostenträger nach vorab festgelegten Kriterien anteilig bestimmte Kosten. Als Beispiel soll hier die Finanzierung von Kindertagesstätten dienen. Das Jugendamt als örtlicher Träger der Jugendhilfe hat zwar die Gewährleistungspflicht für die Leistung ‚Kindertagesstätte'. Die Finanzierung wird aber anteilig vom örtlichen Jugendamt (Pauschale pro Kind), dem Land (Beteiligung an den Personalkosten) sowie von den Eltern (sozialgestaffelte Beiträge) und durch die Leistungserbringer (Eigenmittel, Spenden, Mitgliedsbeiträge etc.) getragen.

Leistungserbringer

Unter dem Begriff Leistungserbringer werden im Feld der Sozialen Arbeit Einrichtungen subsumiert, deren Aufgaben primär in der Bereitstellung personenbezogener Leistungen liegen (vgl. Bieker 2011: 14). Werden diese personenbezogenen Leistungen in professionellen Settings von speziell ausgebildeten Fachkräften erbracht, werden sie als soziale Dienste oder soziale Dienstleistungen bezeichnet. Beide Begriffe werden häufig synonym verwendet. Der Begriff der sozialen Dienstleistungen bezieht sich im engeren Sinn auf das Leistungsspektrum, das die gesamte Bandbreite der Sozialen Arbeit (Beratung, Förderung, Erziehung, Pflege etc.) umfasst. Mit dem Begriff der sozialen Dienste wird der Blick auf die Anbieter (Ämter, Behörden, Verbände sowie soziale Einrichtungen und Unternehmen) der jeweiligen Dienstleistung gelenkt. In Abgrenzung zu anderen erwerbsförmig geleisteten personenbezogenen Diensten ist für soziale Dienstleistungen charakteristisch, dass sich die Leistungen in der Regel auf ein soziales Problem bzw. eine soziale Notlage beziehen (vgl. Becker u.a. 2010: 507f). Soziale Dienstleistungen können zudem danach unterschieden werden, wie hoch der Grad der Einbindung sowohl der Personen, die das Angebot wahrnehmen, als auch der Fachkräfte, die die Dienstleistung anbieten, in eine zweckgebundene soziale Organisation ist. Personenbezogene soziale Dienstleistungen, die ambulant angeboten werden, gestehen zum einen den Anbietern größere Freiheitsgrade bei der Art und Weise zu, wie sie das Angebot gestalten. Zum anderen bleibt, so lange der Unterstützungsbedarf überschaubar ist, die Handlungsautonomie derjenigen gewahrt, die die Dienstleistungen in Anspruch nehmen. Teil- oder vollstationäre Angebote weisen dagegen sowohl denjenigen, die das Angebot wahrnehmen, als auch den Fachkräften, die die Dienste leisten, ein enger umrissenes Handlungsspektrum zu und verlangen eine umfassendere Einordnung der Personen in die hierarchischen Strukturen der Organisationen.

2.4 Soziale Einrichtungen aus organisationssoziologischer Perspektive

Bei der Analyse sozialer Organisationen sind drei Aspekte relevant: die Ziele der Organisation und die Strategien, die mit ihrer Erreichung in Zusammenhang stehen, sowie die Struktur und die Umwelt der Organisation. (vgl. Abraham und Büschges 2009: 9 u. Preisendörfer 2011: 18)

2.4.1 Organisationsziele

Wie alle Organisationen verfolgen soziale Einrichtungen bestimmte Ziele. Diese Ziele stehen in einem engen Zusammenhang mit dem sozialpolitischen Auftrag und den fachlichen Anforderungen, die zur Erreichung der Zielsetzung erforderlich sind. In der Regel werden die Ziele, die eine soziale Einrichtung verfolgt, in einem Konzeptionsentwurf schriftlich fixiert. Im Zuge der Ökonomisierung der Sozialen Arbeit und der Einführung des Kontraktmanagements werden die Aufgaben und Strategien zur Zielerreichung auch in den Leistungsvereinbarungen vertraglich geregelt. Für die Mitarbeiter*innen der sozialen Einrichtung haben die Ziele eine handlungsleitende Funktion. Verantwortlich für die Zielerreichung sind die Leitungsgremien der Einrichtung. Ob sie die Ziele vorgeben oder diese im Rahmen der Möglichkeiten in der Einrichtung ausgehandelt werden, hängt vom Führungsstil und Leitungsverständnis der zuständigen Gremien ab. (vgl. Puch 1997: 44)

2.4.2 Organisationsstruktur

Jeder bewusst gestalteten Organisation liegen formale Regeln zugrunde, deren Aufgabe es ist, das Verhalten und die Leistungen der Mitarbeiter*innen zu steuern. Im Einzelnen wird schriftlich oder mündlich geregelt, wer in der Einrichtung Entscheidungs- und Weisungsbefugnisse hat, wer für welche Bereiche die Verantwortung trägt und wer welche Aufgaben zu erledigen hat. Diese Regelungen werden auch als formale Organisationsstruktur bezeichnet. Aus der formalen Struktur ergibt sich der hierarchische Aufbau der Einrichtung. Außerdem zeigt ein die formale Struktur widerspiegelndes Organigramm auf, wie die Kommunikationsbeziehungen und Informationskanäle gestaltet werden sollen. (vgl. Puch 1997: 45)

In der Organisationssoziologie wird eine Unterscheidung zwischen der formellen und informellen Struktur einer Organisation vorgenommen. Die Unterscheidung basiert auf der Erkenntnis, dass die „tatsächlichen Kommunikations-, Informations- und Entscheidungswege" (Puch 1997: 45) in der alltäglichen Praxis von der formalen Struktur abweichen. So werden Informationen in der Regel zunächst auf informellen Wegen verbreitet oder Entscheidungen von Mitarbeiter*innen getroffen, denen eine höhere fachliche Kompetenz zugeschrieben wird als den formal zuständigen Personen. Die informelle Struktur einer Einrichtung ist weder plan- noch steuerbar und wird durch Sympathien bzw. Antipathien der Mitarbeiter*innen untereinander geprägt. (vgl. Puch 1997: 46)

2.4.3 Organisationsumwelt

Im engeren Sinn zählt die Organisationsumwelt nicht zu den Einheiten einer Organisation. Die Umwelt wirkt aber auf vielfältige Weise auf die Strukturen und Abläufe in der Organisation ein (vgl. Preisendörfer 2011: 18). Eine soziale Einrichtung ist auf mehreren Ebenen von äußeren Bedingungen abhängig. In der Fachliteratur werden diese als Rahmenbedingungen bezeichnet. Die Handlungsmöglichkeiten sozialer Einrichtungen werden von den rechtlichen Rahmenbedingungen bestimmt. Die Sozialgesetze definieren die Aufgaben und die Zielgruppen der Sozialen Arbeit. Soziale Einrichtungen übernehmen diese Aufgaben bzw. werden von Leistungs- bzw. Kostenträgern beauftragt, bestimmte Leistungen zu erbringen. Die Leistungen werden im Rahmen der gesetzlichen Vorschriften durch Rahmen-, Entgelt- und Qualitätssicherungsverträge klar definiert (siehe oben). Auf diese Weise nehmen sowohl die Sozialpolitik als auch die Leistungs- und Kostenträger erheblichen Einfluss auf den Erbringungskontext (Personal- und Methodeneinsatz, Handlungsalternativen) sozialer Dienste. (vgl. Puch 1997: 47)

Das soziale Klima, die soziale Lage und das gesellschaftliche Ansehen einer Zielgruppe wirken sich ebenfalls auf die Handlungsmöglichkeiten einer sozialen Einrichtung aus. Einrichtungen, deren Zielgruppen eine geringe gesellschaftliche Wertschätzung entgegengebracht wird wie bspw. Drogenabhängigen, Flüchtlingen, Langzeitarbeitslosen, geraten häufig mit Anwohnern in Konflikt. Verschärfend kommt hinzu, dass sich gesellschaftliche Zuschreibung von Verantwortung, etwa wenn die Notlage einer Zielgruppe als selbstverschuldet interpretiert wird, sowohl auf die Einrichtung und die in ihr tätigen Fachkräfte als auch auf die Adressat*innen negativ auswirken (vgl. Spiegel 2004: 128). In diesem Zusammenhang ist festzustellen, dass zunehmend auch soziale Einrichtungen, die bisher kaum Akzeptanzprobleme hatten – wie Kindertagesstätten oder Einrichtungen für Menschen mit Behinderungen – in den Fokus von Kontroversen innerhalb ihres sozialen Umfelds geraten.

Soziale Einrichtungen, aber auch andere kollektive Akteur*innen der Sozialen Arbeit, wie Wohlfahrtsverbände, Berufsverbände und Gewerkschaften, haben die Möglichkeit, Einfluss auf die Gestaltung der Rahmenbedingungen zu nehmen. Durch fachpolitische Positionierungen der kollektiven Akteure*innen können die Fachkräfte der Sozialen Arbeit auf die Ausgestaltung der sozialpolitischen Rahmenbedingungen einwirken. Darüber hinaus haben sie die Möglichkeit bspw. gemeinsam mit Hochschulen durch gezielte Weiterentwicklung der Methoden das Handlungsrepertoire der Sozialen Arbeit zu erweitern. (vgl. Puch 1997: 47)

2.5 Finanzierung sozialer Einrichtungen

Eine einheitliche Finanzierungsform sozialer Einrichtungen und der von ihnen erbrachten Leistungen gibt es in Deutschland nicht. Die Finanzierung erfolgt in der Regel auf der Grundlage eines sozialpolitischen Auftrags und/ oder auf der Grundlage sozialrechtlicher Ansprüche der Klient*innen. Bei bestimmten Leistungen müssen sich die

Nutzer*innen an den Kosten beteiligen, andere müssen von ihnen vollständig selbst getragen werden. Darüber hinaus setzen insbesondere die Freien Träger im begrenzten Umfang Eigenmittel (Mitgliedsbeiträge, Spenden etc.) zur Finanzierung von Angeboten ein. (vgl. Teske 2011a: 300)

Finanzierungsquellen
- öffentliche Haushalte (Gebietskörperschaften, EU) - Sozialversicherungsträger (Kranken-, Pflege-, Unfall- und Rentenversicherung, Bundesagentur für Arbeit) - Nutzer*innen (Eigenbeteiligung, Selbstzahler*innen) - Eigenmittel der freien Träger (Mitgliedsbeiträge, Spenden etc.)

Abb. 9: Finanzierungsquellen

Die wichtigsten Finanzierungsarten sind Leistungsentgelte und Zuwendungen.

Leistungsentgelte
Leistungsentgelte basieren auf dem Vertragsprinzip. Eine Einrichtung erbringt eine vorher klar umrissene Leistung und erhält dafür ein bestimmtes, ebenfalls vertraglich vereinbartes Entgelt. Voraussetzung für die Leistung ist ein Rechtsanspruch, den leistungsberechtigte Personen haben. Besteht ein Anspruch auf eine Leistung, wird diese durch einen Sozialversicherungsträger oder den Staat finanziert. Aus diesem Grund sind diese Finanzierungsformen grundsätzlich auf den jeweiligen Einzelfall bezogen. Die Leistung wird in der Regel jedoch nicht vom Kostenträger, sondern von einer sozialen Einrichtung erbracht. Diese hat einen Anspruch auf die Erstattung der Kosten für die durch die Leistungsberechtigten tatsächlich in Anspruch genommenen Angebote.

Diese Konstruktion wird als sozialrechtliches Dreiecksverhältnis bzw. als Sozialleistungsdreieck zwischen den anspruchsberechtigten Bürger*innen, der leistungserbringenden Einrichtung und dem zuständigen Kostenträger bezeichnet. (vgl. Falterbaum 2009: 138ff).

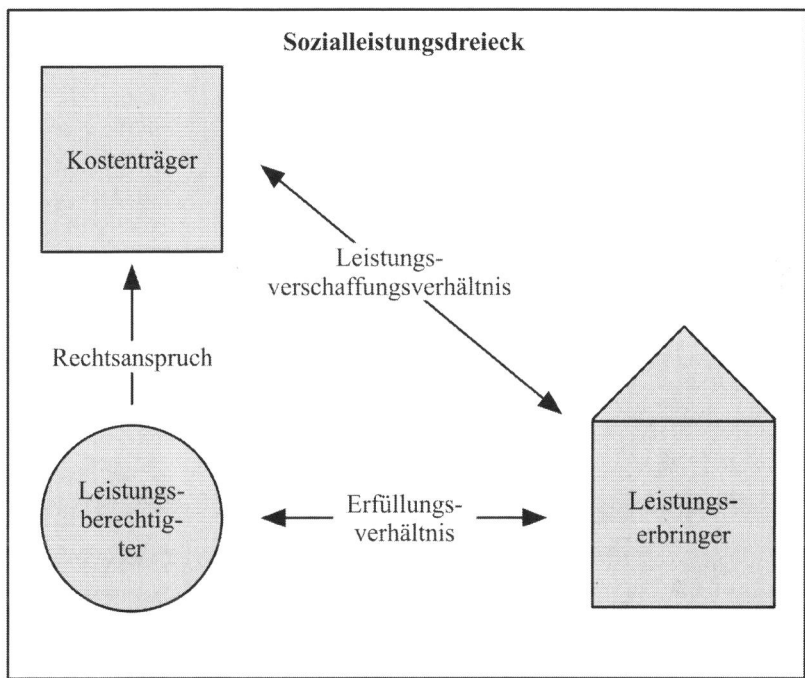

Abb. 10: Sozialleistungsdreieck

Beispiel Leistungsentgelt: Eine Einrichtung der stationären Jugendhilfe nimmt einen Jugendlichen nach § 34 SGB VIII auf und erbringt eine im Hilfeplan festgelegte Leistung (Unterbringung, Versorgung, Taschengeld, pädagogisches Angebot etc.). Für diese Leistungen erhält die Einrichtung ein nach § 78c SGB VIII vertraglich festgelegtes Entgelt in Form eines Tagessatzes. Eine Entgeltvereinbarung (§ 78b i.V. mit § 78c SGB VIII) mit einer Einrichtung wird nur abgeschlossen, wenn eine Leistungsvereinbarung (§ 78b i.V. mit § 78c SGB VIII) und eine Qualitätsentwicklungsvereinbarung (§ 78b SGB VIII) abgeschlossen wurde.

Mit der im Jahre 2008 erfolgten Einführung des ‚Persönlichen Budgets' (§ 17 SGB IX) hat sich die Stellung der Akteur*innen im Bereich des Sozialleistungsrechts für Menschen mit Behinderung nachhaltig verändert. Nach § 1 SGB IX haben Menschen mit Behinderung einen Rechtsanspruch auf Förderung ihrer Selbstbestimmung. Mit dem Persönlichen Budget wurde eine Rechtsgrundlage zur Verwirklichung dieses Anspruchs geschaffen. Aus der Stärkung der Rechtsposition der Betroffenen folgt, dass in der Eingliederungshilfe für Menschen mit Behinderung das klassische Sozialleistungsdreieck nicht mehr besteht. Das Persönliche Budget ist eine Geldleistung (vgl. BSG 2008), die die leistungsberechtigte Person vom Sozialhilfeträger erhält. Mit dem Geld kauft sie sich die erforderlichen und gewünschten Leistungen eigenverantwortlich ein. Andreas Kurt Pattar hebt hervor, dass bisher rechtlich jedoch nicht abschließend geklärt ist, ob die leistungsberechtigte Person nur vertragsgebundene Einrichtungen als Leistungserbringer wählen darf. Diese Einschränkung würde – so Pattar – der Intention des Gesetzes widersprechen. Denn gerade durch das Persönliche Budget soll die Abhängigkeit von Entscheidungen des Leistungsträgers überwunden werden. (vgl. Pattar 2012: 98)

Zuwendungen
Nicht jede soziale Dienstleistung kann nach dem Leistungsprinzip vergütet werden. Einrichtungen, die ein Angebot vorhalten, für das es ein besonderes öffentliches Interesse oder einen rechtlichen Anspruch gibt, erhalten einen pauschalen Beitrag, um diese Leistung vorzuhalten. Diese Zuwendungen sind Geldleistungen des Staates (des Bundes, eines Landes oder einer Kommune) an die betreffende soziale Einrichtung. Sie werden den Einrichtungen ausschließlich zur Erfüllung vorher definierter Aufgaben zur Verfügung gestellt. Zuwendungen sind freiwillige Leistungen des Staates, auf die die Einrichtungen keinen Rechtsanspruch haben. Sie werden in der Regel für ein Haushaltsjahr bzw. eine Haushaltsperiode gewährt. Die Kriterien, nach denen die Mittel zu vergeben sind und anhand derer die Zuwendungsnehmer nachweisen müssen, dass die Mittel korrekt verwendet worden sind, werden auf haushaltsrechtlicher Grundlage des Bundes, der Länder oder der Kommunen und Gemeinden ausgehandelt. (vgl. Teske 2011b: 1004)

Beispiel Zuwendungen: Nach § 4 des Schwangerschaftskonfliktgesetzes (SchKG) sind die Länder verpflichtet für „je 40 000 Einwohner mindestens eine Beraterin oder einen Berater vollzeitbeschäftigt oder eine entsprechende Zahl von Teilzeitbeschäftigten" vorzuhalten. Eine Einrichtung erhält den Auftrag, eine Schwangerschaftskonfliktberatungsstelle einzurichten. Auf dieser Grundlage erhält die Einrichtung für den Betrieb der Beratungsstelle (Personal- und Sachkosten) einen festen Zuschuss aus den entsprechenden öffentlichen Haushalten.

2.6 Zielgruppen einer Einrichtung

Grundsätzlich richten sich die Angebote der Sozialen Arbeit an alle Menschen unabhängig von ihrem Alter, ihrer sozialen Lage oder ihrer ethnischen Herkunft. Zielgruppen sind einzelne Personen, Gruppen, ganze Gemeinwesen oder Unternehmen. Ausgangspunkt für die Beratung, Förderung und Unterstützung sind in der Regel soziale Notlagen, die ohne die professionelle Assistenz durch Fachkräfte nicht bewältigt werden können. Die Soziale Arbeit geht dabei von einer ganzheitlichen Sicht des Menschen aus und nimmt die gesamte Lebensweise und die komplexen Lebensbedingungen des Einzelnen und seines sozialen Umfelds in den Blick (vgl. DBSH 2009: 1 u. Heiner 2010a: 34).

> „Adressaten der Sozialen Arbeit sind nicht nur Individuen, sondern kleine und größere soziale Systeme, sofern sie Teil des Problems sind [...] Dennoch zielen die Hilfen der Sozialen Arbeit auf klassifizierbare Zielgruppen mit gesellschaftlich relevanten, zeitweiligen oder dauerhaften Belastungen." (Klüsche 1999, S. 156)

Die Frage, welche Zielgruppe von einer sozialen Einrichtung erreicht werden soll, wird sowohl vom gesellschaftlichen Auftrag als auch vom inhaltlichen Konzept der Institution bestimmt (vgl. Haselbacher 2009: 350). Da es sich überwiegend um Menschen handelt, die von Benachteiligung und Diskriminierung bedroht oder betroffen sind, wird auch der Begriff der sozialen Benachteiligung (z.B. im SGB III und im SGB VIII) verwendet. Von sozialer Benachteiligung wird gesprochen, wenn die Lebenschancen einer bestimmten Gruppe in der Gesellschaft erheblich eingeschränkt sind. Als Umstände, die zu einer sozialen Benachteiligung führen, wirken sich Entwicklungen aus, die mit der sozialen Herkunft, der sozioökonomischen Situation, familiären Bedingungen sowie dem Geschlecht oder der ethnischen Herkunft zusammenhängen können. Soziale Benachteiligung ist demnach ein Zusammenspiel materieller und immaterieller Faktoren in der Lebenswelt der Betroffenen. Als sozial benachteiligt gelten Personen, deren altersmäßige gesellschaftliche Integration als unterdurchschnittlich gilt (Hafeneger 2011: 783).

Um persönliche Notlagen oder soziale Benachteiligung zu verhindern, richten sich die Angebote der Sozialen Arbeit präventiv an die gesamte Bevölkerung. Hilfe bzw. Unterstützung benötigen Menschen nicht nur, wenn sie in eine außergewöhnlich kritische Lebenssituation geraten. Auch in typischen Lebenslagen und -phasen wird die Soziale Arbeit für sie tätig (vgl. Haselbacher 2009: 365). Die Angebote der Sozialen Arbeit richten sich daher primär an folgende Zielgruppen:

- Kinder, Jugendliche und Familien
- ältere und hochaltrige Menschen
- kranke und pflegebedürftige Menschen
- Menschen mit einer Behinderung
- Migrant*innen und Flüchtlinge
- wohnungslose oder von Wohnungslosigkeit bedrohte Menschen
- Menschen ohne Arbeit
- Menschen in sonstigen sozial schwierigen Lebenslagen

2.7 Aufgaben und Ziele einer Einrichtung

Das Aufgaben- und Angebotsspektrum der Sozialen Arbeit ist äußerst vielfältig und in einer allgemeinen Darstellung kaum umfassend darzustellen. Wie die Zielgruppe so wird auch der Aufgabenbereich stark vom gesellschaftlichen Auftrag und/ oder den Bedürfnissen der jeweiligen Zielgruppe bestimmt. Der DBSH hebt im Berufsbild hervor, dass die Aufgaben der Sozialen Arbeit in einem engen Zusammenhang mit den Zielen zu betrachten sind, die von der Sozialen Arbeit verfolgt werden. (vgl. DBSH 2009: 4)

„Leitziel professioneller Sozialarbeit ist es, dass Menschen, insbesondere Benachteiligte, Gruppen, Gemeinwesen und Organisationen ihr Leben und Zusammenleben im Sinne des Grundgesetzes und der Menschenrechtskonvention der Vereinten Nationen zunehmend mehr selbst bestimmen und in solidarischen Beziehungen bewältigen können. Ziel des professionellen Handelns ist die Vermeidung, Aufdeckung und Bewältigung sozialer Probleme auch durch präventive Maßnahmen." (DBSH 2009: 4)

Aus den Leitzielen lassen sich folgende Aufgabenbereiche und Arbeitsschwerpunkte herleiten:

Aufgabenbereiche	Aufgabenschwerpunkte	Zielgruppen
Einzelfall- und familienbezogene Aufgaben	• Psychosoziale Unterstützung, • Beratung, Bildung, Erziehung, • Hilfen bei der Organisation von materieller und persönlicher Unterstützung	Menschen in sozialen Notlagen; Kinder, Jugendliche u. Familien
Gruppenbezogene Aufgaben	• Überwindung von einschränkenden Lebensbedingungen	Soziale Randgruppen
Gemeinwesenbezogene Aufgaben	• Herstellung von partizipativen Strukturen • Bewohner*innenbeteiligung • Verbesserung der sozialen Infrastruktur	Bewohner*innen des Sozialraums
Unternehmensbezogene Aufgaben	• Beratung von Mitarbeiter*innen • Mitwirkung an der Gestaltung sozialverträglicher Arbeitsbedingungen	Mitarbeiter*innen von Firmen und Unternehmen
Organsiationsbezogene Aufgaben in sozialen Einrichtungen	• Gewinnung, Beratung, Begleitung, Schulung ehrenamtlicher Mitarbeiter*innen • Stärkung des zivilgesellschaftlichen Engagements • Vernetzung u. Kooperation der Beteiligten am Hilfeprozess • Leitung von sozialen Einrichtungen	Mitarbeiter*innen der Sozialen Einrichtung, Ehrenamtliche Mitarbeiter*innen
Gesellschaftsbezogene Aufgaben	• Einflussnahme auf die Gestaltung der sozialpolitischen Rahmenbedingungen	Öffentlichkeit u. Politik

	• Mitwirkung an der Sozialplanung • Förderung der gesundheitlichen, sozialen und kulturellen Teilhabe, • (sozial-) politische Lobbyarbeit • advokatorische Interessenvertretung der Klient*innen • Skandalisierung von sozialen Problemen	

Tabelle 4: Aufgaben der Sozialen Arbeit (vgl. DBSH 2009: 4f)

Zielsetzungen und Aufgabenbeschreibungen einer sozialen Einrichtung werden in Satzungen, Konzeptionen und Leistungsbeschreibungen fixiert. In diesen Grundsatzdokumenten werden Leitideen und Richtlinien für die konkrete Planung, Ausgestaltung und Umsetzung der Aufgaben der Einrichtung festgelegt. Sie geben Antworten auf die drei Kernfragen: (1) An wen richtet sich das Angebot? (Personenkreis), (2) Welches Angebotsspektrum will die Einrichtung abdecken?, (3) Mit welchen Methoden sollen die Angebote erbracht werden? (vgl. Graf 1995: 83f)

2.8 Mitarbeiter*innen

Als personenbezogene Hilfs- und Unterstützungsleistung ist die Soziale Arbeit – wie aufgezeigt – Teil der staatlich initiierten Sozialpolitik. Die Leistungen werden überwiegend im institutionellen Kontext erbracht. Ausgeführt werden sie jedoch von professionellen Fachkräften. Die Leistungen der Sozialen Arbeit können somit immer als eine Kombination von persönlicher und institutioneller Leistung charakterisiert werden. (vgl. Spiegel 2004: 256)

Die fachliche Qualifikation der Mitarbeiter*innen von sozialen Einrichtungen trägt entscheidend zum Gelingen des jeweiligen Auftrags und der Realisierung fachlicher und ethischer Prinzipien der Sozialen Arbeit bei. Die Personalausstattung und die Auswahl geeigneten Personals üben einen großen Einfluss auf die erfolgreiche Ausgestaltung und Umsetzung der Ziele der Einrichtung aus. Aufgabe der Leitungsebene ist es, die institutionellen Rahmenbedingungen für eine erfolgreiche Arbeit zu schaffen (demokratische Führungsgrundsätze, Mitbestimmungsrechte der Mitarbeiter*innen, eine akzeptierte Kultur des Umgangs mit Fehlern etc.). (vgl. Meinhold u. Lob-Hüdepohl 2013: 334)

Professionelles sozialarbeiterisches Handeln basiert auf zwei Erkenntnisschritten. Zunächst muss der/ die Sozialarbeiter*in die Fähigkeit entwickeln, die jeweilige Handlungssituation aus einer Multiperspektive, d.h. über enge Fachgrenzen hinausblickend wahrzunehmen. In einem zweiten Schritt muss die Fachkraft diese Wahrnehmungen in Bezug zur eigenen persönlichen Befindlichkeit setzen (vgl. Hinte 2001: 14).

Spiegel schlägt vor, die Kompetenzanforderungen an die Mitarbeiter*innen im Feld der Sozialen Arbeit im Sinne des Konstrukts ‚Person als Werkzeug' vorzunehmen. Hierunter subsumiert Spiegel die Fähigkeit oder in Anlehnung an Alice Salomon (1923) die ‚Kunst' der Fachkräfte, Können, Wissen und Haltung im beruflichen Alltag den jeweiligen Situationen bzw. Personen entsprechend einzusetzen (siehe hierzu auch Teil I Kapitel 6.2 u. 7.1.1). Dies setzt die Berücksichtigung der institutionellen Rahmenbedingungen ebenso voraus, wie die Fähigkeit, das theoretisch angeeignete Wissen in Handlungswissen zu transformieren (vgl. Spiegel 2013: 74). Alfons Limbrunner spricht in diesem Zusammenhang von Kompetenz und Performanz. „Kompetenz ist das Wissen um etwas, Performanz ist die situative Anwendung des Wissens in der Situation." (Limbrunner 1998: 17). Kompetenz ist somit die Voraussetzung für Performanz. Professionelles Handeln lässt sich mit Limbrunner als die zielgerichtete, situative und schöpferische Anwendung von Theorien und Techniken durch die Handelnden verstehen (vgl. Limbrunner 1998: 17).

Nach Hinte zeichnet sich professionelles Handeln durch die Fähigkeit der Fachkräfte aus, die vielen unterschiedlichen Facetten des menschlichen Verhaltens und der gesellschaftlichen Verhältnisse in ihrer Komplexität reflexiv und handelnd erfassen zu können. (vgl. Hinte 2001: 15). Kompetentes professionelles Handeln kann nur gelingen, wenn die Fachkraft zum einen die Handlungssituationen ganzheitlich erfasst und zum anderen auf dieser Basis im Rahmen ihrer gegebenen persönlichen Fähigkeiten und Fertigkeiten angemessen reagiert (vgl. Hinte 2001: 14). Dies setzt voraus, dass die Sozialarbeiter*innen in der Lage sind, sich auf die komplexe Lebenswirklichkeit ihrer Klientel einzulassen und sie als solche wahrzunehmen. Diese Wahrnehmungen dienen als Grundlage aller Interventionen. Da jede Situation jedoch immer mehrere Interpretationsmöglichkeiten beinhaltet, ist es wichtig, dass die Fachkräfte in der Lage sind, einen offenen Diskurs über unterschiedliche Situationsdefinitionen zu führen.

2.9 Arbeitshilfe zur Beschreibung und Analyse der institutionellen Rahmenbedingungen

Einrichtung

Trägerschaft und Innenaufbau der Organisation
- Wie sind die Zuständigkeiten und Entscheidungsbefugnisse formell verteilt?
- Welche informellen Strukturen gibt es in der Einrichtung?
- Wie differenziert ist die Rollenspezialisierung und Aufgabenverteilung in der Einrichtung?
- Wie setzen Personen, die in der Einrichtung Leitungsfunktionen innehaben, ihre Macht ein?
- Wie setzen Personen, die in der Einrichtung informellen Einfluss haben, ihre Macht ein?
- Wie erfolgt die Verteilung von institutionellen Ressourcen?

Rechtsgrundlagen der Arbeit und Finanzierung der Einrichtung
- Welche Rechtsgrundlagen sind für die inhaltliche Arbeit der Einrichtung von entscheidender Bedeutung?
- Auf welchen Rechtsgrundlagen basiert die Finanzierung der Einrichtung?
- Anhand welcher Prinzipien finanziert sich die Einrichtung?

Betroffene, Klientel, Kunden

- Wie werden die Menschen, mit denen die Einrichtung arbeitet, bezeichnet?
- Was drückt die Bezeichnung aus?
- Wie kann die Lebenslage der Menschen charakterisiert werden?
- Welche Probleme und Ressourcen haben diese Menschen in der Regel?
- Aus welchen Gründen sind die Menschen mit der Einrichtung in Kontakt?
- Welche Bedürfnisse und Erwartungen an die Soziale Arbeit bzw. die Einrichtung haben die Menschen?
- Mit welchen Befürchtungen und Ängsten kommen die Menschen in die Einrichtung?

Aufgaben und Zielsetzung

- Welche Aufgaben übernimmt die Einrichtung bzw. für welche Aufgabenbereiche ist die Einrichtung zuständig?
- Wie gestaltet sich die Zusammenarbeit mit anderen Berufsgruppen?
- Wer gibt wem die Arbeitsaufträge? Wer ist wem Rechenschaft schuldig?
- Welche (Handlungs-) Ziele verfolgt die Einrichtung und mit welchen Methoden sollen die Ziele erreicht werden?
- Welche fachlichen und ethischen Prinzipen werden mit den Zielen verknüpft?

- Stimmen die tatsächlichen Ergebnisse der Arbeit mit der Zielsetzung überein?
- Hat die Einrichtung ein schriftliches Konzept und unterscheidet es sich vom Konzept im ‚Hinterkopf' der Mitarbeiter*innen?

*Mitarbeiter*innen*

- Wie viele Fachkräfte mit welchen Ausbildungen und welchen Qualifikationen arbeiten in der Einrichtung?
- Verfügen sie über unterschiedliche Wissensbestände und wie gehen sie mit diesen um?
- Welches Verhältnis von kognitiver Übereinstimmung, wechselseitiger Sympathie und Kooperation besteht zwischen den Kolleg*innen?
- Welche Zeiten und Räume sind dem kollegialen Austausch vorbehalten?
- Welches Professionsverständnis haben die Kolleg*innen?
- Wie grenzen die Kolleg*innen die Soziale Arbeit von anderen Professionen bzw. Berufen ab?

3 Reflexion der Rahmenbedingungen des Arbeitsfeldes

Insbesondere in der Ausbildungs-, in der Berufseinstiegsphase und beim Wechsel des Handlungsfeldes ist es notwendig, dass sich die professionell Handelnden intensiv mit den spezifischen Rahmenbedingungen des Arbeitsfeldes auseinandersetzen. Hierzu zählen die aktuellen Problemstellungen und gesellschaftlichen Herausforderungen sowie die potentiellen Entwicklungsmöglichkeiten des jeweiligen Feldes aber auch die theoretischen Grundlagen und inhaltlichen Konzepte (vgl. Chassé u. Wensierski 1999: 7f).

Das Aufgabenspektrum der Sozialen Arbeit hat sich im 20. Jahrhundert nachhaltig erweitert und verändert. Zu Beginn des Jahrhunderts bildete die Jugend- und Armenfürsorge den Kernbereich sozialer Dienste. Im Verlauf des Jahrhunderts übernahm die Soziale Arbeit eine wachsende Zahl unterschiedlicher Unterstützungs-, Betreuungs- und Bildungsaufgaben. Die sich weiter fortsetzende Differenzierung der Angebotspalette geht mit einem quantitativen Zuwachs an sozialen Institutionen und Einrichtungen einher. Die Angebote der Sozialen Arbeit werden auf ein breites Spektrum von Lebensbewältigungsproblemen, die infolge gesellschaftlicher Individualisierungs- und Pluralisierungsprozesse entstanden sind, hin ausgerichtet. Karl-August Chassé und Hans-Jürgen Wensierski benennen beispielhaft folgende Stichworte und Indikatoren für diesen sozialen Wandel: Den Strukturwandel der Institution Familie, den Strukturwandel der Jugend- und Altersphase und den Strukturwandel des Arbeitsmarktes. (vgl. Chassé u. Wensierski 1999: 8). Zu ergänzen ist hier noch der Strukturwandel aufgrund von Migration.

Zusammenfassend charakterisieren Chassé und Wensierski diesen Prozess als interne und externe Differenzierung der Tätigkeits- und Aufgabenbereiche der Sozialen Arbeit. Als interne Differenzierung bezeichnen sie die Spezialisierung von Hilfsangeboten. Kritische Diskurse innerhalb der Sozialwissenschaften führten zu einem neuen Verständnis von Ursachen und Folgen sozialer Probleme. Vor diesem Hintergrund steht die Soziale Arbeit kontinuierlich vor der Herausforderung, für bestimmte Problemlagen spezifische Angebotsstrukturen zu entwickeln. Darüber hinaus kam es im Zuge des wirtschaftlichen Aufschwungs, aber auch durch die gestiegene gesellschaftliche Wahrnehmung sozialer Problemlagen zu einem Ausbau wohlfahrtsstaatlicher Leistungen. Im Bereich der Sozialen Arbeit ging dieser Ausbau mit der Erschließung neuer Aufgaben und Problemfelder einher. Dieser Prozess wird als externe Differenzierung bezeichnet. Die Soziale Arbeit wird in weiteren gesellschaftlichen Teilbereichen (Schule und Ausbildung, Arbeitswelt und Arbeitsmarkt, Wohnen und Wohnumfeld etc.) tätig. Neue Zielgruppen (spezielle Angebote für Frauen und Mädchen, Migranten*innen und Flüchtlinge, Drogen- und Suchtabhängige etc.) kamen hinzu. (vgl. Chassé u. Wensierski 1999: 8f).

Die in diesem Kapitel ausgeführte Arbeitshilfe zur Arbeitsfeldanalyse legt den Fokus nicht so sehr auf die internen Strukturen der Einrichtungen (innerinstitutionelle Rahmenbedingungen), die Bestandteil einer vertiefen Analyse eines Arbeitsfeldes sind, sondern auf die gesellschaftlichen, politischen und sozialräumlichen Einflussfaktoren, die den Handlungsrahmen sozialer Einrichtungen in den jeweiligen Arbeitsfeldern strukturieren.

Die inhaltliche und normative Gegenstands- oder Funktionsbestimmung, die vom jeweiligen Gesellschaftsbild der Akteur*innen im Arbeitsfeld geprägt sind, üben einen nicht unerheblichen Einfluss auf die inhaltliche Ausrichtung des Arbeitsfeldes aus. Das professionelle Selbstverständnis der Institutionen basiert auf diesem Grundverständnis von Sozialer Arbeit. Um die Spannbreite zu verdeutlichen, in dem sich die unterschiedlichen Ansätze bewegen, werden dieser Arbeitshilfe zunächst exemplarisch zwei einflussreiche Theoriediskurse der Sozialen Arbeit in Deutschland vorangestellt (Kapitel 3.1). Nachfolgend (Kapitel 3.2) werden dann die komplexen Anforderungen, die an eine Arbeitsfeldanalyse gestellt werden, eingehender behandelt. Im Anschluss (Kapitel 3.3) erfolgt eine Konkretisierung dieser Anforderungen im Rahmen eines in sich gegliederten Fragenkatalogs.

3.1 Gegenstands- vs. Funktionsbestimmung der Sozialen Arbeit

Dem professionellen Handeln der Sozialarbeiter*innen liegt in der Regel ein bestimmtes Gesellschaftsbild (siehe auch Teil I Kapitel 1 u. 6) zugrunde. Entscheidend ist die Frage, wie die Soziale Arbeit in dieses Gesellschaftsbild eingebunden ist. Im aktuellen deutschsprachigen Theoriediskurs lassen sich einige theoretische Ansätze Sozialer Arbeit unterschiedlichen sozialphilosophischen bzw. soziologischen Denkrichtungen zuordnen. Eine Gegenüberstellung dieser Ausrichtungen verdeutlicht das Spannungsfeld, in dem sich die Soziale Arbeit aktuell bewegt.

Soziologische und sozialphilosophische Theorien widmen sich dem Verhältnis zwischen Individuum und Gesellschaft. Die wechselseitige Bedingtheit der beiden Größen wird als Grundannahme vorausgesetzt. Das Bindeglied zwischen den Variablen stellt der Strukturbegriff dar. Darunter werden die mehr oder weniger auf Dauer gestellten, mehr oder weniger prägenden Relationen verstanden, die zwischen den Individuen fortwährend aufgebaut, aufrechterhalten oder abgebrochen werden. Die verfestigten Strukturen bedingen zum einen die Lebensverhältnisse der Individuen, zum anderen ihre Wahrnehmungsstrukturen und Motivationssysteme. Sie bestimmen sowohl das Verhalten Einzelner als auch das Verhalten von Organisationen. Dadurch werden Veränderungen in der Gesellschaft von Individuen bzw. Gruppen von Individuen beabsichtigt oder unbeabsichtigt bewirkt. In dieser Weise angestoßene Strukturbildungsprozesse verändern wiederum die Lebenslagen der Individuen. Es werden ihnen neue Handlungsalternativen eröffnet oder Handlungsspielräume eingeschränkt. Im Rahmen dieser Grundanschauung spielt auf der Metaebene der Systembegriff, gedacht als ein wechselseitiges Zusammenspiel zwischen den einzelnen Teilen und dem Ganzen, eine wesentliche Rolle. Unterschiede bei der Theorieentwicklung zeigen sich zwischen den Vertretern eines offenen und eines funktionalistischen Systembegriffs. Den Vertreter*innen einer offenen Systemtheorie (Zürcher Schule) gilt das Verhältnis der sich herausbildenden Strukturen und Relationen zueinander als immer nur vorläufig bestimm- und grundsätzlich als veränderbar. Der Systembegriff ist in zweifacher Hinsicht ein offener, denn die Merkmale oder Ziele der Systeme (Gesellschaft, soziale Organisationen, soziale Gruppen, Individuen) sind weder im analytischen noch im konkreten Sinn eindeutig determiniert.

Im Unterschied dazu geht der an der Systemtheorie Luhmanns orientierte Ansatz von einem Systembegriff aus, der unter Gesellschaft das zielgerichtete, arbeitsteilige Ineinandergreifen ausdifferenzierter Kommunikationssysteme versteht. Die unterschiedlichen Subsysteme erfüllen jeweils eine bestimmte Funktion. Ihre unterschiedlichen Aufgabenbereiche sind klar voneinander abgegrenzt. Die notwendigen, im System angelegten Strukturbildungs- und Kommunikationsprozesse zwischen den untergeordneten Systemen folgen bestimmten, von der Theorie eindeutig definierbaren Regeln. Die einzelnen Teilsysteme sorgen dafür, dass die Existenz des übergeordneten Systems innerhalb einer sich stetig verändernden Systemumwelt aufrechterhalten werden kann. Vom Primat des Systemerhalts leiten sich die Zielorientierung und die Zweckbestimmung der untergeordneten Systeme ab.

Bei den Vertreter*innen eines ganzheitlichen oder systemistischen Ansatzes spielt die Betonung der Vorläufigkeit und Uneindeutigkeit des Verhältnisses zwischen Individuum und Gesellschaft eine wichtige Rolle. Die Definition eines bestimmten Aufgabenbereichs der Sozialen Arbeit wird als Problem gesehen, das es zu diskutieren gilt. Die Frage nach der Bestimmung des Gegenstandsbereichs rückt folglich in den diesbezüglichen theoretischen Ansätzen in den Vordergrund. Die Anhänger der Systemtheorie nach Luhmann fokussieren ihre Problemstellung dagegen von vornherein auf die Funktionsbestimmung der Sozialen Arbeit im Sinne des Systemerhalts. Im Folgenden werden die unterschiedlichen Ansätze, wie im aktuellen Theoriediskurs üblich, unter der Überschrift Gegenstands- bzw. Funktionsbestimmung näher erläutert.

3.1.1 Gegenstandsbestimmung

Ganz allgemein wird in der Wissenschaftssoziologie als Gegenstand einer wissenschaftlichen Disziplin das Erkenntnisobjekt betrachtet, dem sich die theoretischen und praktischen Bemühungen der Akteur*innen in diesem Feld widmen (vgl. Klüsche 1999: 44). Diese Gegenstandsbestimmung ist von zentraler Bedeutung für die Disziplin. Bringfriede Scheu hebt jedoch hervor, dass die Gegenstandsbestimmung

> „nicht allein im Diskurs der Disziplin angesiedelt [ist], sondern auch im Spannungsfeld äußerer Einflussnahme [steht]. Es wäre aber sicher fatal, wenn die Bestimmung des Gegenstands allein von Wechselfällen gesellschaftlicher und staatlicher Willensbildung geprägt würde. Die Möglichkeit einer vertieften analytischen Gegenstandsauffassung durch Wissenschaft würde damit entfallen." (Scheu 2011: 85)

Im Jahr 2000 hat sich die International Federation of Social Workers (IFSW 2000) auf eine Definition Sozialer Arbeit geeinigt, die wegweisend für die sich anschließenden nationalen und internationalen Diskurse ist:

„Die Profession Soziale Arbeit fördert sozialen Wandel, Problemlösungen in zwischenmenschlichen Beziehungen sowie die Befähigung und Befreiung von Menschen zur Verbesserung ihres Wohlbefindens. Gestützt auf wissenschaftliche Erkenntnisse über menschliches Verhalten und soziale Systeme greift Soziale Arbeit dort ein, wo Menschen und ihre Umwelt aufeinander einwirken. Grundlagen der Sozialen Arbeit sind die Prinzipien der Menschenrechte und der sozialen Gerechtigkeit." (IFSW 2000)

Der vom Fachbereichstag Soziale Arbeit eingesetzte Fachausschuss ‚Theorie- und Wissenschaftsentwicklung Sozialer Arbeit' benennt als zentralen Gegenstand der Sozialen Arbeit in Deutschland ebenfalls die Verhinderung und Bewältigung sozialer Probleme:

„Der Gegenstand der Sozialen Arbeit ist die Bearbeitung gesellschaftlich und professionell als relevant angesehener Problemlagen." (Klüsche 1999: 44)

Deutlich wird, dass nicht nur die bereits von der Gesellschaft als soziale Probleme anerkannten Sachverhalte zum Gegenstandsbereich der Sozialen Arbeit zählen, sondern auch solche, die zwar von Sozialarbeiter*innen wahrgenommen werden, denen allgemeine gesellschaftliche Anerkennung bisher jedoch verwehrt bleibt (vgl. Schetsche 2008: 57ff).

In seinem Modell der ‚Karriere sozialer Probleme' zeigt Michael Schetsche auf, dass die Wahrnehmung sozialer Sachverhalte und deren Einstufung als soziale Probleme auf gesellschaftlichen Aushandlungsprozessen beruhen. Erst wenn es Akteuren gelingt, in der Gesellschaft einen hohen Grad an Aufmerksamkeit für einen, von ihnen als problematisch angesehenen, sozialen Sachverhalt zu erregen und politischen Handlungsdruck zu erzeugen, werden Maßnahmen zur Problembekämpfung bzw. zur Problemlösung ergriffen. (vgl. Schetsche 2008: 57ff)

Nach Definition der Zürcher Schule lassen sich soziale Probleme als praktische Probleme von Individuen fassen, die auftreten, wenn die Individuen vorübergehend oder dauerhaft nicht in der Lage sind, ihre legitimen Bedürfnisse und Wünsche angemessen zu befriedigen. Die Ursachen hierfür können in fehlenden eigenen Kompetenzen und Ressourcen, asymmetrischen bzw. ungerechten Austauschbeziehungen oder der fehlenden Verfügung über Machtquellen liegen, die eine Einlösung oder Erzwingung legitimer Ansprüche verhindern. Im Ergebnis sind soziale Probleme gekennzeichnet durch eine unbefriedigende Form der Einbindung der Individuen in die für sie relevanten sozialen Systeme. (vgl. Staub-Bernasconi 2007: 182)

Staub-Bernasconi fordert eine interdisziplinäre Betrachtungsweise sozialer Probleme, in die Erkenntnisse aller Grundlagen- und Bezugsdisziplinen der Sozialen Arbeit gleichermaßen einfließen (vgl. Staub-Bernasconi 2007: 188). In das Zentrum der Analyse sozialer Probleme rückt die Verschränkung von Bottom-Up- und Top-Down-Erklärungsansätzen. Bottom-Up-Ansätze erklären die Entstehung sozialer Probleme über die Wirkungen, die das Handeln der beteiligten Akteur*innen auf die sozialen Systeme hat, in die sie eingebunden sind. Top-Down-Ansätze betrachten die Struktur des übergeordneten Systems und analysieren deren Auswirkung auf die jeweiligen Positionen der Individuen und die daraus resultierende psychische Befindlichkeit. Innerhalb des systemistischen Paradigmas der Zürcher Schule werden beide Perspektiven zusammengeführt, da sie in einer wechselseitigen Beziehung zueinander stehen (vgl. Staub-Bernasconi 2007: 189).

3.1.2 Funktionsbestimmung

Der Problembegriff spielt im Diskurs der theoretischen Ansätze, die die Gegenstandsbestimmung der Sozialen Arbeit in den Vordergrund rücken, eine zentrale Rolle. Demgegenüber steht die formale Bestimmung der Funktion der Sozialen Arbeit im Mittelpunkt des systemtheoretisch ausgerichteten Ansatzes. Der Sozialen Arbeit wird, als ein im Verlauf der gesellschaftlichen Entwicklung ausdifferenziertes Subsystem, innerhalb des übergeordneten Systems Gesellschaft die Funktion der ‚organisierten Hilfe' zugewiesen.

> „Wir begreifen Soziale Arbeit [...] als eine Form des verberuflichten Handelns in Organisationen, das auf spezifische und identifizierbare Probleme gesellschaftlicher Reproduktion in modernen funktional differenzierten Gesellschaften bezogen ist." (Bommes u. Scherr 1996: 95)

Die Entscheidung, welche Personen oder Personengruppen als ‚hilfebedürftig' betrachtet werden, obliegt den Instanzen des politischen Systems. Die Funktion und die Aufgaben der Sozialen Arbeit werden

folglich nicht von den Akteur*innen der Sozialen Arbeit definiert, sondern sind Resultat politischer Entscheidungsprozesse, an denen sich die Sozialarbeiter*innen lediglich in ihrer Funktion als engagierte Staatsbürger*innen beteiligen können (vgl. Becker-Lenz u. Müller 2009: 366f).
In gesellschaftlichen Aushandlungsprozessen werden im Vorfeld politischer Entscheidungsfindung

> „individuelle Hilfsansprüche definiert und von illegitimen Ansprüchen unterschieden, hier wird ‚Normalität' in Abgrenzung von sozialen Problemlagen etabliert, in denen die ‚mangelnde Ausstattung' sozialer Gruppen mit Geld und Erziehung von ‚normalen' Lebensbedingungen abgegrenzt wird. [...] Erst in sozialen Auseinandersetzungen [...] wird festgelegt, was jeweils als hilfsbedürfiges oder gelingendes Leben, normales oder abweichendes Verhalten gilt." (Bommes u. Scherr 1996: 96f)

Scherr hebt hervor, dass die Soziale Arbeit bei der Erbringung sozialer Dienstleistungen an rechtliche Vorgaben gebunden ist. Die Finanzierung der Aufgaben erfolgt primär über staatliche Mittelzuweisungen. Die Soziale Arbeit ist folglich eine von sozialpolitischen Entscheidungen abhängige, in einem beruflichen Kontext erbrachte professionelle Unterstützungsleistung. Die gesellschaftliche Funktion der Sozialen Arbeit besteht nach Scherr in der Reaktion auf den Ausschluss der Hilfebedürftigen aus anderen Funktionssystemen bzw. Organisationen der Gesellschaft. (vgl. Scherr 2001b: o.S.)

> „Soziale Arbeit reagiert demnach als ‚Nacharbeit' auf ‚Exklusionen oder drohende Exklusionen' (Luhmann 2000a: 392) durch Funktionssysteme und Organisationen, indem sie Leistungen der Beratung, Betreuung, Erziehung, Bildung, Quasi-Therapie und des stellvertretenden Handelns zur Verfügung stellt." (Scherr 2001b: o.S.)

Soziale Arbeit wird in der Regel erst dann aktiv, wenn private oder andere gesellschaftliche Sicherungssysteme nicht greifen. Die gesellschaftliche Funktion der Sozialen Arbeit kann somit – nach Michael Bommes und Albert Scherr – als Inklusionsvermittlung, Exklusionsvermeidung oder Exklusionsverwaltung definiert werden.

> „Soziale Arbeit läßt sich als eine reflexive Praxis begreifen, der in der wohlfahrtstaatlich verfassten Gesellschaft die Aufgabe der Bearbei-

tung der durch die ausdifferenzierten Funktionssysteme und durch die wohlfahrtsstaatlichen Absicherungen gegen generalisierte Exklusionsrisiken (wie Arbeitslosigkeit, Alter, Invalidität, Krankheit) liegen gelassenen Exklusions- bzw. Inklusionsprobleme zufällt." (Bommers u. Scherr 1996: 95).

Scherr distanziert sich ausdrücklich von der Aussage, dass die Soziale Arbeit die Bearbeitung sozialer Probleme zum Gegenstand hat (vgl. Scherr 2001a: 39). Er geht davon aus, dass die Funktion der Sozialen Arbeit darin besteht, „Leistungen zur Verfügung [zu stellen], die auf vielfältige lebenspraktische Problemlagen von Individuen, Familien und sozialen Gruppen bezogen sind." (Scherr 2001a: 36). Scherr räumt zwar ein, dass ein komplexer Zusammenhang zwischen lebenspraktischen Problemen und den Strukturen und Dynamiken der Gesellschaft bestehen kann. Die gesellschaftliche Funktion der Sozialen Arbeit ist seiner Meinung nach aber begrenzt auf die Erbringung von Unterstützungsleistungen für Hilfebedürftige.

„Soziale Arbeit reagiert als Wissenschaft und Praxis jedoch nicht direkt auf soziale Probleme, sie ist eben nicht mit Sozialpolitik und Sicherheitspolitik identisch, sondern auf je konkrete und komplexe lebenspraktische Konstellationen ihrer Adressaten." (Scherr 2001a: 36)

Strittig ist zwischen den an an der Systemtheorie Luhmanns orientierten Theoretiker*innen Sozialer Arbeit, ob die Soziale Arbeit als ein eigenständiges gesellschaftliches Funktionssystem angesehen werden kann (vgl. Hosemann u. Geiling 2013: 61f).

In den Theoriediskursen, die die Verhinderung und Bewältigung sozialer Probleme als Gegenstand der Sozialen Arbeit betrachten, geraten automatisch auch die strukturellen Ursachen sozialer Probleme in den Blick. Heiner fasst dies als doppelten Auftrag der Sozialen Arbeit, nämlich der Arbeit mit dem Klientensystem und der Arbeit mit dem Gesellschafts- bzw. Leistungssystem, zusammen (vgl. Heiner 2010a: 35).

Theoriediskurse, die die Funktionsbestimmung der Sozialen Arbeit betonen, heben hervor, dass die primäre Funktion der Sozialen Arbeit darin liegt, Hilfen für Hilfebedürftige zur Verfügung zu stellen. Die Soziale Arbeit ist – laut Scherr – aufgrund ihrer Abhängigkeit von sozialpolitischen Entscheidungen weder in der Lage noch dafür zuständig, einen Beitrag zur Bearbeitung bzw. Lösung sozialer Probleme zu erbringen (vgl. Scherr 2002: 36).

3.2 Arbeitsfeldbeschreibung und -analyse

Die Soziale Arbeit ist in der Praxis stark ausdifferenziert. Aufgrund unterschiedlicher Zielgruppen, Problemlagen und Handlungsformen haben sich eine Vielzahl von Arbeitsfeldern und Tätigkeitsbereichen herausgebildet. Die sozialen Einrichtungen können den Bereichen Kindheit, Jugend und Familie, Bildung und Erziehung, Arbeitsmarktintegration, Wohnen, Migration, Alter und Pflegebedürftigkeit, Beeinträchtigung, Rehabilitation und Gesundheit, abweichendes Verhalten und Resozialisierung etc. zugeordnet werden.

Die Vielfalt und Breite der Arbeitsmöglichkeiten von Sozialarbeiter*innen geht einher mit der Schwierigkeit, übergeordnete Merkmale oder Ausrichtungen zu bestimmen, die allen Tätigkeitsbereichen gemeinsam sind. Im Gegensatz zu den klassischen Professionen kann die Soziale Arbeit nicht auf einen bestimmten Kernbereich festgelegt werden.

> „In der Regel sind berufliche Identitäten dadurch geprägt, daß umschriebene Arbeitsbereiche speziellen Berufsgruppen eindeutig zugeordnet werden können. Sozialarbeiter/ Sozialpädagogen arbeiten aber in sehr unterschiedlichen Tätigkeitsfeldern und Institutionen." (Klüsche 1994: 76)

Die Soziale Arbeit hat folglich das Problem, dass sie ihren Gegenstandsbereich nicht anhand bestimmter Kriterien scharf vom Gegenstandsbereich anderer Disziplinen abgrenzen kann. Ihr fehlt damit auch ein eindeutiger gemeinsamer Bezugspunkt, auf den sich die Sozialarbeiter*innen unterschiedlicher Arbeitsgebiete einigen und als eine Profession zu erkennen geben. Die unterschiedlichen Herangehensweisen und Aufgabengebiete von Sozialarbeitenden können nur anhand bestimmter Ordnungskriterien (z.B. Altersgruppen und/ oder Problemlagen oder Unterstützungs- und Förderungsbedarf) überschaubar gemacht werden (vgl. Klüsche 1994: 77 u. Heiner 2010a: 76). Bisher liegt innerhalb der Sozialen Arbeit keine einheitliche Systematik der Arbeitsfelder vor. Auch finden sich im wissenschaftlichen Diskurs für einzelne Systematisierungsversuche unterschiedliche Bezeichnungen: Handlungsfelder (Klüsche 1994), Praxisfelder (Chassé u. Wensierski 1999), Praxis- und Arbeitsfelder (Thole 2002) oder Arbeitsfelder (Noack 2001 u. Zimmermann 2006).

Als gemeinsame übergeordnete Klammer der Sozialen Arbeit und ihrer verschiedenen Arbeitsfelder bezeichnet Heiko Kleve ihre generalistische Ausrichtung, und zwar in doppelter Hinsicht: Zum einen offeriert die Soziale Arbeit ihre Angebote in den unterschiedlichsten gesellschaftlichen Bereichen. Die Tätigkeitsbereiche von Sozialarbeitenden sind folglich sehr breit gefächert. Diese Heterogenität der Einsatzmöglichkeiten bezeichnet Kleve als universellen Generalismus. Zum anderen kann die Soziale Arbeit jedoch auch innerhalb der einzelnen Arbeitsfelder nicht auf bestimmte Tätigkeitsmerkmale eingegrenzt werden. Sie ist also auch innerhalb des spezifischen Arbeitsfeldes generalistisch orientiert. Die Soziale Arbeit hat einen komplexen bzw. ganzheitlichen Fallbezug. Diese Perspektivenkomplexität, die nahezu für alle Felder der Sozialen Arbeit charakteristisch ist, bezeichnet Kleve als spezialisierten Generalismus. (vgl. Kleve 2003: 40ff)

3.2.1 Auseinandersetzung mit den strukturellen Rahmenbedingungen des Arbeitsfeldes

Zu den äußeren Rahmenbedingungen einer sozialen Einrichtung zählt Spiegel zum einen Gesellschaft und Politik, zum anderen die sozialräumlichen und institutionellen Gegebenheiten, die das nähere Umfeld strukturieren (vgl. Spiegel 2004: 126 ff). Diese Rahmenbedingungen üben sowohl Einfluss auf die Handlungsbedingungen und Handlungsmöglichkeiten der sozialen Einrichtung als Ganzes als auch auf die in der Einrichtung arbeitenden Individuen aus. Daher ist es im Bereich der Sozialen Arbeit sinnvoll, Daten, Fakten und Informationen über die äußeren Rahmendingungen des professionellen Handelns zu erheben. Es geht um die Erfassung relevanter Informationen, die die Möglichkeiten der Zusammenarbeit von Sozialarbeitenden und Adressat*innen vorstrukturieren und um die Analyse dieser Bedingungen im Zusammenhang mit der Reflexion des eigenen beruflichen Selbstverständnisses (vgl. Spiegel 2013: 110).

„Jede Fachkraft sollte sich ein begründetes berufliches Selbstverständnis zu Funktion und Stellenwert der Arbeit in ihrem Arbeitsfeld erarbeiten, da dies die eigene Rolle im Feld und auch alltägliche Einzelsituationen beeinflusst." (Spiegel 2004: 127)

Gebräuchliche sozialwissenschaftliche Verfahren der Erschließung des Arbeitsfeldes sind die Arbeitsfeld- und die Sozialraumanalyse. Das Ziel der Arbeitsfeldanalyse ist es, Sozialarbeiter*innen „in die Lage zu versetzen, mithilfe wissenschaftlicher Methodik die eigene berufliche Alltagspraxis und deren gesellschaftliche und institutionell-organisatorische Determiniertheit zu untersuchen." (Lukas 2011: 42) Bei der Sozialraumanalyse geht es um die kleinräumige Erfassung der sozialstrukturellen Verhältnisse eines Stadtteils, einer Kleinstadt oder einer Kommune. Zielsetzung dieses Verfahrens ist es, den Stand und die Entwicklung des jeweiligen Sozialraums unter der besonderen Berücksichtigung benachteiligter und damit problemanfälliger Lebenslagen kleinräumig und differenziert zu erfassen (vgl. Spiegelberg 2002: 909).

Die Entscheidung für eine der in Kapitel 3.1 (Teil II) erörterten theoretischen Ansätze (Gegenstands- vs. Funktionsbestimmung) bleibt nicht ohne Folgen für die Ausrichtung der Arbeitsfeldanalyse. Beide Ansätze nehmen die strukturellen Rahmenbedingungen der Sozialen Arbeit in den Blick. Heiner betont in ihrem kompetenzorientierten Ansatz die doppelte Aufgabenstellung der Sozialen Arbeit. Ihr Professionsverständnis ist geprägt von der Annahme, dass Veränderungsprozesse sowohl auf der Ebene des Individuums (Klientensystem) als auch auf Ebene der Gesellschaft (Leistungssystem) in Gang gesetzt werden müssen. (vgl. Heiner 2010a: 518)

> „Angesichts der belastenden Lebensbedingungen ihrer Klientel sind nicht nur Bemühungen um eine Veränderung des Verhaltens von Personen notwendig, sondern auch eine Veränderung der Verhältnisse, in denen diese leben." (Heiner 2010a: 35)

Diese Aufgabenstellung leitet sie aus der intermediären Funktion der Sozialen Arbeit her, die sie als vermittelnde Tätigkeit zwischen Individuum und Gesellschaft bestimmt.

3.2.2 (Teil-) Analyse des Arbeitsfeldes

Wie in den obigen Ausführungen deutlich wird, muss eine ganzheitliche Soziale Arbeit sowohl auf das Klientensystem als auch auf das Gesellschafts- bzw. Leistungssystem Einfluss nehmen. Veränderungsprozesse beziehen sich folglich immer sowohl auf die Lebensweise der Individuen als auch auf deren Lebensbedingungen (vgl. Heiner 2010a: 518). Die Soziale Arbeit wird aufgrund ihrer Zielsetzung immer dann tätig, wenn Menschen ihre Handlungsautonomie verlieren und in soziale Problemlagen geraten. Soziale Ungerechtigkeiten und Benachteiligungen haben eine gesellschaftliche Ursache. Aus dieser Strukturbedingtheit individueller Not lässt sich der Auftrag der Sozialen Arbeit ableiten, die sozialen Missstände an die Öffentlichkeit zu bringen und aktiv an einer Veränderung mitzuwirken (vgl. Heiner 2010a: 432f). Die Rahmenbedingungen der Sozialen Arbeit sind politisch gewollt und daher veränderbar. Als kollektive Akteurin ist die Soziale Arbeit verpflichtet, die Optimierung des internen und externen Leistungssystems voranzutreiben (vgl. Heiner 2010a: 429ff). Mit Blick auf die gesellschaftsbezogenen Aspekte betont Staub-Bernasconi die fachpolitische Aufgabe der Sozialen Arbeit. Diese leitet sie aus der Geschichte der Sozialen Arbeit her und definiert sie in Anlehnung an Mills als „transforming private troubles in public issues" (Staub-Bernasconi 2007: 243). Diesem Gedanken liegt ein Politikverständnis zugrunde, welches soziale Notlagen als Probleme begreift, Öffentlichkeit herstellen will und Veränderungen einfordert. Die Verpflichtung zum politischen Engagement der Akteur*innen der Sozialen Arbeit wird aus den Berufskodizes abgeleitet. Die Kritik der gesellschaftlichen Verhältnisse sollte jedoch auf wissenschaftlicher Grundlage erfolgen. Die Akteure der Sozialen Arbeit betreiben in diesem Sinn keine Parteipolitik. Als Vertreter*innen der Profession sind sie aufgrund ihrer Fachlichkeit prädestiniert, in politische Diskurse einzugreifen, um die Rechte ihrer Kientel zu stärken (vgl. Staub-Bernasconi 2007: 243f).

Die folgende Arbeitshilfe soll dazu dienen, die äußeren Rahmenbedingungen der Sozialen Arbeit, die im beruflichen Alltag leicht aus dem Blick geraten, in den Fokus zu nehmen. Sowohl das in der Einrichtung vorherrschende Verständnis Sozialer Arbeit als auch das sozialräumliche und institutionelle Umfeld der Einrichtung üben einen nicht zu vernachlässigenden Einfluss auf die Handlungsaufträge und die Arbeitsbedingungen aus.

3.3 Arbeitshilfe zur Arbeitsfeldbeschreibung und -analyse

I. Theoretische Auseinandersetzung mit dem Arbeits- bzw. Praxisfeld

- Welchem Arbeits- bzw. Praxisfeld kann die Einrichtung (bzw. die Organisationseinheit) zugeordnet werden?

- Welche grundlegenden Definitionen, Begriffsbestimmungen und Bezeichnungen (Zielgruppen, Aufgabenbereiche und Tätigkeitsmerkmale) sind im Arbeits- bzw. Praxisfeld gebräuchlich?

- Wie hat sich das Arbeits- bzw. Praxisfeld entwickelt? Welche historischen Aspekte prägen die Arbeit im Feld weiterhin?

- Welche aktuellen Entwicklungen, Innovationen oder neue Herausforderungen zeichnen sich im Arbeits- bzw. Praxisfeld ab?

II. Verständnis von Sozialer Arbeit (Gegenstands- vs. Funktionsbestimmung)

Gegenstand des Arbeitsfeldes

- Welche Gegenstandsbestimmung liegt der beruflichen Tätigkeit der Sozialarbeiter*innen im Arbeitsfeld bzw. der Einrichtung zugrunde (z.B. Bearbeitung sozialer Probleme, lebensweltorientierte Unterstützung bei der Alltagsgestaltung oder personenbezogene Dienstleistung)? (vgl. Spiegel 2004: 127)

- Wird dieser Gegenstand konkret (im Leitbild, der Konzeption, der Leistungsbeschreibung oder auf der Homepage der Einrichtung) benannt?

- Gibt es in der Einrichtung auf der informellen Ebene ein gemeinsames Verständnis von Sozialer Arbeit?

- Ist die Arbeit nur auf das Klientelsystem ausgerichtet oder gehört die Arbeit mit dem Gesellschafts- und Leistungssystem auch zum erklärten Aufgabenspektrum der Einrichtung?

Funktion des Arbeitsfeldes

- Kann das Arbeitsfeld einer spezifischen sozialstaatlichen Funktion (Inklusionsvermittlung, Exklusionsvermeidung, Exklusionsverwaltung) zugeordnet werden? (vgl. Spiegel 2004: 127)

- Wird diese Funktionsbeschreibung konkret (im Leitbild, der Konzeption, den Leistungsbeschreibungen oder auf der Homepage) benannt?

- Wird diese Funktionsbeschreibung grundsätzlich (oder in weiten Teilen) von den Sozialarbeiter*innen im Arbeitsfeld/ in der Einrichtung geteilt bzw. akzeptiert? (vgl. Spiegel 2004: 127)

- Widerspricht die Funktionsbeschreibung – ganz oder teilweise – den fachlichen Standards und den normativen Grundlagen der Sozialen Arbeit?

Aktuelle sozialpolitische Trends

- Wie wird im aktuellen gesellschaftlichen Diskurs der Gegenstand, die Funktion bzw. der Auftrag der Sozialen Arbeit im konkreten Arbeitsfeld benannt? (vgl. Spiegel 2004: 128)

- Wird der Diskurs durch aktuelle Ereignisse und/ oder (sozial-) politische Kontroversen beeinflusst? (vgl. Spiegel 2004: 128)

Gesellschaftliche Zuschreibungsprozesse

- Basieren die vermeintlichen Bedürfnisse bzw. Probleme der Adressat*innen auf gesellschaftlich konstruierten Zuschreibungen?

- Werden diese Zuschreibungen von den Sozialarbeiter*innen fachlich eingeordnet und systematisch hinterfragt?

- Werden die sozialen Probleme den Adressat*innen einseitig als individuelles Scheitern angelastet oder werden auch gesellschaftlich produzierte Problemlagen als mögliche Ursachen wahrgenommen? (vgl. Spiegel 2004: 127)

III: Sozialräumliches und institutionelles Umfeld

Sozialräumliches Umfeld

- In welchem Wohnumfeld ist die Einrichtung angesiedelt?

- Wie setzt sich die Bevölkerung (Schichtzugehörigkeit, Altersstruktur, Bildung, Erwerbstätigkeit) im Umfeld der Einrichtung zusammen?

- Wie ist die Einrichtung zu erreichen (Verkehrsanbindung, Parkplätze öffentlicher Nahverkehr)?

- Welche Themen, die die inhaltliche Arbeit betreffen, kursieren im Umfeld der Einrichtung? (vgl. Spiegel 2004: 131)

- Mit welchen Erwartungen aus dem Umfeld wird die Einrichtung konfrontiert?

- Welchen Stand bzw. welches Ansehen hat die Einrichtung im Umfeld? Gibt es Fürsprecher*innen und/ oder Gegner*innen (Gruppen oder Einzelpersonen) im Umfeld der Einrichtung?

Einrichtungen und soziale Dienste im Umfeld

- Welche Institutionen und Einrichtungen im Umfeld haben einen vergleichbaren Arbeitsschwerpunkt bzw. Überschneidungen im Aufgabenbereich?

- Zu welchen Institutionen und Einrichtungen bestehen Kooperationsbeziehungen?

- Wären weitere Kooperationen fachlich sinnvoll und geboten?

- Welche Organisationen, Institutionen und Behörden sind nachweislich Gegner*innen/ Konkurrent*innen der eigenen Zielsetzung?

4 Grundlegende Überlegungen zur Reflexion der Arbeit mit Klientinnen und Klienten

In der Arbeit mit den Menschen, die im Rahmen der Angebote Sozialer Einrichtungen Unterstützung suchen, wird die fachliche Planung und Evaluation der Vorgehensweisen nach zwei grundsätzlichen Ausrichtungen unterschieden. Richtet sich der Arbeitsauftrag auf festgelegte Ziele, die eine bestimmte Person bzw. Familie erreichen möchte oder auch erreichen soll, so handelt es sich aus Sicht der Sozialarbeiter*innen um eine Fallbearbeitung (siehe Teil II Kapitel 5). Handelt es sich um einen zeitlich begrenzten Verlauf, in dem ein bestimmtes Handeln von Adressat*innen der Sozialen Arbeit eine Intervention notwendig erscheinen lässt, bezeichnen wir diesen Vorfall nach Erving Goffman (1980: 16) als eine Situation (siehe Teil II Kapitel 6).

Die Beschreibung des Falles sowie der Situation erfordern einen bewussten Umgang in Bezug auf die Wahrnehmungen der Sozialarbeiter*innen. Unabhängig davon, ob die Erläuterung der Vorgehensweisen der eigenen Planung bzw. Reflexion der Arbeit dient oder in einen Bericht einfließt, der anderen Fachkräften zugänglich ist, beeinflusst die sprachliche Ausdrucksweise die fachlichen Einschätzungen und kann starke Auswirkungen auf den weiteren Verlauf der Interventionen haben.

> „SozArb/SozPäd sind in vielen Arbeitsfeldern gefordert, in mehrfacher Hinsicht folgenreiche Einschätzungen zu treffen: Sie begründen oder verweigern damit sozialstaatliche Leistungen, ermöglichen Schutz vor Gefahr und Bedrohung oder lösen massive Eingriffe in die Privatsphäre von Menschen aus." (Schrapper 2013: 206)

Sozialarbeiter*innen übernehmen medizinische, juristische und psychologische Diagnosen und erweitern diese im Rahmen der Diagnostik Sozialer Arbeit (Heiner 2004), damit für die jeweiligen Klient*innen eine an diesen Daten orientierte Hilfeleistung entwickelt und angeboten werden kann. Die psychosoziale Diagnostik wird jedoch vor allem in seinen oft einseitigen Auswirkungen kritisiert. Galuske bemängelt den ‚Neodiagnostik-Boom' in der Sozialen Arbeit unter anderem, weil Diagnosen in einem asymmetrischen Prozess erfolgen und defizitorientiert ausgerichtet sind (vgl. Galuske 2015: 1028f). Er stellt fest:

"gerade weil es eben in der Sozialen Arbeit nicht nur um die Fakten geht, sondern mehr noch um die Deutungen und Verarbeitungsmuster von biographischen Erfahrungen und Lebenslagen, ist eine Vorstellung von Diagnostik, die allein oder vorrangig auf das fachmännische Urteil des Sozialarbeiters setzt, nicht nur unsinnig, sondern gefährlich" (Galuske 2015: 1029)

Es gilt also, mit Diagnosen und Kategorisierungen vorsichtig umzugehen und sie nicht als unumstößliche Wahrheit über Persönlichkeit und Lebenswirklichkeit eines Menschen zu sehen. Lothar Bönisch weist auf die vorhandene Spaltung innerhalb der Sozialen Arbeit hin. Eine Strömung will das Verstehen und den Ausbau von Beziehungen forcieren, damit auch Unvermutetes deutlich werden kann und die Gewissheit besteht, dass sowohl ein Scheitern als auch der Erfolg Ergebnis der Sozialen Arbeit sein kann. Eine andere Ausrichtung fokussiert die Steuerung und „versucht, die menschliche Komplexität vorauseilend technologisch und typisierend zu bannen". (Thiersch u. Böhnisch 2014: 14)

Dem sozialarbeiterischen Handeln liegen also Interpretationen und Deutungsmuster zugrunde, die von verschiedenen Aspekten beeinflusst werden (siehe Teil I Kapitel 6). Die sprachliche Ausdrucksweise der Beschreibungen von Personen und deren Lebenslagen spiegelt die Haltung der Fachkraft wider, die den Bericht bzw. die Reflexion verfasst hat. Sprache beeinflusst und kann manipulieren, sie hat ein enges Verhältnis zum Handeln. Sprache löst durch einen Appell oder einen Befehl Handlungen aus und sie kann Handeln steuern, erleichtern, begleiten und ersetzen (vgl. Schneider 2008: 88). Sprache beschreibt nicht nur die individuelle Wahrnehmung der sprechenden bzw. schreibenden Person, sondern Sprache

„schafft, erweitert oder begrenzt [...] Wirklichkeit, selbstverständlich auch die des Hörers." (Mecke 2006: 279)

Welche Auswirkungen Sprache haben kann, zeigt beispielsweise das Reframing, eine Technik aus der Systemischen Beratung. Hier wird eine negativ konnotierte Aussage in einen positiven Kontext gebracht. Dies verändert die Sichtweise der betreffenden Personen und damit auch den Umgang mit dem Problem (vgl. König u. Volmer 2014: 174 u. Bamberger 2005: 99f).

Wie also die Hintergründe einer Adressatin, die Lebensumstände eines Klienten formuliert werden, zeigt vor allem, wie die beschreibenden Sozialarbeiter*innen diese Personen wahrnehmen. Diese Darstellungen haben Auswirkungen darauf, wie andere Fachkräfte die unterstützungssuchende Person einschätzen werden. Alle Interventionen bis hin zu den unterschiedlichen Möglichkeiten der Zielsetzungen im Rahmen der Sozialen Arbeit werden davon beeinflusst und es besteht die Gefahr, dass Stigmatisierungen erfolgen und weitergegeben werden. In der Regel werden die Aussagen in Berichten und Stellungnahmen als fachliche Einschätzungen übernommen und selten als auch subjektive hinterfragt, die von Persönlichkeit, Problemen und Unzulänglichkeiten der Fachkräfte geprägt sind. In der asymmetrischen Beziehung zwischen Fachkräften und Klient*innen liegt die Deutungsmacht strukturell begründet auf Seiten der Fachkraft. (vgl. Urban-Stahl 2015: 92ff)

Nicht zuletzt aus diesen Gründen ist ein besonderes Augenmerk auf die Formulierungen zu legen, die so weit als möglich bewertungsfrei sein sollten. Dies beginnt bereits mit der Vergabe von gemäß dem Datenschutz veränderter Namen, die nicht in tendenziöser Weise bestimmte Assoziationen auslösen dürfen. Alle Beschreibungen persönlicher Hintergründe sind sachlich und ohne Bewertungen zu formulieren. Dies setzt voraus, dass die Fachkraft sich über ihre persönliche Haltung weitestgehend bewusst ist und über Sensibilität hinsichtlich tendenziöser Wortwahl verfügt.

Unsere Ausführungen sind keineswegs als Plädoyer zu verstehen, dass keine diagnostischen Einordnungen als Basis von Planung und Reflexion der konkreten Arbeit mit Klient*innen erfolgen sollen, denn Diagnosen sind als Informationen zu sehen, die jeweils in den interessen- und ressourcenbedingten Abgleich mit den Klient*innen einfließen müssen. Wir möchten vielmehr auf die Gefahren einer allzu wenig hinterfragten Übernahme von Diagnosen und auf den bewussten, auch sprachlichen Umgang mit der Deutungsmacht in der Sozialen Arbeit hinweisen.

5 Multidimensionale Fallreflexion

Diesem kasuistischen Modell liegt die Multiperspektivische Fallarbeit nach Müller (vgl. Müller 2012) zugrunde. In der Auseinandersetzung mit Fällen aus den Praktika der Studierenden zeigen sich häufig Schwächen der Multiperspektivischen Fallarbeit, die eine vertiefte und weiterführende Fallreflexion nicht nur erschweren, sondern teilweise verhindern.

Eine Reflexion soll bewirken, dass die Fachkraft – wie bereits ausgeführt – nicht nur die spezifische Arbeit mit einzelnen Klient*innen kritisch betrachtet und verbessert. Vielmehr soll dieses Nachdenken über die sozialarbeiterische Vorgehensweise auch das jeweilige Repertoire an fachlichen Möglichkeiten ausweiten sowie die eigene professionelle Haltung bewusster hinterfragen, deren Auswirkungen erkennen und wenn notwendig zu Korrekturen im Menschenbild bzw. der vertretenen Werte führen.

Die kritische Beschäftigung mit der Multiperspektivischen Fallarbeit führt zu einem Modell, das zwar die Reflexionsschritte ‚Fall von', ‚Fall für', ‚Fall mit' übernimmt, jedoch neu definiert und besonders die Ebene ‚Fall mit' in fachlich anderer Weise nutzt. Wir erläutern im Folgenden unser Modell daher unter dem Titel ‚Multidimensionale Fallreflexion' und verweisen zur besseren Unterscheidbarkeit jeweils auf die Abgrenzungen zu Müller.

5.1 Der Fall im Kontext der Sozialen Arbeit

Es existieren vielfältige Auslegungen des Begriffs ‚Fall'. Das Fachlexikon der Sozialen Arbeit definiert unter dem Stichwort ‚Fallbeschreibung':

> „Dem Fall liegt ein soziales Problem oder ein soziales Anliegen zugrunde. Durch die Beobachtung und die Bewertung als Problem werden Geschehnisse als Fall definiert oder nicht [...] Ein Fall kann neben einzelnen Akteuren auch Gruppen, Familien oder Bevölkerungsgruppen und professionelle Arbeitsteams umfassen." (Weyrich 2011: 279f)

Zum Fall wird ein soziales Problem also erst dann, wenn es von außen durch beobachtende Fachkräfte als solches eingeordnet wird. Häufig wird an der Bezeichnung ‚Fall' kritisiert, dass mit dieser Benennung ein technokratischer Blick auf Menschen bestünde. Daher wird die Verwendung dieses Begriffs abgelehnt, denn die Unterstützungssuchenden als Personen müssten im Fokus stehen. Diese professionelle Haltung teilen wir ausdrücklich und haben dementsprechend auch die Multidimensionale Fallreflexion ausgerichtet. Die obige Definition zeigt jedoch, dass mit dem Begriff ‚Fall' eben nicht der Mensch gemeint ist, sondern das soziale Problem bzw. das soziale Anliegen dieser Person als Fall bezeichnet wird. Dieser Einordnung folgend ergibt sich auch eine klare Ausrichtung im fachlichen Blick: Nicht der Mensch ist das Problem, sondern die Person hat ein soziales Problem, das von unterschiedlichen intra- und interpersonellen Aspekten sowie gesellschaftlichen Gegebenheiten erzeugt und beeinflusst wird.

Im Gegensatz zu Müller, der eben nicht nur die einzelne Adressatin im Sinne des Einzelfalls im Rahmen der Multiperspektivischen Fallarbeit meint, sondern auch Situationen und Problemlagen, die sich auf institutioneller und übergeordnet fachlicher Ebene befinden (vgl. Müller 2012: 13), beziehen wir uns mit dem vorliegenden Modell der Fallreflexion explizit auf Einzelpersonen oder Familien, deren Probleme und Anliegen zum Fall der Sozialen Arbeit geworden sind. Dieser engen Definition liegt zugrunde, dass wir sowohl für Situationen als auch für Problemlagen, die zwar Auswirkungen auf die Einzelfallarbeit haben können, aber auf struktureller Ebene angesiedelt sind und dort gelöst werden müssen, eigenständige Reflexionsmodelle entworfen haben (siehe Teil II Kapitel 6 und 7). Auf diese Weise kann eine differenzierte und auf die jeweiligen Gegebenheiten klar eingegrenzte Reflexion erfolgen und können Lösungsmöglichkeiten in jeweils diesem Praxisbereich implementiert werden, in dem die Problemlage konkret angesiedelt ist.

Die Multidimensionale Fallreflexion kann sowohl zur Planung einer Fallbearbeitung als auch zur Reflexion bereits erfolgter Arbeitsphasen genutzt werden. Zur Erläuterung der Vorgehensweise im Rahmen dieser Fallreflexion werden nachfolgend die grundlegenden Schritte in ihrer chronologischen Reihenfolge dargestellt.

5.2 Beschreibung der Person/en

Wie oben erläutert, geht es um Einzelpersonen oder Familien, die zur Bewältigung eines bestimmten Problems oder Anliegens Unterstützung einer sozialen Einrichtung anfordern. Daraus können sich einmalige oder auch langfristige Hilfeleistungen ergeben. Im ersten Schritt wird die Person bzw. werden die Personen unter Berücksichtigung des Vertrauens- und Datenschutzes (im Besonderen § 203 StGB) mit ihren jeweiligen Hintergründen beschrieben, um einen Überblick zur jeweiligen Lebenswelt zu schaffen. Folgende Kriterien sollen hier als Orientierungspunkte dienen, die bei Bedarf erweitert werden können:

- Geschlecht

- Alter

- Nationalität

- Kultureller/ religiöser Hintergrund

- Sozialer Hintergrund (Familienstand, Schulbildung, Berufsausbildungen, Erwerbstätigkeit etc.)

- Soziales Umfeld (Lebens- und Wohnsituation, wichtige Beziehungen etc.)

- Soziale Problemlage/n bzw. soziale Anliegen (Grund der Kontaktaufnahme mit der Einrichtung)

- Diagnosen (medizinische, psychologische, juristische)

- Seit wann und mit welcher Zielsetzung in der Institution (von der die Hilfeleistung erfolgt)

Diese Auflistung dient der Einschätzung möglicher Interessen und Ressourcen der Klient*innen, die wiederum mit deren tatsächlichen Vorstellungen abgeglichen werden müssen. Eine weitere wichtige Auswertung der hiermit gesammelten Daten ergibt sich aus der Betrachtung, ob spezielle Aspekte zu erkennen sind, die gesellschaftliche Einflüsse oder Auswirkungen beinhalten und somit bei der Hilfeleistung Berücksichtigung finden müssen.

5.3 Benennung des Arbeitsauftrags

Ein wichtiger, wenn nicht sogar der erste unumgängliche Schritt zur sinnvollen sozialarbeiterischen Planung und Reflexion im Rahmen einer Fallarbeit ist die klare Definition des jeweiligen Arbeitsauftrags. Es stellt sich hier die Frage, mit welcher Zielsetzung die Fachkraft die jeweiligen Problemlagen (siehe auch Teil II Kapitel 5.1) der Klientel betrachtet und dementsprechend kurz- und mittelfristige Ziele gemeinsam mit der betreffenden Person festlegt. Die institutionellen Rahmenbedingungen bestimmen, wie sich der jeweilige Arbeitsauftrag für die ausführenden Sozialarbeiter*innen darstellt. Das bedeutet auch, dass Fokus und Form der Hilfeleistung variieren, je nachdem, an welche soziale Einrichtung sich die Klient*innen wenden. Der Arbeitsauftrag bestimmt also durch die inhaltliche Ausrichtung der Unterstützung in eklatanter Weise das Arbeitsbündnis zwischen Klient*in und Fachkraft.

Beispiel: Carina ist 12 Jahre alt und lebt mit ihrer alleinerziehenden Mutter in einer Großstadt. Carina besucht die 6. Klasse einer Gesamtschule. Wegen auffälligen Verhaltens wird sie von einem Schulsozialarbeiter betreut. Die Familie wird bereits von einer Sozialarbeiterin des Jugendamts unterstützt, da die Mutter (32 Jahre alt und erwerbslos) häufig mit den Erziehungsaufgaben überfordert wirkt. Carina geht regelmäßig in ein Jugendzentrum. Um das auffällige Sozialverhalten und die ablehnende Haltung Carinas gegenüber ihrer Mutter näher beleuchten und dem Mädchen gezielte Unterstützung zukommen lassen zu können, bekommt sie das Angebot, eine Jugendberatungsstelle aufzusuchen.

Obwohl es sich immer um dasselbe Mädchen mit gleichen Problemlagen handelt, werden die sozialpädagogischen Zielsetzungen und Interventionen sehr unterschiedlich ausgerichtet sein und ergeben sich aus den jeweiligen Arbeitsaufträgen der Fachkräfte: Der Schulsozialarbeiter hat den Auftrag, das innerschulische Verhalten zu verbessern und die Integration in den Klassenverband zu unterstützen. Die Jugendamtsmitarbeiterin prüft, ob die Lebensverhältnisse innerhalb der Familie dem Kindeswohl entsprechen und bietet auf dieser Ebene der Mutter Unterstützung z.b. in Form Sozialpädagogischer Familienhilfe an. Die Fachkräfte des Jugendzentrums sorgen für sinnvolle Freizeitbeschäftigungen und Weiterentwicklung des Sozialverhaltens. Die Sozialarbeiterin der Jugendberatungsstelle bietet Carina Einzelgespräche an, in denen sie über Sorgen und Nöte in einem geschützten Raum sprechen und nach individuellen Lösungen suchen kann.

Jede Institution hat eine eigenständige Ausrichtung ihres Hilfeangebots und einen dementsprechenden Arbeitsauftrag, der durch bestimmte gesetzliche Regelungen definiert wird und an den sich die jeweilig handelnden Fachkräfte orientieren müssen. Die Rahmenbedingungen der Institutionen (siehe Teil II Kapitel 2) bewusst einzubeziehen, kann unnötige Frustrationen auf beiden Seiten verhindern: Auf Seiten der Klientel, weil die Erwartungen formuliert werden müssen und die Grenzen der Unterstützung deutlich werden. Auf Seiten der Fachkräfte, weil der interessen- und ressourcengeleitete Abgleich nicht nur in Bezug auf die Adressat*innen erfolgt, sondern auch auf Fall bezogener Ebene die Begrenzungen in den jeweiligen Arbeitsmöglichkeiten formuliert werden.

5.4 Weitere Dimensionen der Fallanalyse

Die Reflexionsdimensionen ‚Fall von', ‚Fall für', ‚Fall mit' sind aus dem Ansatz von Müller entlehnt und inhaltlich auf die spezifischen Gegebenheiten des auf Einzelfälle ausgerichteten Modells der Multidimensionalen Fallreflexion bezogen.

Der spezielle Ansatz der Multiperspektivischen Fallarbeit besteht darin, „sozialpädagogische Fälle" (Müller 2012: 32ff) auf den drei Perspektivebenen ‚Fall von', ‚Fall für', ‚Fall mit' reflektierbar zu machen. Der hiermit intendierte Wechsel der Betrachtungsformen soll eine Analyse der Gesamtsituation ermöglichen und Fachkräfte dazu befähigen, die Komplexität des Falles zu erkennen. (vgl. Müller 2012: 20f)

Die Betrachtungen auf den drei Ebenen bieten eine sinnvolle Aufteilung zur Bearbeitung eines Falles, wie wir ihn im engen Sinne definieren. Die von Müller vorgenommene inhaltliche Ausrichtung greift aus unserer Sicht allerdings zu kurz und ist für das vorliegende Modell dementsprechend verändert und erweitert worden.

5.4.1 Fall von...

Auf der Ebene ‚Fall von' werden alle Problemlagen und sozialen Anliegen der jeweiligen Klient*in benannt. Diese Aufzählungen und Einordnungen erfolgen unabhängig davon, ob es sich dabei um sozialarbeiterische bzw. sozialpädagogische Diagnosen, medizinische, psychologische oder juristische Kategorisierungen oder allgemein gefasste soziale Problemlagen handelt. Müller bezeichnet diese analytischen Zuordnungen als „Beispiel für ein anerkanntes Allgemeines (Beispiel für eine Theorie, eine Norm, ein Phänomen)" (Müller 2012: 44). In seinen Erläuterungen zum ‚Fall von' ergeben sich durch die mangelnde Abgrenzung zu den anderen beiden Perspektiven ‚Fall für' bzw. ‚Fall mit' und die Fokussierung auf Verwaltungshandeln Unklarheiten. Dadurch wird dieser wichtige Überblick zu den Problemlagen der Klientin inhaltlich nicht deutlich genug. (vgl. Müller 2012: 41ff)

Die Dimension ‚Fall von' bildet die Grundlage der Multidimensionalen Fallreflexion. Mit den Daten, die im Austausch mit den Unterstützungssuchenden gesammelt worden sind (siehe Kapitel 5.2 Beschreibung der Person/en), kann nun eine Auflistung erfolgen. Damit wird ein Überblick zu den als problematisch geltenden Bereichen geschaffen, die für die weitere Arbeit Beachtung finden müssen. Auf Basis dieser Auflistung kann immer wieder abgeglichen werden, ob der lebensweltlichen Komplexität der Klient*innen Rechnung getragen wird und welche Unterstützungen in welchen Bereichen angeboten werden können (z.B. Fall von mangelnder Schulbildung; Fall von Wohnungslosigkeit; Fall von Überforderung in der Erziehung der Kinder). In der Benennung der Problemlagen erfolgt möglichst eine Zuordnung, auf welcher theoretischen bzw. gesetzlichen Basis diese Einschätzung erfolgt (bspw. Fall von drogeninduzierter Psychose – ICD-10 F 19.5; Fall von Alkoholabhängigkeit – ICD-10 F 10; Fall von Kindeswohlgefährdung – § 1666 BGB u. § 8a SGB VIII; Fall von Hilfen zur Erziehung – §§ 27ff SGB VIII).

Die Dimension ‚Fall von' ist auch die Reflexionsebene, bei der gesellschaftliche Bedingungen verdeutlicht werden, die sich in erschwerender Weise auf die Lebenssituation von Klient*innen auswirken. Gesellschaftliche Ausgrenzung und Stigmatisierung kann hier als ‚Fall von' benannt werden, damit diese spezifische Prägung von Problemlagen in die Überlegungen auf den folgenden Dimensionen der Fallreflexion (‚Fall für' u. ‚Fall mit') einbezogen werden kann (z.B. Fall von Schwierigkeiten bei der Wohnungssuche aufgrund rassistischer Haltungen von Vermietern; Fall von Ausgrenzung aus dem Wohnungsmarkt wegen SCHUFA-Eintrag; Fall von fehlender Kinderbetreuung aufgrund mangelnder Kita-Plätze; Fall von Ausgrenzung aus der Sozialhilfe wegen fehlendem Wohnsitz). Mit dieser Auslegung der Dimension ‚Fall von' wird der Blick der Fachkräfte über die individuelle Ebene der Hilfesuchenden hinaus gelenkt und daran erinnert, dass der sozialarbeiterische Auftrag auch das Anstreben gesellschaftlicher Veränderungen enthält. Mit dieser Erkenntnis wird deutlich, wie und in welchen Bereichen diese Strukturen auf das Leben der Klient*innen und damit auch auf die Soziale Arbeit einwirken. Weiterhin werden wichtige Möglichkeiten und Grenzen des Arbeitsauftrags in der Berücksichtigung der strukturellen Bedingungen auf der Reflexionsebene ‚Fall von' erkennbar.

5.4.2 Fall für...

Ausgehend von der Auflistung ‚Fall von' wird bei der Dimension ‚Fall für' geklärt, welche Fachleute und -instanzen für diese genannten Problemlagen bereits zuständig sind oder noch einbezogen werden müssen. Müller nennt das Wissen, wer für welchen Problemlösungsbereich zuständig ist, Verweisungswissen und stellt fest, dass Fachkräfte der Sozialen Arbeit über dieses in ausgeprägtem Maße verfügen müssen, um Klient*innen ganzheitlich unterstützen zu können (vgl. Müller 2012: 52f).

Im Austausch mit der Klientin hat der Sozialarbeiter die bestehenden Problemlagen geklärt und listet nun auf, welche Institutionen bzw. Expert*innen – außer ihm selbst – in der von der Klientin aufgesuchten sozialen Einrichtung für die verschiedenen Problematiken noch zuständig sind. Es kann sein, dass andere Fachkräfte sozialer Institutionen mit der Klientin arbeiten oder auch professionell Handelnde anderer Disziplinen im Kontakt mit ihr sind.

Die Auflistung ‚Fall für' zeigt, wie viele und welche Fachkräfte an Lösungen mit der Klientin arbeiten und welche Unterstützungen eventuell noch fehlen und implementiert werden müssen. Hier wird auch deutlich, welche Leistungen die Klient*innen erbringen müssen, um den Anforderungen der unterschiedlichen Expert*innen nachkommen zu können.

In der Darstellung ‚Fall für' zeigt sich ebenfalls, mit welchen anderen Institutionen bzw. Fachkräften Kontakt aufgenommen und gegebenenfalls ein Austausch erfolgen sollte, um sinnvoll die Interessen der Klientel umzusetzen und nicht doppelt oder gar gegeneinander zu arbeiten. Hier ist Vertrauen zwischen Sozialarbeiter*in und Klient*in gefordert (siehe Teil 1 Kapitel 7) und es muss selbstverständlich sein, dass im professionellen Kontakt kein Datenaustausch oder Gespräch über Klient*innen erfolgt, ohne zuvor eine Schweigepflichtsentbindung eingeholt zu haben (§ 203 StGB).

‚Fall für' also zeigt, wer für die verschiedenen Problemlagen und Anliegen zuständig ist. Es kann auf dieser Basis gemeinsam mit dem jeweiligen Klienten geprüft werden, wer bereits involviert ist und welche Institutionen bzw. Expert*innen von ihm noch eingeschaltet werden sollten. Diese Überblicke sind nicht nur für die Sozialarbeiterin wichtig. Auch die Klient*innen werden damit unterstützt, zusammenfassend wahrnehmen zu können, um welche Probleme es insgesamt geht und welche Möglichkeiten es zur Verbesserung ihrer jeweiligen Lebenssituation gibt. Mittels dieser Aufstellungen können die Erwartungen hinsichtlich der Lösungsmöglichkeiten klarer herausgearbeitet werden.

Auch die auf gesellschaftliche Bedingungen bezogenen Aspekte auf der Ebene ‚Fall von' sollen hier eingeordnet werden. Wer ist für die Regelung beispielsweise eines Falles von Ausgrenzung aus dem Wohnungsmarkt wegen eines SCHUFA-Eintrags zuständig? Was muss auf der Metaebene getan werden, wenn es um einen Fall von rassistischen Haltungen der potenziellen Vermieter geht? Auch wenn es vielleicht nicht gleich in Bezug auf die Klientin, um die es gerade geht, geregelt werden kann, so ist doch für sie wichtig, dass das grundsätzliche Problem von der Fachkraft gesehen und anerkannt wird.

5.4.3 Fall mit...

‚Fall mit' ist die wichtigste Dimension der Reflexion bzw. Planung einer sozialarbeiterischen Vorgehensweise, denn hier geht es um die konkrete Arbeit mit der Klientin. Liegt der Fokus der vorhergehenden Dimensionen auf der umfassenden Darstellung aller Diagnosen, Problemlagen und sozialer Anliegen, wird hier in abgegrenzten Schritten gearbeitet. Um ein Höchstmaß an fachlicher Erkenntnis zu erreichen, wird zunächst die langfristige Zielsetzung der Arbeit mit dem Klienten formuliert und der nächste sinnvolle Zwischenschritt im Sinne des direkt zu erreichenden kurzfristigen Ziels festgelegt.

Müller füllt seine ‚Fall mit' -Ebene mit der Schwerpunktsetzung auf den Beziehungsaspekt des Kontakts zwischen Fachkräften und Klientel, ohne deren Bereitschaft zur Mitarbeit kein sozialpädagogisches Handeln möglich ist (vgl. Müller 2012: 61ff). Es stellt sich vor allem jedoch die Frage, wie die Klientin zur Mitarbeit motiviert werden kann und welche methodischen Ansätze mit speziell für sie erfolgversprechend sein können oder sich bereits als sinnvoll herausgestellt haben, um ein bestimmtes Ziel zu erreichen.

In der Multidimensionalen Fallreflexion steht also die konkrete, fachlich reflektierte Arbeit mit den Klient*innen im Mittelpunkt. Die bereits ausgeführten Dimensionen ‚Fall von' und ‚Fall für' sind die Grundlagen für die Überlegungen auf dieser Ebene ‚Fall mit Klientin X/ Familie Y'.

Wird das Modell zur Planung genutzt, können langfristige Zielsetzung/en und mittel- bzw. kurzfristige Zwischenziele benannt werden. Dies erfolgt in Absprache mit den jeweiligen Klient*innen und ergibt eine Art ‚Roter Faden' der angestrebten Veränderungen. Dies ist auch in dem Sinne zu verstehen, dass eine chronologische Prioritätenliste der zu bearbeitenden Problemlagen und Anliegen erstellt wird.

Aufgabe der Sozialarbeiter*innen ist im nächsten Schritt die Überlegung, mit welchen methodischen Vorgehensweisen die gewünschten Zielsetzungen erreicht werden können. Hier steht im Vordergrund, was dieser bestimmte Klient mit seiner spezifischen Lebensgeschichte und seiner Persönlichkeit fachlich begründet zur Unterstützung braucht, um Lösungen zu erarbeiten und für sich umsetzen zu können. Diese methodischen Ausrichtungen können, wie bereits ausgeführt, immer nur Angebote sein, die der Klient annimmt oder eben nicht.

Wenn er es nicht annehmen kann oder will, muss eine vertiefte Reflexion seitens der Fachkraft dahingehend erfolgen, wie die Zusammenarbeit verändert werden kann, damit es diesem Klienten sinnvoll und passend erscheint.

Die Reflexion bereits durchgeführter Interventionen erfolgt in den folgenden Schritten:

- Benennen der Zielsetzung (was sollte mit der Intervention bewirkt werden?)

- Erläuterung der fachlichen Planung (methodische Ansätze, Einsatz bestimmter fachlicher Techniken etc.)

- Beschreibung des realen Ablaufs und der Reaktionen der Klientin

- Einordnungen bestimmter Wendepunkte im Verlauf der Zusammenarbeit, d.h. aus den Reaktionen der Klientin wurde deutlich, dass sie das Angebot annehmen konnte oder nicht. Wenn es nicht angenommen werden konnte oder nicht zum erwünschten Ergebnis kam, erfolgt eine Einschätzung, was nicht passend für die Klientin war

- Erarbeitung von alternativen Vorgehensweisen gestützt durch Fachliteratur

- Planung des nächsten (Zwischen-)Ziels in der Arbeit mit der Klientin und dessen methodische Umsetzung unter Einbezug der bereits gemachten Erfahrungen

5.5 Professionelle Haltung der Fachkraft

Wie in Teil I mehrfach ausgeführt, bestimmt die professionelle Haltung der Fachkraft in hohem Maße die fachliche Vorgehensweise sowie die Möglichkeiten und Grenzen der Zusammenarbeit mit den jeweiligen Personen, die Unterstützung benötigen. Es ist daher äußerst wichtig, dass Sozialarbeiter*innen ihre Biografie, ihre kulturelle Ausrichtung und ihre daraus resultierenden Werte grundsätzlich reflektiert haben. Wird diese Reflexion als Grundlage der professionellen Haltung mit den vielfältigen Erscheinungsformen erkannt, ergibt sich eine Sensibilität bezogen auf die Begegnung mit Menschen und Problemlagen im professionellen Kontext.

Den Fachkräften sollte bewusst sein, dass sie aufgrund ihrer individuellen Haltung, ihrer tagesabhängigen Stimmungen sowie möglicher Projektionen und Übertragungen in ihren fachlichen Einschätzungen und Entscheidungen beeinflusst werden. Je deutlicher sie sich selbst und ihre Haltung während der Arbeit mit Klient*innen reflektieren können, desto professioneller können sie vorgehen. (siehe auch Teil I Kapitel 7)

Das Hinterfragen bestimmter Entscheidungen, besonders wenn sie von deutlichen positiv oder negativ konnotierten Emotionen begleitet sind, sollte daher selbstverständlicher Bestandteil der Arbeit mit Klienten und Klientinnen sein. Im Rahmen der Einzelfallarbeit können folgende Fragestellungen für die Fachkraft sinnvoll sein:

- Wie ist meine emotionale Reaktion auf den Klienten/ die Klientin (z.B.: aufgeschlossen neutral, von Sympathie oder Antipathie geprägt? ‚Nerven' mich manche Verhaltensweisen o.ä.?)

- Habe ich bestimmte Erwartungen, die erfüllt oder nicht erfüllt werden? Wie reagiere ich darauf?

- Stelle ich bestimmte Haltungen bei mir selbst fest, die mit internalisierten Rassismen/ Sexismen/ Antisemitismus/ Antiislamismus verbunden sind? Welche Auswirkungen hat das auf die Arbeit mit den jeweiligen Klient*innen?

- Sind mir meine eigenen Werte bewusst, die im Rahmen der Zusammenarbeit mit der Klientin/ dem Klienten eine Rolle spielen (könnten)?

5.6 Zusammenfassung

Die Multidimensionale Fallreflexion ermöglicht mit sechs Reflexionsschritten sowohl eine fachlich fundierte Planung als auch eine Evaluierung Sozialer Einzelarbeit. Beschreibung der Person bzw. der Familie, Arbeitsauftrag, ‚Fall von', ‚Fall für', ‚Fall mit' und die Reflexion der professionellen Haltung dienen der fachlich fundierten Bearbeitung im Rahmen von Planung oder Reflexion eines Falls.

Die ersten vier Dimensionen bilden Grundlage und Orientierung in der konkreten Arbeit mit den Klient*innen bzw. Familien. Hier müssen aufgrund neuerer Entwicklungen eventuell im Verlauf Modifizierungen vorgenommen werden, um die Daten an die aktuelle Lebenssituation anzupassen.

Die Reflexionsebene ‚Fall mit' wird in der Planung und Reflexion ständig an die aktuelle Soziale Einzelarbeit angepasst und ergibt damit auch eine Verlaufsbeschreibung über die Entwicklung der jeweiligen Lebensumstände der betreffenden Personen.

Die Einbeziehung der gesellschaftlichen Gegebenheiten weist auf strukturelle Problematiken hin. Diese haben zwar Einfluss auf die Problemlagen der Klient*innen, müssen jedoch als spezifischer Teil Sozialer Arbeit auf der Metaebene thematisiert werden, um gesellschaftliche Veränderungen anzustoßen. Hierfür muss im Rahmen der institutionellen Organisation der Sozialen Einrichtung geklärt sein, wer dafür zuständig ist. Diese Klärung ist wichtig, damit einerseits die Sozialarbeiter*innen ihre Erfahrungen in der Einzelarbeit weitergeben können, andererseits die Klient*innen wissen, dass diese gesellschaftlichen Problematiken nicht nur erkannt, sondern Verbesserungen angestrebt werden.

Die professionelle Haltung der Fachkräfte hat deutliche Auswirkungen auf Entscheidungen und Form der Sozialen Einzelarbeit. Sozialarbeiter*innen müssen ein Forum haben, in dem sie sich mit ihrer persönlichen Haltung auseinandersetzen und die konkrete Arbeit mit Klient*innen supervidieren lassen können. Der Grundstein für eine reflektierte Haltung sollte bereits in der Ausbildung gelegt sein, sodass die Fachkraft die eigene grundsätzliche Ausrichtung und deren Auswirkungen im Umgang mit Klient*innen bewusst wahrnehmen kann und eine supervisorische Thematisierung anstrebt.

6 Situationsanalyse als Reflexionsmethode

Sucht man in der Fachliteratur zum Stichwort ‚Situationsanalyse' Erläuterungen, so zeigt sich schnell, dass es sich weder um einen klar definierten Begriff noch um ein in den verschiedenen Modellen zumindest ähnlich umrissenes Vorgehen handelt. Franz Stimmer z.b. benennt als eine mögliche Grundlegung methodischen Handelns in der Sozialen Arbeit unterschiedliche Formen von Situationsanalysen. Das Ziel einer solchen Analyse ist – so Stimmer – „ein möglichst konkretes, realitätsgerechtes und gegenwartsbezogenes Bild der Situation der Klienten aus deren Sicht zu entwerfen" (Stimmer 2006: 121) Hier also zeigt sich die Situationsanalyse als Ausgangsbasis der in unseren Modellen als Fallreflexion bezeichneten Arbeit mit Einzelnen und meint das Gesamtbild der Ressourcen- und Problemdarstellung, also einer Lebenslagenanalyse einer Klientin.

Spiegel hingegen geht in ihrem Modell einer Situationsanalyse für den Sozialen Bereich im Schwerpunkt auf die unterschiedlichen Wahrnehmungen und Bewertungen aus Sicht der Situationsbeteiligten ein, um abschließend Vorstellungen für das weitere methodische Vorgehen zu entwickeln. Diese Vorstellungen basieren auf dem Ergebnis der Situationsanalyse, das sich in der Problembeschreibung darstellt (vgl. Spiegel 2013: 149ff). Hier wird eine zeitlich eingegrenzte Situation des beruflichen Handelns betrachtet. In der Vorgehensweise wird der Fokus auf das Erkennen der zugrundeliegenden Probleme gerichtet, die die Fachkraft zu lösen hat.

Der berufliche Alltag von professionell Handelnden in der Sozialen Arbeit ist durch eine Vielzahl von Handlungssituationen geprägt, die mit direkten Handlungsaufforderungen einhergehen bzw. unmittelbare professionelle Interventionen erforderlich machen. Die jeweilige Intervention erfolgt auf der Grundlage einer spontanen Analyse der Situation durch die professionell Handelnden. Die erforderlichen Interventionen müssen in der Regel innerhalb sehr kurzer Zeit erfolgen, sodass die spontanen Analysen und die sich daraus ergebenden Handlungsentscheidungen intuitiv erfolgen und wenig Zeit für ein fachliches Einordnen und Bewerten bleibt. Fachkräfte haben daher oft den Eindruck ‚aus dem Bauch heraus' zu agieren und es fällt meist schwer, die jeweiligen Interventionen im Nachhinein methodisch zu benennen. Dieser Ablauf könnte ein Grund dafür sein, dass Sozialarbeitende auf Nachfrage oft nicht konkret erläutern können, vor welchem fachlichen Hintergrund sie handeln bzw. gehandelt haben. Hieraus entsteht der Eindruck, Sozialarbeitende würden ausschließlich auf Basis des ‚gesunden Menschenverstandes' agieren und die wichtigste fachliche Ressource für sie sei die Empathie. Auf dieser verbreiteten gesellschaftlichen Einschätzung fußt die Vorstellung, die Arbeit mit den jeweiligen Zielgruppen Sozialer Arbeit besonders in Bezug auf Kinder und alte Menschen könnte von Laien ebenso gut ausgeführt werden wie von (teureren) Fachkräften.

Als ein grundlegendes Strukturmerkmal der Praxis der Sozialen Arbeit stellt sich die professionelle Tätigkeit in der Regel als „Bewältigung spannungsvoller Balanceakte" (Müller 2002: 737) dar. Professionelles Handeln in der Sozialen Arbeit ist somit immer von Ungewissheit und Unübersichtlichkeit, von paradoxen und antinomischen Anforderungen sowie Fehleranfälligkeit geprägt. (vgl. Müller 2002: 737) Die Spannung des angesprochenen Balanceakts entsteht aus den äußeren und inneren Anforderungen. Die äußeren Anforderungen ergeben sich aus den Wünschen der Adressat*innen, aus den Zielen der Institution und den Ansprüchen gesellschaftlicher Aufträge. Die inneren Anforderungen ergeben sich aus der eigenen Haltung, mit der sich Sozialarbeitende in den Kontakt begeben bzw. sich der Situation stellen. Dies alles muss von Seiten der Sozialarbeitenden bewältigt und, wie bereits ausgeführt, im Rahmen der Ambiguitätstoleranz in Einklang gebracht werden. Auf welchen Ebenen hier reflektiert werden sollte, wird weiter unten unter dem Punkt ‚Methodische Umsetzung' näher ausgeführt.

Aus diesem Grund sind professionell Handelnde darauf angewiesen, ihre Situationswahrnehmungen zu reflektieren und ihr Handeln begründen zu können. Herwig-Lempp hebt hervor, dass Fachkräfte in der Sozialen Arbeit sowohl über einen Möglichkeitssinn, als auch über Entscheidungskompetenz verfügen müssen. Er geht davon aus, dass es keine eindeutigen Interpretationen von Handlungssituationen geben kann und dementsprechend auch immer mehrere Optionen für das Handeln in der konkreten Situation vorhanden sind. Um handlungsfähig zu bleiben, müssen die Fachkräfte in der Lage sein, sich entscheiden zu können (vgl. Herwig-Lempp 2003: 11).

"Entscheiden heißt: bewusst entscheiden, auswählen können. Man benötigt also mehrere Möglichkeiten, die man zur Verfügung hat, die man als Möglichkeit erkennt. Entscheiden heißt allerdings dann auch, begründen zu können, warum man sich so und nicht anders entscheidet." (Herwig-Lempp 2003: 11).

Da Fachkräfte in konkreten Situationen unter Handlungszwang (Dewe u.a. 1992: 81) stehen – also unmittelbar reagieren und eingreifen müssen – sind sie häufig gezwungen, sich intuitiv zu entscheiden. Professionell Handelnde sollten jedoch in der Lage sein, ihr Handeln im Rückblick theoriegeleitet zu reflektieren, zu begründen und Handlungsalternativen zu benennen (vgl. Ebert 2012b: 49).

Die Intention der Situationsanalyse ist es, eine Entscheidungssituation, in der sich Fachkräfte zum Zeitpunkt des Handelns befunden haben, zu rekonstruieren. Mit der Situationsanalyse wird das Ziel verfolgt, herauszuarbeiten, auf welche Weise professionell Handelnde bei ihren Entscheidungsfindungen von der jeweiligen Umwelt, den Beteiligten und den eigenen Intentionen beeinflusst wurden. Auf diese Weise soll das Bewusstsein für das Erkennen mehrdeutiger Situationswahrnehmungen, das Benennen unterschiedlicher Interventionsmöglichkeiten und die theoriegeleitete Begründung des professionellen Handelns geschärft werden. Je häufiger diese Reflexion – auch außerhalb von Supervisionen – in der Praxis erfolgt, desto deutlicher formt und erweitert sich das Repertoire an fachlich fundierten Handlungsalternativen für ähnliche Situationen. Aus diesem Grund ist die vorgeschlagene Situationsanalyse nicht nur für Studierende bzw. während des Berufseinstiegs oder eines Wechsels in andere Arbeitsfelder gedacht, sondern als fortlaufende Reflexion im beruflichen Alltag empfohlen. Was zunächst als zusätzlicher Arbeitsaufwand erscheint, stellt sich schnell als sinnvolle und arbeitserleichternde Ebene im alltäglichen Handeln heraus, die für Handlungssicherheit sorgt.

6.1 (Handlungs-) Situation – Definition und Bedingungen für die Reflexion

Unter einer (Handlungs-) Situation wird in diesem Zusammenhang eine konkrete Situation aus dem beruflichen Alltag der sozialarbeiterischen/ sozialpädagogischen Praxis verstanden. Konkret handelt es sich dabei um eine Situation, in die eine Fachkraft involviert ist und in der sie auf eine bestimmte Art und Weise agiert, reagiert und/ oder interveniert. Wir lehnen uns hier an die Definition Max Webers an, nach der Handeln ein äußeres oder innerliches Tun, Unterlassen oder Dulden bezeichnet, mit dem die Handelnden einen subjektiven Sinn verbinden. Sozial ist das Handeln dann, wenn es seinem subjektiven Sinn nach auf das Verhalten anderer bezogen und in seinem Ablauf an diesem orientiert ist (vgl. Weber 2010: 3). D.h. also in Bezug auf die Reflexion des Handelns im professionellen Kontext, dass in einer Situationsanalyse jegliches Verhalten der Fachkraft beleuchtet wird. Hierbei ist es unbedeutend, ob aktiv oder passiv gehandelt wurde. Die professionell agierende Person handelt einerseits im Rahmen ihres Arbeitsauftrags und orientiert sich andererseits an dem Sinn, den sie dem Verhalten der involvierten Person/en zuschreibt. Sowohl für die Auslegung des Arbeitsauftrages als auch für das Sinnverstehen benötigt die Fachkraft Deutungskompetenz.

Situation bedeutet ‚Sachlage, Stellung, Zustand' und leitet sich etymologisch aus dem französischen ‚situer' = ‚in die richtige Lage bringen', ‚einordnen' ab. Diese Betrachtung spiegelt die Intention der Verhaltensweisen aller Beteiligten ganz gut wider: Alle sind bemüht, etwas nach ihren subjektiven Empfindungen und Zielen in die für sie richtige Lage zu bringen bzw. in ihre Deutung des Kontextes einzuordnen. Zu fragen ist jedoch, wer die Macht hat zu bestimmen und vor allem durchzusetzen, was bezüglich dieser speziellen Situation im übergeordneten Sinne ‚das Richtige' ist.

Ganz allgemein definiert Goffman eine Situation wie folgt:

> „Mir geht es um die Situation, um das, dem sich ein Mensch in einem bestimmten Augenblick zuwenden kann; dazu gehören oft einige andere Menschen und mehr als die von allen unmittelbar Anwesenden überblickte Szene. Ich gehe davon aus, daß Menschen, die sich gerade in einer Situation befinden, vor der Frage stehen: Was geht hier eigentlich vor? Ob sie nun ausdrücklich gestellt wird, wenn Verwirrung und Zweifel herrschen, oder stillschweigend, wenn normale Gewissheit besteht – die Frage wird gestellt und die Antwort ergibt sich daraus, wie die Menschen weiter in der Sache vorgehen." (Goffman 1980: 16)

Eine Situation kann also als ein Ereignis von zeitlich umgrenzter Dauer, in das mehrere Personen involviert sind, definiert werden. Goffman hebt hervor, dass auch Personen, die nicht unmittelbar vor Ort sind, bspw. durch verinnerlichte Erwartungshaltungen eine Handlungssituation prägen können. Ein weiteres Merkmal ist, dass einzelne Elemente eines Ereignisses in einem Zusammenhang stehen. Ob das ‚Was' und ‚Wie' etwas vor sich geht für alle Beteiligten ersichtlich und nachvollziehbar ist, direkt thematisiert oder einfach hingenommen wird, ist zunächst unerheblich. Wesentlich ist aber, dass aufgrund der Situationsdefinition des Einzelnen jeder Beteiligte auf seine Weise – ob bewusst oder unbewusst, aktiv oder passiv – Einfluss auf das Geschehen nimmt.

Goffman hat sich intensiv mit der Frage befasst, wie der Einzelne eine konkrete Handlungssituation erfasst und wahrnimmt und sein Handeln situationsgerecht ausrichtet. Seine Rahmenanalyse verfolgt primär das Ziel, zu verdeutlichen, wie Menschen durch Gesten, Sprache und Handlungen sowohl sich selbst als auch ihrer sozialen Umwelt ihre Situationsdeutung vermitteln und sich damit überhaupt in die Lage versetzen, zu interagieren und handlungsfähig zu werden. (vgl. Hettlage 1991: 103)

> „Ein Rahmen entspricht einer Wirklichkeitssicht, einer Perspektive, in der ein gegebenes Problem gesehen und verstanden werden kann. Rahmen stellen dabei gewissermaßen das Organisationsprinzip der menschlichen Erfahrung und Interaktion dar." (Vogd 2004: 28)

Einerseits ermöglichen Rahmen bzw. Interpretationsschemata dem Einzelnen die ihm täglich begegnenden Situationen und Erfahrungen zu erkennen, zu verstehen und zusammenhängend zu interpretieren. Andererseits wird die Wahrnehmung der Welt auch durch die jeweiligen Interpretationsschemata des Einzelnen beeinflusst. Menschen haben die Neigung, ihre Eindrücke so umzudeuten, dass sie zu ihrer Interpretation der Ereignisse passen.

Merkmal professionellen Handelns ist, durch Reflexion vorschnelle einseitige Situationsdeutungen zu vermeiden und die eigenen Bewertungsmaßstäbe, Deutungsmuster oder Rahmen kritisch zu hinterfragen. Dies setzt voraus, dass die Einschätzung und Beurteilung einer Situation auf der Grundlage von wissenschaftlichen Theorien erfolgt und dass die geplante Intervention methodisch abgesichert und fundiert ist.

6.2 Geeignete Situationen für eine theoriegeleitete Reflexion

Grundsätzlich eignen sich alle Handlungssituationen des beruflichen Alltags für eine theoriegeleitete Reflexion. Da es im Ausbildungskontext um die Reflexion eigener Erfahrungen geht, sollte die Situation, die reflektiert wird, einen authentischen Charakter haben, also auf einem tatsächlich erlebten Ereignis aus der Praxis basieren. In die Situation sollten mindestens zwei Beteiligte, von denen eine die professionell Handelnde ist, involviert sein, da diese in der Regel unterschiedliche Interessen verfolgen und verschiedene – gegebenfalls auch widersprüchliche – Sichtweisen und Situationsdeutungen haben. In diesem Sinn sollte die zu analysierende Situation komplex sein. Komplexität bedeutet folglich jedoch nicht, dass die Situation extrem problematisch, kompliziert und nur mit vielen Erläuterungen nachzuvollziehen ist. Jede Situation, in der mit Klient*innen gearbeitet wird und die in ihrer subjektiven Bedeutung für die Fachkraft eine Besonderheit darstellt, kann reflektiert werden. Jede dieser Situationen lässt sich aus unterschiedlichen Perspektiven betrachten und beinhaltet eine tatsächliche Entscheidungs- bzw. Konfliktsituation, die zwar in einer konkreten Handlungsaufforderung oder Handlung mündet, aber unterschiedliche Lösungsmöglichkeiten offeriert. Da das professionelle Handeln im Zentrum der Analyse und Reflexion steht, wird der theoretischen Einordnung und Bewertung der vorgenannten Aspekte große Bedeutung beigemessen. (vgl. Dirscherl 2008: 1)

Darüber hinaus sollten die folgenden Aspekte bei der Formulierung der konkreten Handlungssituation Beachtung finden: Die Situation sollte im personalen Erzählstil kurz und prägnant verfasst werden. Die Beschreibung der Situation erfolgt aus der Sicht einer involvierten Fachkraft (Sozialarbeiter*in oder Praktikant*in). Wesentliche, für das Verständnis der Situation erforderliche Informationen müssen vorab benannt werden. Um einen Überblick über die Beteiligten zu schaffen, soll im ersten Schritt eine Beschreibung der Personen erfolgen, dies ermöglicht, wichtige Aspekte der jeweiligen Hintergründe zu benennen und damit im Weiteren einfließen lassen zu können. Die Beobachtungen sollen grundsätzlich wertfrei dargestellt werden, d.h. Vorgänge sollen sachlich beschrieben und authentisch wiedergegeben werden. (vgl. Dirscherl 2008: 1)

6.3 Methodische Umsetzung/ Reflexionsschritte

Schritt 1: Benennen der Beteiligten – sowohl der Klienten/ Klientinnen als auch der Mitarbeitenden

Im Folgenden werden nach gesonderten Kriterien alle beteiligten Personen kurz, dennoch aussagekräftig benannt. In Bezug auf die Adressat*innen bzw. die Klientel ist der Datenschutz zu beachten und sind dementsprechend weder die wirklichen Namen noch Geburtsdaten und Adressen zu verwenden.

Überblick über die beteiligten Fachkräfte (evtl. durch ungefähre Angaben):

- Name, Alter, Beruf, seit wann in der Institution tätig, Arbeitsbereich bzw. Aufgabengebiet, evtl. Bezug zur beteiligten Klientel

- Überblick über die beteiligten Klienten/ Klientinnen bzw. Kinder/ Jugendlichen. Sollten viele Personen beteiligt sein, ist es wichtig, zunächst diejenigen zu benennen, die herausragende Rollen in der Situation hatten, also die am Situationsverlauf ganz direkt Beteiligten. Danach werden zusammengefasst andere Anwesende (Zuschauende, andere Gruppenmitglieder, Menschen aus dem sozialen Umfeld etc.) benannt.

Direkt beteiligte Klientel
- Wie in der Fallreflexion bereits beschrieben, sollen die direkt beteiligten Personen kurz mit ihrem jeweiligen Hintergrund beschrieben werden:

- Geschlecht, Alter, Nationalität bzw. kultureller Hintergrund, Diagnose/n (fachliche Einordnung), seit wann mit welcher Zielsetzung in der Institution.

- Weiterhin können auch für die zu bearbeitende Situation relevante Daten zum sozialen Hintergrund wichtig sein, um eine angemessene Einschätzung der fachlichen Umgangsweise zu ermöglichen. Evtl. sind auch Angaben zum sozialen Umfeld wichtig, je nachdem worum es in der Situation geht.

- Auf jeden Fall sollte sich die reflektierende Fachkraft diese Daten bewusst machen, um einen umfassenden Überblick zu den direkt Beteiligten zu bekommen und zu entscheiden, welche Aspekte zum Verlauf der Situation beigetragen haben können.

Andere Anwesende
- In manchen Situationen sind andere Menschen anwesend, die nicht direkt in die zu reflektierende Situation involviert sind. Allein die Anwesenheit beeinflusst das Verhalten aller und damit auch den Verlauf der Situation.

- Um in der Reflexion dieses Faktum beachten zu können, werden die Nichtbeteiligten zusammenfassend genannt: Anzahl der Anwesenden, Geschlechterverhältnis, Nationalitäten, evtl. besondere persönliche Bezüge (z.B. Freund- oder Feindschaften, Vorgesetzte / Nachgeordnete, Nachbarn*innen etc.)

Schritt 2: Beschreibung des Ablaufs der Situation

Es erfolgt eine Prägnante und wertfreie Beschreibung sowohl der Ausgangssituation als auch des weiteren Verlaufs. Die nachfolgenden Fragen sollen eine Unterstützung für diese Beschreibung darstellen; nicht jede Frage ist passend für jede Situation:

- An welchem Ort bzw. in welchen Räumlichkeiten fand die Situation statt?

- Wie verhielten sich die Klientinnen/ Klienten?

- Was war mutmaßlich das auslösende Moment/ der auslösende Vorfall für die zu beschreibende Situation?

- Wie verlief die Situation weiter?

- Wer des Fachpersonals agierte in welcher Form?

Schritt 3: Begründung der Interventionsnotwendigkeit

- Arbeitsauftrag der Fachkraft/ der Fachkräfte

- Notwendigkeit im Rahmen der Gruppendynamik

- Notwendigkeit im Rahmen der sozialarbeiterischen/ sozialpädagogischen Zielsetzung bzw. der Zielsetzung der Institution

- Auswirkungen des Leitbilds und / oder der Konzeption

- Gesetzliche Gegebenheiten, die ein sofortiges Handeln erfordern

Schritt 4: Eigene Haltung in Bezug auf die Situation

Besonders das spontane und intuitive Handeln ist von eigenen Werten und Idealen geprägt, wenn nicht gar gesteuert. Je klarer hier die eigene grundsätzliche Reflexion ist, desto eindeutiger kann auch die jeweilige Haltung und Bedeutung persönlicher Werte in Bezug auf die Situation erfolgen. Welche Möglichkeiten dieser Reflexion bestehen, wurde oben ausgeführt.

In den nachfolgenden Fragen werden sinnvolle und notwendige Grenzen zwischen der professionellen und persönlichen/ privaten Rolle überschritten, zumindest verwischt. Es ist Aufgabe der Fachkraft, diese Fragen angemessen zu beantworten und die persönliche Integrität zu wahren. Dies bedeutet, dass manche inneren Abläufe, besonders wenn es um Projektionen und Übertragungen geht, nicht im Detail beschrieben und für Außenstehende deutlich werden sollten. Wichtig ist, die eigene Haltung im professionellen Kontext darstellen zu können.

In diesem Zusammenhang stellen sich der Fachkraft folgende Fragen:

- War ich emotional betroffen/ engagiert?

- Habe ich mir wichtige Werte oder Ideale verteidigt bzw. eingebracht? Wenn ja, welche?

- Stellte ich innere Parteilichkeiten für eine der beteiligten Personen/ Gruppierungen fest? Worauf basierte diese Haltung?

- Kenne ich solche bzw. ähnliche Situationen aus meinem eigenen Leben? Wie verhalte ich mich in diesen? Was wünsche ich mir in ähnlichen Situationen? Habe ich Verhaltensweisen oder Wünsche auf die vorliegende Situation projiziert? (die Themen dieses Punktes werden ausschließlich in einem inneren Prozess reflektiert und ausgewertet)

Je heftiger die eigenen Emotionen, desto deutlicher sollten die fachlichen Handlungen daraufhin bewertet werden, inwieweit die eigene Haltung die professionelle Distanz erschwerte.

Schritt 5: Beschreibung der sozialarbeiterischen/ sozialpädagogischen Intervention (theoriegeleitete Erläuterung)

Erläuterung der Zielsetzung, die aufgrund der unter Schritt 1–3 benannten Beteiligten und Abläufe verfolgt wurde:

- Wie stellt sich dieses spontan festgesetzte Ziel der Intervention in der Fachliteratur dar?

- Welche methodischen Schritte wurden zur Erreichung dieses Ziels vorgenommen und wie benennt die Fachliteratur diese Methoden/ Techniken?

Beschreibung des Erfolgs der vorgenommenen Intervention anhand der Reaktion/en der Beteiligten:

Vermutete Auswirkungen der Intervention

- auf die Hauptbeteiligten

- auf die anderen Anwesenden

- auf die anwesende/n Fachkraft/ Fachkräfte

- auf institutionelle Abläufe

Schritt 6: Benennen notwendiger oder möglicher Handlungsalternativen (theoriegeleitete Erläuterung)

Bei erfolgreicher Intervention:
- Gibt es andere sinnvolle Zielsetzungen zur konstruktiven Lösung der Situation? Wenn ja, woraus ergeben sich diese Ziele?
- Welche anderen methodischen Ansätze wären möglich und sinnvoll? (Fachliteratur)

- Wie würden sich die Auswirkungen einer solchen Intervention darstellen?

Bei nicht erfolgreicher Intervention:
- Welche Fakten sind übersehen bzw. nicht richtig bewertet worden (z.b. Hintergrund der Beteiligten, Auswirkungen bestimmter Symptome aufgrund von Erkrankungen/ Problematiken, Bezüge unter den Anwesenden etc.)?

- Welche Haltung der Fachkraft/ Fachkräfte wäre notwendig? Welche Auswirkungen hätte eine andere innere Haltung der agierenden Fachkraft/ Fachkräfte?

- Welche alternativen Möglichkeiten der methodischen Umsetzung könnten eine konstruktive Lösung bewirken? (Einbezug von Fachliteratur)

7 Problemanalyse

Wie sich in der Auseinandersetzung mit Problemlagen im Rahmen eines Falles bzw. einer Situation gezeigt hat, werden in der Reflexion immer wieder grundsätzliche Problematiken deutlich. Diese beeinflussen zwar den Fall oder die Situation in bestimmter Weise, sie sind jedoch auf einer übergeordneten Ebene angesiedelt und müssen auch auf der jeweils zugehörigen strukturellen Ebene bearbeitet und gelöst werden. Es kann sich um veränderungswürdige Organisationsstrukturen handeln oder auch um problematische Gegebenheiten auf gesellschaftlicher Ebene.

In Teil II Kapitel 3 haben wir im Rahmen der Multidimensionalen Fallreflexion darauf hingewiesen, dass auch gesellschaftliche Ausgrenzungen und Stigmatisierungen beachtet werden sollten, die sich erschwerend auf die Lebenssituation der Klientel auswirken. Es kann sich hierbei um Auswirkungen rechtlicher Grundlagen handeln, um gesellschaftlich opportunes Verhalten oder auch um Verstöße gegen berufsethische Prinzipien. Wie bereits verschiedentlich dargestellt, gehört es zu den Aufgaben der Sozialen Arbeit und deren Vertreter*innen, auf gesellschaftliche Missstände hinzuweisen und Veränderungen anzustoßen (siehe Teil I Kapitel 1 u. 2).

> „Die Krise des Sozialstaats angesichts der Herausforderungen durch Globalisierung, Dauerarbeitslosigkeit, Entsolidarisierung und Finanzierungsprobleme wirft die – scheinbar bereits gelösten – Grundfragen nach Menschenrechten, der Verteilung von Ressourcen, sozialer Gerechtigkeit, Inklusion und Exklusion wieder auf und zwingt auch die Soz[iale] Arb[eit], die es mit den Folgen der Krisenerscheinungen zu tun bekommt, zu ethischer Reflexion und politisch-moralischer Positionierung, will sie nicht auf die Rolle des unreflektierten ‚Sanitäters am Wegesrand' zurückgeworfen werden." (Münder 2013: 274)

Die Analyse der erkannten Probleme ist zum einen eine Grundlage zur im Zitat geforderten Positionierung, zum anderen die Möglichkeit zur Feststellung, in welchen Bereichen welche Veränderungen nötig bzw. möglich wären. Es geht also bei der Problemanalyse nicht ausschließlich um eine politisch-moralische Positionierung, sondern auch um eine aktive Lösungssuche, die zumindest in einem ersten, wenn auch nicht unbedingt umfassenden Schritt praktikable Möglichkeiten aufzeigt.

7.1 Grundlagen des Reflexionsmodells

In allen gesellschaftlichen Bereichen werden Problemanalysen durchgeführt, um komplexe Problemstellungen im Rahmen einer strukturierten Vorgehensweise zu bearbeiten und nach Möglichkeit zu lösen. Im industriellen Sektor wurden zertifizierte Modelle zur Problemanalyse und -lösung genutzt, um technische Probleme zu beheben, die im Rahmen des Produktionsprozesses auftreten. Auch im sozialwissenschaftlichen Kontext der Sozialen Arbeit finden sich Modelle der Problembearbeitung. Die vorliegende Problemanalyse basiert auf einem Modell von Wolfgang Hilligen (1985), das von ihm als didaktischer Ansatz zum problemlösenden Denken entwickelt wurde.

> „Problemlösen bedeutet das Beseitigen eines Hindernisses oder das Schließen einer Lücke in einem Handlungsplan durch bewusste kognitive Aktivitäten, die das Erreichen eines beabsichtigten Ziels möglich machen sollen." (Betsch, Funke u. Plessner 2011: 138)

Bei der ‚sozialwissenschaftlichen' Problemorientierung Hilligens stehen gesellschaftliche Probleme im Zentrum. Die im Folgenden dargestellte Problemanalyse lenkt den Blick auf strukturelle Probleme in Einrichtungen der Sozialen Arbeit. Die unterschiedlichen Interessen der handelnden Akteur*innen, Diskrepanzen zwischen handlungsleitenden Leitbildern bzw. Konzeptionen und der alltäglichen Praxis, unklare Aushandlungs- und Entscheidungsprozesse, Störungen bei der Organisation von Abläufen der Arbeitsbereiche, mangelnde oder fehlerhafte Umsetzung bestimmter Aufgaben der Institution etc. bilden den Kern dieser Problemanalyse (vgl. Petrik 2012: 3). Da soziale Probleme den Gegenstand der Sozialen Arbeit bilden, stehen die vorgenannten Aspekte häufig in Zusammenhang mit sozialpolitischen Entscheidungen und rechtlichen Rahmenbedingungen, die den Handlungsrahmen der Einrichtungen determinieren.

7.2 Analyse eines fachlichen Problems im institutionellen Kontext

Mit der Problemanalyse wird der Fokus auf den institutionellen Kontext gelegt, in dem das professionelle Handeln erfolgt. Die gesellschaftlichen und institutionellen Rahmenbedingungen haben großen Einfluss auf die Handlungsmöglichkeiten der einzelnen Akteur*innen in der täglichen Arbeit. Alltägliche – in der Regel unhinterfragte – Arbeits- und Handlungsroutinen verstellen den Blick auf die gesellschaftlichen und institutionellen Kontexte, in denen sie erbracht werden (vgl. Schmidt 2007: 28). Ziel einer Problemanalyse ist es, die strukturbezogenen Aspekte, die die Handlungsmöglichkeiten im institutionellen Setting positiv oder negativ beeinflussen, in das Bewusstsein zu rücken, um sie adäquat bearbeiten zu können.

> „Fachkräfte agieren in einer institutionellen ‚Lebenswelt', die erst ins Spiel kommt, wenn es um berufliches Handeln geht. Die Organisation einer Einrichtung ist der Dreh- und Angelpunkt für die Realisierung der individuellen Kompetenzen. Sie hat einen großen Einfluss auf das berufliche Auftreten der Fachkräfte, und sie stellt die Ressourcen für die Arbeit zur Verfügung. Ideelle und materielle Hilfen, politische und öffentlichkeitswirksame Wege stünden Einzelnen ohne institutionelle Macht nicht zur Verfügung." (Spiegel 2004: 129)

Die Orientierung einer Einrichtung im Feld der Sozialen Arbeit hängt wesentlich von dem Sinn ab, den die kollektiven Akteur*innen ihrem in diesem Rahmen wechselseitig aufeinander bezogenem Handeln zuschreiben. Die Sinnstiftung basiert auf den institutionellen Erklärungsansätzen für die von der Einrichtung zu bearbeitenden sozialen Problemlagen. Diese geteilte Problemsicht lenkt das Handeln der einzelnen Beteiligten in eine gemeinsame Richtung. In diesem Zusammenhang spricht Thomas Klatezki von einer ‚praktischen Ideologie' mit sinnstiftender Funktion (vgl. Klatezki 1999: 67). Inhaltlich wird diese ‚praktische Ideologie' durch gesellschaftliche Erwartungen, die ihren Niederschlag in den rechtlichen Rahmenbedingungen und den darauf basierenden Leistungsvereinbarungen mit den Trägern gefunden haben, determiniert. Weitere Einflüsse auf die Ideologie der Einrichtung üben das soziale Umfeld, die fachlichen Ansprüche der Mitarbeiter*innen und die Erwartungshaltungen der jeweiligen Zielgruppe aus (vgl. Spiegel 2013: 110f).

Im Prozess der Erarbeitung einer kollektiven Sinnstiftung (der Konzeption bzw. des Leitbilds) werden in der Regel nur bestimmte Sachverhalte thematisiert und problematisiert. Andere für die Arbeit relevante Aspekte werden von den sozialen Einrichtungen mehr oder weniger bewusst ausgeblendet. Schwierige Problemkonstellationen und ihre Entstehungskontexte geraten in den Hintergrund und werden kollektiv nicht mehr wahrgenommen (vgl. Klatezki 1999: 67). Darüber hinaus verändern sich die Problemlagen. Nehmen soziale Einrichtungen diese Veränderungen nicht wahr oder reagieren sie verspätet auf diese Entwicklungen, wirkt sich dies negativ auf die Handlungsmöglichkeiten der Sozialarbeiter*innen und den Erfolg der Arbeit insgesamt aus.

Hier setzt die Problemanalyse an, in dem die strukturellen Rahmenbedingungen und Ressourcen der Einrichtung in den Blickpunkt der Analyse genommen werden.

> „[D]as institutionelle Setting, in dem die Problematisierung stattfindet, [übt] einen massgeblichen Einfluss aus: ‚Not only are social problems repesentations organizationally produced and preferred models for interpretations, but their use is conditioned by prevailing local interpretative circumstances and culture' (Holstein/ Miller 1993: 148)." (Schmidt 2007: 30)

Es geht also in der Problemanalyse um Fragestellungen, wie bestimmte Störungen auf organisationeller oder gesellschaftlicher Ebene durch die Arbeit der sozialen Einrichtung so beeinflusst werden können, dass ihre Zielsetzungen erreicht und ethische Prinzipien der Sozialen Arbeit umgesetzt werden können. Hierbei kann es sich um strukturelle Problematiken der sozialen Einrichtung handeln, wie z.B. Auswirkungen von Personalführung oder hierarchischen Gegebenheiten, Umsetzung von qualitätssichernden Maßnahmen, Auswahl der Mitarbeiter*innen, Umsetzung des Leitbildes oder der Konzeption etc.

Es können auch Schwierigkeiten aufgrund rechtlicher Rahmenbedingungen sein: Bspw. ist im Falle von Eingliederungshilfe bei wesentlicher Behinderung die Definition ‚wesentlich' sehr unklar gehalten und in der Auslegung häufig gegenläufig zum Recht auf gesellschaftliche Teilhabe; das Wunsch- und Wahlrecht ist ein Instrument zur Verwirklichung des Selbstbestimmungsrechts und der Würde der Leistungsberechtigten und ein wesentliches Strukturprinzip des Kinder- und Jugendhilferechts, in der Praxis wird es aber häufig nicht dem gesetzlichen Anspruch entsprechend umgesetzt; auch für Menschen ohne Aufenthaltsstatus hat das Menschenrecht auf medizinische Versorgung Gültigkeit, medizinische oder andere öffentliche Einrichtungen sind jedoch dazu verpflichtet, illegalisierte Menschen bei den Ausländerbehörden anzuzeigen.

Ethische Problematiken in der Einrichtung wie z.B. rassistische/ sexistische Vorurteile im Team, die Missachtung des Selbstbestimmungsgebots der Kient*innen etc. können ebenso zum Gegenstand der Problemreflexion werden. Darüber hinaus ist diese Reflexionsmethode auch geeignet, sich mit für die Arbeit relevanten sozialen Problemen auseinanderzusetzen, wie zum Beispiel bestimmte zu erfüllende Kriterien für den Zugang zum Wohnungsmarkt (Prüfung SCHUFA-Eintrag) oder die Unmöglichkeit der Einrichtung eines Kontos für bestimmte Zielgruppen.

7.3 Aufbau der Problemanalyse

Die Problemanalyse erfolgt in fünf Schritten: Benennen des Problems, institutionelle Darstellung der Problematik, Benennen der beteiligten Personen oder Bereiche, Lösungsmöglichkeiten und Auswirkungen dieser Lösung/en. Wie bereits ausgeführt, kann es in der Problemanalyse meist nur um Lösungsstrategien gehen, weil die Problematiken auf der Metaebene angesiedelt sind und somit die Organisationsstruktur oder den rechtlichen Rahmen der Einrichtung betreffen bzw. sich auf gesellschaftliche Bedingungen beziehen. Um eine umfassende Veränderung herzustellen, müssen daher Gremien/ Organe eingreifen, die den Fachkräften meist nicht kurzfristig zugänglich sind.

Es geht also in dieser Analyse darum zu erfassen, wie sich das Problem innerhalb der sozialen Einrichtung darstellt. Damit wird erkannt, wie es sich auf die Soziale Arbeit auswirkt und wer oder welche Bereiche davon in welcher Weise tangiert werden. Es wird deutlich, welche Personen ein Interesse an Veränderung haben und wer sich für mögliche Umgestaltungen einsetzen könnte.

Die Lösungssuche macht deutlich, auf welcher Ebene (institutionell oder gesellschaftlich) agiert werden muss und gibt einen gedanklichen Rahmen dafür, wie über die jeweilige sozialarbeiterische Tätigkeit innerhalb des institutionellen Auftrags hinaus vorgegangen werden kann. Nicht immer liegt es in der Hand der einzelnen Fachkraft, Lösungsmöglichkeiten umsetzen zu können. Jedoch ist zur Umsetzung des Auftrags der Sozialen Arbeit aus unserer Sicht wichtig, dass sich Fachkräfte auch über die Grenzen der eigenen Tätigkeit bzw. der sozialen Einrichtung klar werden und Vorstellungen zu gesellschaftlicher Wandlung – auch mit ungewöhnliche Ideen – in die Überlegungen einbeziehen.

Im Folgenden werden die fünf Arbeitsschritte der Problemanalyse im Einzelnen erläutert:

Schritt 1: Benennen des Problems

Es wird erläutert, um welches fachliche Problem es geht. Ausgehend von der Schilderung der Relevanz dieses Problems für die Fachkraft, die die Analyse durchführt, wird die Problematik in seiner Erscheinungsform prägnant zusammengefasst beschrieben.

Schritt 2: Institutionelle Darstellung des Problems

In diesem zweiten Schritt wird erläutert, welche Bedeutung das Problem im Rahmen der sozialen Einrichtung hat. Es wird hinterfragt, welche Auswirkungen die Problematik auf bestimmte grundsätzliche Organisationsabläufe und/ oder die Arbeit mit der Klientel real hat und – als eine erste Hypothesenbildung – grundsätzlich haben kann.

Es werden alle notwendigen Fakten benannt, die zur Beurteilung des Problems notwendig sind, d.h. welches Wissen über Organisationen und deren Strukturen, rechtliche Rahmenbedingungen, gesellschaftliche Werte und Normen, politische Strukturen etc. muss eingebracht werden, um sich fachlich angemessen mit der Problematik auseinandersetzen zu können.

Mit diesen analytischen Überlegungen wird ein Überblick zu den Auswirkungen des beschriebenen Problems geschaffen. Dies dient der Schärfung des Verständnisses für die notwendigen Aspekte, die zur Bearbeitung erforderlich sind. Es erfolgt hiermit gleichzeitig eine Vorbereitung für die Lösungssuche.

Schritt 3: Benennen der Bereiche/ Personen, die vom Problem tangiert werden

In diesem dritten Schritt erfolgt die Betrachtung, wessen Interessen in positiver wie negativer Weise von der Problematik berührt werden. Hiermit wird deutlich, wer ein Interesse an einer Veränderung und wer ein Interesse am Beibehalten des Status quo haben könnte. Besonders bei den Personen, die die betroffenen Bereiche repräsentieren, und denjenigen, die in ihrer persönlichen Lebenssituation vom Problem berührt werden, müssen die subjektiven Auswirkungen beachtet werden. Je stärker sich die Problematik auf den persönlichen Bereich bezieht, desto eindeutiger ist der Wunsch nach Wahrung des Status quo oder Veränderung im Sinne eigener Interessen. Dies muss vor allem auch in der Lösungssuche sehr genau hinterfragt werden.

Es geht also darum, in welcher inhaltlichen Form, auch in welchem quantitativen Umfang sich dieses fachliche Problem in der alltäglichen Sozialen Arbeit äußert und wie die verschiedenen involvierten Akteur*innen und Interessensgruppen die Problematik wahrnehmen und bewerten.

Schritt 4: Lösungsmöglichkeiten

Nachdem nun alle wichtigen Daten gesammelt, die Interessensgruppen aufgezeigt und das notwendige Wissen für das angesprochene Problemgebiet benannt wurden, kann nun daran gearbeitet werden, welche Lösungen sich anbieten. Es werden Überlegungen dazu gemacht, welche institutionellen Maßnahmen, welche Interventionen oder Entscheidungen geeignet er-

scheinen, um das fachliche Problem zu lösen oder zumindest die negativen Auswirkungen zu mildern.
Wie bereits erläutert kann es sich allerdings auch um ein Problem handeln, dass nicht auf der institutionellen Ebene zu klären ist. Hier ist zu hinterfragen, welche (gesellschafts-) politischen Aktivitäten angezeigt sind, um Veränderungsanstöße zu geben oder auch um die vorliegende Problematik überhaupt erst als solche auf politischer Ebene zu verdeutlichen.
Geht es um eine solche Ausrichtung, stellt sich die Frage, welche Bereiche der Einrichtung für die Umsetzung der Ideen zuständig sind und was eventuell auch mit den jeweiligen Klient*innen durchgeführt werden könnte. Diese Überlegungen sollten von einschlägiger Fachliteratur unterstützt werden, auch um in notwendigen Statements wissenschaftlich fundierte Erläuterungen vornehmen zu können.

Schritt 5: Auswirkungen der gewählten Lösung

Mit diesem letzten Analyseschritt wird die gewählte Lösung dahingehend überprüft, ob alle spezifischen Belange sowohl der Einrichtung als auch der Profession sowie der übergeordneten gesellschaftlichen Interessen in ausreichender Form berücksichtigt worden sind. Die Auswirkungen auf die unter Schritt 3 genannten Bereiche und Personen werden aufgrund von Wirksamkeit und Zumutbarkeit bewertet. Es erfolgt somit eine Antizipation aller möglichen Konsequenzen, die sich aus der gewählten Lösung ergeben. Hieraus können sich Korrekturen ergeben oder es kann ein nochmaliges Überdenken der Lösungsmöglichkeiten notwendig sein. Sollte dies ergeben, dass ein anderer Lösungsweg gesucht werden muss, erfolgt eine Rückkehr zu Schritt 4 mit wiederum nachfolgenden Schritt 5.

7.4 Zusammenfassung

Die organisatorische Struktur sozialer Einrichtungen sowie rechtliche Rahmenbedingungen und gesellschaftliche Gegebenheiten können die Arbeit mit der Klientel behindern. Die Problemanalyse bildet einen Reflexionsrahmen, um Problematiken der Sozialen Arbeit einzuordnen, die sich auf diesen übergeordneten Ebenen ansiedeln, und angemessene Lösungsmöglichkeiten zu finden. Fünf Analyseschritte beleuchten das fachliche Problem mit seinen Auswirkungen auf Bereiche bzw. Personen, um adäquate Lösungsmöglichkeit zu eruieren.

Die sozialen Einrichtungen brauchen für ihre Organisationsentwicklung auch Rückmeldungen ihrer Fachkräfte, wenn institutionelle Strukturen die Arbeitsaufträge behindern. Des Weiteren haben Sozialarbeiter*innen den Auftrag, die Interessen ihrer Zielgruppen auf gesellschaftlicher Ebene zu vertreten und auf notwendige Veränderungen hinzuweisen. Das Modell der Problemanalyse unterstützt diese Aufgabenstellungen und soll den Umgang mit schwierigen Auswirkungen der Metaebenen auf die alltägliche Soziale Arbeit vereinfachen.

Gedanken zum Abschluss

„Die Realität sieht in Wirklichkeit ganz anders aus"
(Graffito – Borchert 2013: 32)

Tatsächlich – in Wirklichkeit kann die Realität ganz anders sein. Oder umgekehrt. Dieses kluge Graffito fasst sehr gut Inhalt und Intention unserer Ausführungen zusammen.

Wie beschrieben haben alle Akteurinnen und Akteure der Sozialen Arbeit einen unterschiedlichen Blick auf die Realitäten, die es zu beachten gilt. Die Klienten und Klientinnen führen in den Gesprächen ihre Wirklichkeit aus, die sie veranlasst, die Unterstützung der Sozialen Arbeit zu suchen. Die Sozialarbeiterinnen und Sozialarbeiter sehen die Realität ihrer Klientel in bestimmter Weise, nämlich gesteuert durch die jeweiligen Ausrichtungen der sozialen Einrichtungen, ihrer individuellen Menschenbilder und gesellschaftlicher Diskurse. Die sozialen Institutionen schaffen ihre Wirklichkeiten aufgrund ihrer Zielsetzungen und auch des Umstands, dass sie auf dem Markt der Anbieter bestehen und der Konkurrenz standhalten wollen. Und nicht zuletzt wirken die gesellschaftspolitischen Realitäten auf die gesamte Soziale Arbeit ein.

Der Inhalt dieses Buches folgte der Erkenntnis, dass die Reflexion auf den verschiedenen Ebenen für eine gute Soziale Arbeit von grundlegender Bedeutung ist. Fachkräften muss deutlich sein, vor welchem Hintergrund und besonders mit welchen Werten sie ihre jeweiligen Arbeitsaufträge umsetzen und was sie dabei, manchmal auch als ‚hidden Agenda' beeinflusst und steuert. Wenn sich Soziale Arbeit als Menschenrechtsprofession (Staub-Bernasconi) sieht – und die Wahrung der Menschenrechte ist eine ihrer genuinen Aufgaben – so muss sie immer wieder auf Verstöße aufmerksam machen. Sie hat den Auftrag, Menschen in der Vertretung ihrer Rechte nicht nur zu unterstützen, sondern auch für gesellschaftliche Veränderungen zu sorgen. Mit den hier vorgestellten Reflexionsmodellen möchten wir diese Zielsetzung fördern.

Es stellt sich immer wieder die Frage, wer aus welchen Interessen heraus welche Zielsetzungen wie verfolgt und ob dies auch im Sinne der Menschen ist, die von der Sozialen Arbeit vertreten werden. Menschen, die in der Regel eher am Rande unserer Gesellschaft stehen. Es sind Menschen, die – meist unfreiwillig – nicht an den materiellen und oft auch ideellen gesellschaftlichen Ressourcen teilhaben können, vielleicht sogar nicht teilhaben sollen, denn diese Mittel sind in zunehmender Weise sehr einseitig verteilt.

> „Das untere Drittel der Bevölkerung [Deutschlands] versinkt bereits in Armut und Schulden, das mittlere Drittel rutscht hinterher, wird abwärtsmobil, und die obersten 10 Prozent (>>Dezil<<) werden von der Entwicklung umso mehr nach oben gehievt, je tiefer die andern abrutschen. Die Bundesrepublik Deutschland ist in den letzten Jahren zum Paradies für Superreiche geworden, in dem rund hundert Milliardäre und etwa 400 000 (Multi-)Millionäre leben. Dem obersten Dezil der Bürger gehören heute fast zwei Drittel des Privatvermögens, und bei ihm landen circa 35 Prozent des Nettogesamteinkommens. Das oberste 1 Prozent an der Spitze nennt sogar mehr als ein Drittel aller Vermögen sein Eigen und dem winzigen obersten Promille gehören mit 22,5 Prozent fast ein Viertel und damit kaum weniger als 1969 noch dem kompletten obersten Prozent." (Borchert 2013: 17f)

Armut, besonders Kinderarmut steigt in der Bundesrepublik Deutschland in besorgniserregender Weise, immer mehr Menschen sind von psychischen Erkrankungen betroffen oder geraten in eine Suchtmittelabhängigkeit. Ausgelöst durch globale Krisen befinden sich mehr Männer, Frauen und Kinder als je zuvor auf der Flucht und suchen Schutz und Unterstützung u.a. in Deutschland.

Diese wenigen Beispiele zeigen, dass die Aufgaben der Sozialen Arbeit eher angewachsen sind als abgenommen haben. Es könnte daher erstaunen, dass der politische Wille dahin geht, dass trotzdem Mittel für die Aufrechterhaltung sozialer Einrichtungen oder Schaffung von notwendigen Arbeitsplätzen für Fachkräfte der Sozialen Arbeit gekürzt werden. Aber diese Entwicklung scheint nur denjenigen aufzufallen, die in irgendeiner Weise selbst betroffen sind und die haben meist keine politische Lobby. Die derzeitige Situation macht deutlich, dass es eine vorrangige gesellschaftliche Aufgabe sein müsste, die soziale Schieflage, in die Deutschland als Sozialstaat geraten ist, durch eine Stärkung der Sozialen Arbeit zumindest abzumildern.

Im Gegensatz dazu sieht die Realität in Wirklichkeit ganz anders aus. Mit der Agenda 2010

„begann der Einzug der Lobbyisten direkt an die Schaltstellen der Gesetzgebung in den Fachministerien. Seitdem stammen viele Gesetze oft nur noch formal vom Gesetzgeber, dem Deutschen Bundestag. Der steht zwar auf der Verpackung drauf, drin sind aber die Bertelsmann-Stiftung & Co. (in den Hartz-Gesetzen), die Banken und die Finanzindustrie (in der Riester-Rente), die Bundesvereinigung der deutschen Industrie und der Gesamtverband der deutschen Versicherungswirtschaft (in der Familienpolitik seit 2004). Die Liste ließe sich leicht um einige Kapitel verlängern." (Borchert 2013: 21)

Vielleicht erklärt sich daraus, dass Soziale Arbeit nicht im Fokus der Vergabe von Ressourcen steht und eher die Wirtschaft und vor allem Banken materiell unterstützt werden. Selbst an Hochschulen ist der Trend erkennbar, dass wirtschaftliches Denken – aus unserer Sicht viel zu wenig hinterfragt – die Planung und inhaltliche Ausrichtung steuern. Und so zeigt sich auch in diesem Bereich, wie sich die deutliche Ungleichheit zwischen Menschen auswirkt, die Jean Ziegler auf die „kannibalische Wirtschaftsordnung unseres Planeten" (Ziegler 2015: 49) zurückführt.

Der unserem Schlusswort vorangestellte Satz „Die Realität sieht in Wirklichkeit ganz anders aus" wirkt wie eine konstruktivistische Aussage. Wir wissen nicht, ob sich der Sprayer oder die Sprayerin diesem wissenschaftlichen Ansatz zugehörig fühlt. Die gängige Interpretation dieses Satzes geht meist in die Richtung, dass jede Person eine spezifische Wahrnehmung hat und sich daraus die jeweilige Wirklichkeit kreiert. Häufig erfolgt aufgrund dieser Einordnung eine aus unserer Sicht pseudoneutrale Bewertung, die zwangsläufig in einen für die konkrete Arbeit gefährlichen Wertrelativismus mündet. Im Rahmen der Sozialen Arbeit ist es jedoch wichtig, nicht nur die Wahrnehmungen auf individueller Ebene zu erkennen und damit angemessen umzugehen, sondern auf der gesellschaftlichen Meta-Ebene für eine Ausgewogenheit zu kämpfen und für die Wahrung der grundlegenden Werte unserer Demokratie, die im Grundgesetz verankert sind, einzustehen. Zur Erinnerung: Im Artikel 1 GG heißt es

„(1) Die Würde des Menschen ist unantastbar. Sie zu achten und zu schützen ist Verpflichtung aller staatlichen Gewalt.

(2) Das Deutsche Volk bekennt sich darum zu unverletzlichen und unveräußerlichen Menschenrechten als Grundlage jeder menschlichen Gemeinschaft, des Friedens und der Gerechtigkeit in der Welt."

Und leider muss wiederum konstatiert werden: Die Realität in Deutschland sieht in Wirklichkeit ganz anders aus! Deshalb sollten gerade Sozialarbeiterinnen und Sozialarbeiter nicht nachlassen, verstärkt daran zu arbeiten, dass die Soziale Arbeit nicht nur ihren eigentlichen inhaltlichen Wurzeln folgt. Sie muss vielmehr die gesellschaftliche Entwicklung mit einer an Menschenrechten ausgerichteten Zielsetzung unterstützen, damit der Mensch im Mittelpunkt steht.

Danksagung

Wir danken

- vor allem den Studierenden der Fakultät Soziale Arbeit und Gesundheit der HAWK Hildesheim, die uns mit ihren (auch unbequemen) Fragen und Rückmeldungen im Denken unterstützen und es Spaß macht, mit ihnen zu arbeiten; so mancher Gedanken dieses Buches wurde durch sie angeregt,

- allen Kolleginnen und Kollegen unseres Fachbereichs, weil wir uns gemeinsam immer wieder einen Rahmen des fachlichen Austauschs schaffen,

- Svenja Garbade, Cornelia Ott und Sebastian Stößel für ihre fachlichen Anregungen,

- Cordula Borbe für den kontinuierlichen und immer wieder bereichernden Gedankenaustausch,

- Meike Klüger für die Unterstützung bei zeitaufwändigen Recherchen,

- Beate Hetheier für den Blick aus der Praxis,

- und dem Förderverein der Fakultät ‚Soziale Arbeit und Gesundheit' an der Hochschule für Angewandte Wissenschaft und Kunst Hildesheim/ Holzminden/ Göttingen für die uns gewährte Unterstützung.

Abbildungs- und Tabellenverzeichnis

Abbildungsverzeichnis

Abb. 1: Drei Bereiche kritischer Praxis 22
Abb. 2: Ein systemisches Modell daseinsmächtiger Lebensführung 61
Abb. 3: Wissensformen 72
Abb. 4: Reflexionsprozess nach Boud, Keogh und Walker 83
Abb. 6: Gesellschaftlicher Leittypus (Grafik: Matthias Reuper) 97
Abb. 7: Öffentliche Träger sozialer Dienste 130
Abb. 8: Private Träger sozialer Dienste 132
Abb. 9: Finanzierungsquellen 142
Abb. 10: Sozialleistungsdreieck 143

Tabellenverzeichnis

Tabelle 1: Modul ‚Professionelle Identitätsbildung' 49
Tabelle 2: Modul ‚Diversity und Menschenrechte' 50
Tabelle 3: Modul ‚Professionalität und Berufseinstieg' 51
Tabelle 4: Aufgaben der Sozialen Arbeit 147f

Literatur

Abraham, Martin u. Büschges, Günter [2009]: Einführung in die Organisationssoziologie. Wiesbaden

Ahrendt, Walter [1973]: 1. Lesung des Entwurfs eines Sozialgesetzbuches – Allgemeiner Teil. In: Deutscher Bundestag: Drucksache 7/868; 51 Sitzung, 20.09.1973

Allport, Gordon W. [1971]: Die Natur des Vorurteils. Köln

Altrichter, Herbert [2000]: Handlung und Reflexion bei Donald Schön. In: Neuweg, Georg Hans (Hg.): Wissen Können Reflexion. Innsbruck, Wien u. München 201-221

Arnold, Susan [2009]: Vertrauen als Konstrukt. Sozialarbeiter und Klient in Beziehung. Marburg

Bäcker, Gerhard; Naegele, Gerhard; Bispinck, Reinhard; Hofemann, Klaus u. Neubauer, Jennifer [2010]: Sozialpolitik und soziale Lage in Deutschland. Bd. 2. Wiesbaden

Bamberger, Günter G. [2005]: Lösungsorientierte Beratung. Praxishandbuch. 3. vollständig überarbeitete Auflage. Basel

Bange, Dirk [2009]: Die Person des Helfers im Hilfeprozess. Kindheitserfahrungen der Helfer und ihr Umgang mit Kindeswohlgefährdungen – Untersuchungsergebnisse. In: Sozialmagazin 34. Jahrgang 10/2009 26-31

Barnett, Ronald [1977]: Higher Education: A Critical Business. Buckingham

Bartmann, Sylke [2008]: Vertrauen in kulturelle Differenz als möglicher Bildungsprozess. Vortrag im Rahmen des Forschungsforums „Vertrauensbildung – Bildungsvertrauen" beim DGfE-Kongress „Kulturen der Bildung im März 2008 an der TU Dresden",
http://www.bildungsvertrauen.de/material/dgfe_08_bartmann.pdf, [Download Februar 2015]

Bartmann, Sylke u. Immel, Oliver (Hrsg.) [2011]: Das Vertraute und das Fremde. Differenzerfahrung und Fremdverstehen im Interkulturalitätsdiskurs. Bielefeld

BASW – The British Association of Social Workers [2015]: Fall in adoption rates should be first step in righting a wrong. https://www.basw. co.uk/ news/ article/?id=962 [Download 01.06.15]

Bauer, Rudolph; Dahme, Hans-Jürgen u. Wohlfahrt, Norbert [2010]: Freie Träger. In: Thole, Werner (Hrsg.): Grundriss Soziale Arbeit. 3. Auflage Wiesbaden 813-829

Beauvoir, Simone de [2000]: Das andere Geschlecht. Sitte und Sexus der Frau. 14. Auflage. Hamburg

Becker-Lenz, Roland u. Müller, Silke [2009]: Der professionelle Habitus in der Sozialen Arbeit. Grundlagen eines Professionsideals. Bern u.a.

Begemann, Verena u. Rietmann, Stephan (Hrsg.) [2011]: Soziale Praxis gestalten. Orientierungen für ein gelingendes Handeln. Stuttgart

Betsch, Tilmann; Funke, Joachim u. Plessner, Henning [2011]: Allgemeine Psychologie für Bachelor: Denken - Urteilen, Entscheiden. Wiesbaden

Bieber, Daniel; Hielscher, Volker; Ochs, Peter; Schwarz, Christine u. Vaut, Simon [2005]: Organisatorischer Umbau der Bundesagentur für Arbeit. Hartz-Kommission. Erster Zwischenbericht 2005. Im Auftrag des Bundesministeriums für Wirtschaft und Politik. Berlin.

Bieker, Rudolf [2011]: Träger Sozialer Arbeit. In: Floerecke, Peter u. Bieker, Rudolf: Träger, Arbeitsfelder und Zielgruppen der Sozialen Arbeit. Stuttgart

Bielefeldt, Heiner [2007]: Menschenrechte in der Einwanderungsgesellschaft. Plädoyer für einen aufgeklärten Multikulturalismus. Bielefeld

Bielefeldt, Heiner [2013]: Menschenrechte und Interkulturalität. Zum Universalitätsanspruch der Menschenrechte angesichts des kulturellen Pluralismus. In: Yousef, Hamid Reza: Menschenrechte im Weltkontext. Wiesbaden 245-254

Bierhoff, Hans W. u. Buck, Ernst [1997]: Wer vertraut wem? Soziodemographische Merkmale des Vertrauens. In: Schweer, Martin K.W.: Vertrauen und soziales Handeln. Facetten eines alltäglichen Phänomens, Neuwied, Kriftel u. Berlin 99-114

Bimschas, Bärbel u. Schröder, Achim [2003]: Beziehungen in der Jugendarbeit. Untersuchung zum reflektierten Handeln in Profession und Ehrenamt. Wiesbaden

Bischoff, Joachim [2003]: Entfesselter Kapitalismus. Transformation des europäischen Sozialmodells. Hamburg

Bloom, Benjamin [1976]: Taxonomie von Lernzielen im kognitiven Bereich. Weinheim u. Basel

Böllert, Karin (2011): Funktionsbestimmungen Sozialer Arbeit. In: Otto, Hans Uwe. u. Thiersch, Hans (Hg.): Handbuch Sozialer Arbeit. 4. Auflage. Reinhardt. München 436-444

Bolton, Gillie. [2010] Reflective Practice Writing and Professional Development. 3. Auflage. London

Bommes, Michael u. Scherr, Albert [1996]: Soziale Arbeit als Exklusionsvermeidung, Inklusionsvermittlung und Exklusionsverwaltung. In: Neue Praxis 26 107-122

Borchert, Jürgen [2013]: Sozialstaatsdämmerung. München

Boud, David u. Miller, Nod [1996]: Animating learning from experiance. In: Boud, David u. Miller, Nod (Hrsg.):Working With Experience: Animating Learning. London u. New York. 3-13

Boud, David u. Walker, David [1998] Promoting Reflection in Professional Courses: The challenge of context. Studies in Higher Education 23(2): 191-206.

Boud, David; Keogh, Rosemary u. Walker, David [1985] Reflection: Turning experience into learning. London.

Bourdieu, Pierre [1985]: Sozialer Raum und Klassen. Frankfurt/ M..

Brake, Roland [2004]: Die Funktion der Selbsterfahrung im Studium der Sozialen Arbeit. 2. Auflage. Lage

Brisch, Karl Heinz [2011]: Die Bedeutung von Bindung in der Sozialen Arbeit. In: Begemann, Verena; Rietmann, Stephan (Hg.): Soziale Praxis gestalten. Orientierungen für ein gelingendes Handeln. Stuttgart 19-41

Bruce, Linda [2013]: Reflective Practice for Social Worker A Handbook for Developing Professional Confidence. Maidenhead/ Berkshire UK

Budde, Wolfgang u. Früchtel, Frank [2011]: Sozialraumorientierung. In: Deutscher Verein für öffentliche und private Fürsorge e.V.: Fachlexikon der Sozialen Arbeit. Baden-Baden 845-847

Chassé, Karl August u. Wensierski, Hans-Jürgen von [1999]: Praxisfelder der sozialen Arbeit. Eine Einführung. Weinheim

Children and Families act [2014]: Background and summary, http://www.legislation.gov.uk/ukpga/2014/6/notes/division/2, [Download] Juni 2015]

Cleppien, Georg [2012]: Über die Schwierigkeiten, Klient/innen zu vertrauen. In: Tiefel, Sandra u. Zeller, Maren (Hrsg.): Vertrauensprozesse in der Sozialen Arbeit. Baltmannsweiler 49-66

Conen, Marie-Luise u. Cecchin, Gianfranco [2009]: Wie kann ich Ihnen helfen, mich wieder loszuwerden? Therapie und Beratung mit unmotivierten Klienten und in Zwangskontexten. 2. Auflage. Heidelberg

Cremer-Schäfer, Helga [2014]: Diskussionsbeitrag. In: Cremer-Schäfer, Helga; Kessl, Fabian; May, Michael u. Scherr, Albert: Über den Sinn der Streitbarkeit in Fragen von Kritik und Reflexivität. Eine Virtuelle Diskussion. Widersprüche Nr. 132. 11-48

Daly, Mary [1985]: Gyn/Ökologie, eine Meta-Ethik des radikalen Feminismus. 3. Auflage. München

DBSH [1994]: Grundlagen für die Arbeit des DHSH e.V. Ethik in der Sozialen Arbeit. http://www.dbsh.de/fileadmin/downloads/Ethik. Vorstellungklein.pdf [Download 15.06.15]

DBSH [2009]: Berufsbild für Sozialarbeiter/innen und Sozialpädagogen /innen (mit den Abschlüssen Diplom, Bachelor und Master). http://www.dbsh.de/Berufsbildnovellierung_Endfassung_Jan_2009.pdf [Download14.05.15]

DBSH, Deutscher Berufsverband für Soziale Arbeit e.V. [2014]: Neufassung Definition Soziale Arbeit, http://www.dbsh.de/der-dbsh/dbsh-mitteilungen/dbsh-mitteilungen-2012/detailansicht/neufassung-der-definition-soziale-arbeit.html [Download14.05.15]

Dewe, Bernd [2003]: „Demokratische Rationalität" als Konvergenzperspektive für die politische Jugendbildung und Erwachsenenbildung. In: Dewe, Bernd; Wiesner, Gisela und Wittpoth, Jürgen (Hrsg.): Erwachsenenbildung und Demokratie. Dokumentation der Jahrestagung 2002 der Sektion Erwachsenenbildung der Deutschen Gesellschaft für Erziehungswissenschaft. Bielefeld. 227-234

Dewe, Bernd [2013]: Reflexive Sozialarbeit im Spannungsfeld von evidenzbasierter Praxis und demokratischer Rationalität – Plädoyer für die handlungstheoretische Entfaltung reflexiver Professionalität. In: Becker-Lenz, Roland; Busse, Stefan; Ehlert, Gudrun u. Müller-Hermann, Silke (Hrsg.): Professionalität in der Sozialen Arbeit. Standpunkte, Kontroversen, Perspektiven. 3. Auflage. Wiesbaden 95-116

Dewe, Bernd u. Otto, Hans-Uwe [2002]: Wissenschaftstheorie. In: Otto, H.-U./Thiersch, H. (Hrsg.): Handbuch Sozialarbeit/Sozialpädagogik. 2. Auflage. Neuwied 1966-1979

Dewe, Bernd u. Otto, Hans-Uwe [2012]: Reflexive Sozialpädagogik: Grundstrukturen eines neuen Typs dienstleistungsorientierten Professionshandeln In: Thole, W. (Hrsg.): Grundriss Soziale Arbeit: ein einführendes Handbuch. 4. Auflage. Wiesbaden 197-217

Dewe, Bernd; Ferchhoff, Wilfried u. Radtke, Frank-Olaf (Hrsg.) [1992]: Erziehen als Profession. Zur Logik professionellen Handelns in pädagogischen Feldern. Opladen

Dewey, John [2008]: In The Later Works of John Dewey, Volume 8, 1925 - 1953: 1933, Essays and How We Think, Revised Edition

DGSv. Deutsche Gesellschaft für Supervision e.v. [2003]: Ethische Leitlinien. Köln

Dirscherl, Elisabeth [2008]: Konstruktion von Handlungssituationen für den Lernfeldunterricht und die Prüfungserstellung an Fachakademien für Sozialpädagogik. Im Internet: http://faks-bayern.de/download/beitraege/ed_kompetenzorientierte_pruefung_anlage-konstruktion.pdf [Download 01.05.2014)

Dörr, Margret u. Müller, Burkhard (Hrsg.) [2012]: Nähe und Distanz: Ein Spannungsfeld pädagogischer Professionalität. 3. aktualisierte Auflage. Weinheim u. München

Dörrlamm, Martin [2006]: Professionelle Nähe – auf Distanz zum Status quo. In: Widersprüche. Zeitschrift für sozialistische Politik im Bildungs-, Gesundheits- und Sozialbereich 26. Jahrgang Heft 100. 155-160

Düring, Diana [2012]: Vertrauensbrüche in sozialpädagogischen Kontexten – eine Perspektive auf die institutionellen Bedingungen. In: Tiefel, Sandra u. Zeller, Maren (Hrsg.): Vertrauensprozesse in der Sozialen Arbeit. Baltmannsweiler 107-122

Ebert, Jürgen [2012a]: Erwerb eines professionellen Habitus im Studium der Sozialen Arbeit. Hildesheim

Ebert, Jürgen [2012b]: Reflexion als Schlüsselkategorie professionellen Handelns in der Sozialen Arbeit. 2. Auflage. Hildesheim

Ebert, Jürgen [2013a]: Aneignung eines professionellen Selbstverständnisses II – Analyse von Modulen zur Habitus- und Identitätsbildung aus Bachelor-Studiengängen 'Soziale Arbeit' im Vereinigten Königreich Großbritannien und Nordirland (England, Nordirland, Schottland u. Wales). Hildesheim https://www.hawk-hhg.de/sozialearbeitundgesundheit/media/Professionelles _Selbstverstaendnis_II.pdf [Download 15.01.15]

Ebert, Jürgen [2013b]: New Managerialism. Eine Gefahr für die Profession? – Die Bedeutung der Aufhebung demokratischer Strukturen für die Arbeitsbeziehungen in der Sozialen Arbeit. Im Internet: http://www.hawkhhg.de/sozialearbeitundgesundheit/media/SozialeArbeitu ndDemokratie.pdf [Download 15.01.15]

Einmischen – Unabhängiges Forum kritische Soziale Arbeit [2011]: Resolution Berliner Arbeitstagung Kritische Soziale Arbeit 2011. http://einmischen.info/joomla2.5/index.php/resolution [Download 15.07.13]

Endreß, Martin [2002]: Vertrauen. Bielefeld

Engel, Heike [2011]: Sozialpolitische Grundlagen der Sozialen Arbeit. Stuttgart

Falterbaum, Johannes [2009]: Rechtliche Grundlagen Sozialer Arbeit: Eine praxisorientierte Einführung. Stuttgart

Faulstich, Peter [2013]: Kompetenz statt Bildung. Url.: http://www.epb.uni-hamburg.de/files/u58/Meissen_kompetenz_bildung.pdf [Download 13.01.13]

Fook, Jan [2002]: Social Work: Critical Theory and Practice. London

Fook, Jan. u. Askeland, Gurid Aga (2007) Challenges of Critical Reflection: Nothing ventured, nothing gained. Social Work Education, 26(5): 520-33

Galister, Ann [2008]: Introducing critical practice. In Fraser, Sandy and Matthews, Sarah: The Critical Practitioner in Social Work and Health Care. London 8-26

Galuske, Michael [2002]: Flexible Sozialpädagogik. Elemente einer Theorie Sozialer Arbeit in der modernen Arbeitsgesellschaft. Weinheim

Galuske, Michael [2015]: Methoden der Sozialen Arbeit. In: Otto, Hans-Uwe u. Thiersch, Hans (Hrsg.): Handbuch Soziale Arbeit. Grundlagen der Sozialarbeit und Sozialpädagogik. 5. Erweiterte Auflage. München 1021-1035

Gibbs, Graham [1988]: Learning by doing: a guide to teaching and learning method. Oxford

Gillis, Geraldine [1988]: Schön's Reflective Practitioner: A Model for Teacher. In: Grimmet, Peter P. & Erickson, Gaalen L (Hrsg.): Reflection in Teacher Education. New York 47-53.

Glasl, Friedrich [2010]: Konfliktmanagement. Ein Handbuch für Führungskräfte, Beraterinnen und Berater. 10. aktualisierte und ergänzte Auflage. Stuttgart

Goffman, Erving [1973]: Interaktion: Spaß am Spiel, Rollendistanz. München

Goffman, Erving [1980]: Rahmen-Analyse. Ein Versuch über die Organisation von Alltagserfahrungen. Frankfurt/ M.

Graf, Pedro [1995]: Konzeptentwicklung. Alling

Hafeneger, Benno [2011]: Soziale Benachteiligung. In: Deutscher Verein für öffentliche und private Fürsorge e.V.: Fachlexikon der Sozialen Arbeit. Baden-Baden 783

Hall, Stuart [2000]: Rassismus als ideologischer Diskurs. Vortrag gehalten am 17.5.1989 in Hamburg. In: Räthzel, Nora (Hrsg.): Theorien über Rassismus, Hamburg 7-16

Hartmann, Martin u. Offe, Claus (Hrsg.) [2001]: Vertrauen. Die Grundlage des sozialen Zusammenhalts. Frankfurt/ M.

Haselbacher, Christine [2009]: Das Interview und seine Folgen. In: Riegler, Anna; Hojnik Sylvia u. Posch, Klaus: Soziale Arbeit zwischen Profession und Wissenschaft. Vermittlungsmöglichkeiten in der Fachhochschulausbildung. Wiesbaden 347-37

Heiner, Maja (Hrsg.) [2004]: Diagnostik und Diagnosen in der Sozialen Arbeit. Ein Handbuch. Gelsenkirchen

Heiner, Maja [2010a]: Soziale Arbeit als Beruf. Fälle – Felder – Fähigkeiten. 2. durchgesehene Auflage. München u. Basel

Heiner, Maja [2010b]: Kompetent handeln in der Sozialen Arbeit. München u. Basel

Heiner, Maja; Meinhold, Marianne u. Spiegel, Hiltrud von [1994]: Methodisches Handeln in der Sozialen Arbeit. Freiburg/ Br.

Helsper, Werner; Krüger, Heinz-Hermann u. Rabe-Kleberg, Ursula [2000]: Professionstheorie, Professions- und Biographieforschung In: ZBBS Heft 1/2000 5-19

Herrmann, Franz [2006]: Konfliktarbeit. Theorie und Methodik Sozialer Arbeit in Konflikten. Wiesbaden

Herwig-Lempp, Johannes [2002]: Beziehungsarbeit ist lernbar. Systemische Ansätze in der Sozialpädagogischen Familienhilfe, In: Pfeiffer-Schaupp, Hans-Ulrich (Hrsg.): Systemische Praxis Modelle, Konzepte, Perspektiven, Freiburg/ Br. 39-62

Herwig-Lempp, Johannes [2003]: Welche Theorie braucht Soziale Arbeit? In: Sozialmagazin 2/2003 12-21

Herwig-Lempp, Johannes u. Kühling, Ludger [2012]: Sozialarbeit ist anspruchsvoller als Therapie. ZSTB 30 (2) 51-56

Hettlage, Robert [1991]: Rahmenanalyse - oder die innere Organisation unseres Wissens um die Ordnung der sozialen Wirklichkeit. In: Hettlage, Robert u. Lenz, Karl (Hg.): Erving Goffman. Ein Soziologischer Klassiker der 2. Generation? 95-154

Hilligen, Wolfgang [1985]: Zur Didaktik des politischen Unterrichts: Wissenschaftliche Voraussetzungen, Didaktische Konzeptionen, Unterrichtspraktische Vorschläge. 5. Auflage. Opladen

Hinte, Wolfgang [2001]: Wie verhalte ich mich „richtig"? In: Sozial extra: Zeitschrift für soziale Arbeit. Jg. 2001/10 13-18

Hinüber, Wassili [2014]: Psychose und Beziehungsarbeit in der Akutpsychiatrie – Das Soteria-Konzept. In: Trost, Alexander (Hrsg.): Bindungsorientierung in der Sozialen Arbeit. Grundlagen – Forschungsergebnisse – Anwendungsbereiche. Dortmund 185-194

Hochschule für angewandte Wissenschaft und Kunst Hildesheim/ Holzminden/ Göttingen. Fakultät Soziale Arbeit und Gesundheit (HAWK) [2010]: Studienordnung für den Bachelor-Studiengang Soziale Arbeit der Fakultät Soziale Arbeit und Gesundheit Hildesheim. Hildesheim

Hochschule für angewandte Wissenschaft und Kunst Hildesheim/ Holzminden/ Göttingen, Fakultät Soziale Arbeit und Gesundheit (HAWK) [2011]: Bachelor of Arts Studiengang Soziale Arbeit – Modulhandbuch. Hildesheim

Höfling, Wolfram [2002]: Kommentierung des Art. 1 (Menschenwürde, Menschenrechte, Grundrechtsbindung). In: Sachs, Michael: Grundgesetz. Kommentar. 3. Auflage. München 78-115

Holstein, James A. u. Miller, Gale, [1993]: Social Constructionism and Social Problems Work. In: Holstein, J.A./Miller, G. (Hrsg.), Reconsidering Social Constructionism: Debates in Social Problems Theory. Hawthorne, NY

Holzkamp, Klaus [1985]: Grundkonzepte der Kritischen Psychologie. In: Diesterweg-Hochschule: Gestaltpädagogik – Fortschritt oder Sackgasse. Berlin 31-38

Horkheimer, Max [1987]: Gesammelte Schriften: Band 2 Philosophische Frühschriften 1922-1932. Frankfurt/ M.

Hosemann, Wilfried u. Geiling, Wolfgang [2013]: Einführung in die Systemische Soziale Arbeit. Stuttgart

IFSW – International Federation of Social Workers [2000]: Montreal-Erklärung. Online im Internet: http://www.sozialarbeit.at/files/definition-international_1.pdf [Download 01.08.15]

IFSW – International Federation of Social Workers [2014]: Global Definition of Social Work Profession. http://www.dbsh.de/fileadmin/downloads/Übersetzung_der_Definiton_Sozialer_Arbeit_deutsch.pdf [Download 01.08.15]

Kähler, Harro Dietrich [2005]: Soziale Arbeit in Zwangskontexten: Wie unerwünschte Hilfe erfolgreich sein kann. München

Kanning, Uwe Peter [2003]: Diagnostik sozialer Kompetenzen. Göttingen

Kessl, Fabian [2014]: Diskussionsbeitrag. In: Cremer-Schäfer, Helga; Kessl, Fabian; May, Michael u. Scherr, Albert: Über den Sinn der Streitbarkeit in

Fragen von Kritik und Reflexivität. Eine virtuelle Diskussion. Widersprüche Nr. 132 11-48

Klafki, Wolfgang [1985]: Neue Studien zur Bildungstheorie und Didaktik. Weinheim

Klann-Delius, Gisela [2005]: Sprache und Geschlecht. Stuttgart

Klatezki, Thomas [1999]: Qualitäten der Organisation. In: Merchel, Joachim: Qualität in der Jugendhilfe Münster 61-77

Kleve, Heiko [2003]: Geschichte, Theorie, Arbeitsfelder und Organisationen Sozialer Arbeit. Reader: Fragmente – Definitionen, Einführungen und Übersichten. Berlin. Im Internet: www.ash-berlin.eu/hsl/docs/2427/Reader.doc [Download 31.02.14]

Klinger, Cornelia u. Knapp, Gudrun-Axeli [2005]: Achsen der Ungleichheit – Achsen der Differenz. Verhältnisbestimmungen von Klasse, Geschlecht, ‚Rasse'/ Ethnizität. In: Transit – Europäische Revue 29 72-96.

Klüsche, Wilhelm (Hrsg.) [1994]: Professionelle Identitäten in der Sozialarbeit/ Sozialpädagogik: Anstöße, Herausforderungen und Rahmenbedingungen im Prozess der Entwicklung eines beruflichen Selbstverständnisses. Mönchengladbach

Klüsche, Wilhelm (Hrsg.) [1999]: Ein Stück weitergedacht ... Beiträge zur Theorie- und Wissenschaftsentwicklung der Sozialen Arbeit. Freiburg/ Br.

Kolhoff, Ludger [2012]: Soziale Arbeit und Sozialmanagement. In: Rudolf Bieker, Edeltraud Vomberg (Hrsg.): Management in der Sozialen Arbeit. Stuttgart 11-33

König, Eckard u. Volmer, Gerda [2014]: Handbuch Systemische Organisationsberatung. Grundlagen und Methoden. 2. komplett überarbeitete Auflage. Weinheim u. Basel

Krampen, Günter [1997]: Zur handlungs-, persönlichkeits- und entwicklungstheoretischen Einordnung des Konstrukts Vertrauen. In: Schweer , Martin K. W. (Hrsg.): Vertrauen und soziales Handeln. Facetten eines alltäglichen Phänomens. Neuwied. 16-61

Kreisky, Eva [2002]: Ideologie – Ideologiekritik. http://evakreisky.at/onlinetexte/nachlese_ideologie_ideologiekritik.pdf

Kreutz, Diana u. Trost, Alexander [2014]: Bindungsstile bei Professionellen der Sozialen Arbeit. In: Trost, Alexander (Hrsg.): Bindungsorientierung in der Sozialen Arbeit. Grundlagen – Forschungsergebnisse – Anwendungsbereiche. Dortmund

Kruchem, Thomas [2015]: Sicherheitsrisiko Mutter. Zwangsadoption in Großbritannien, Deutschlandradio Kultur, Weltzeit, Beitrag vom 08.04.2015, http://www.deutschlandradiokultur.de/zwangsadoptionen-in-grossbritannien-sicherheitsrisiko-mutter.979.de/html?dram:article_id=316370 [Download 09.04.15]

Limbrunner, Alfons [1998]: Die Systematik beruflichen Handelns. Ein Beitrag zur Handlungslehre in der Sozialen Arbeit. Sozialmagazin, 2/1998 16-20

Lob-Hüdepohl, Andreas u. Lesch, Walter (Hrsg.) [2007]: Ethik sozialer Arbeit. Ein Handbuch. Paderborn

Lopéz-Frank, Ulla [1995]: Zur Verantwortlichkeit von SupervisorInnen. In: Sonntag, Ute u.a.: Übergriffe und Machtmissbrauch in psychosozialen Arbeitsfeldern: Phänomene – Strukturen – Hintergründe. Tübingen

Luhmann, Niklas [1989]: Vertrauen. Ein Mechanismus der Reduktion sozialer Komplexität. 3. durchgesehene Auflage. Stuttgart

Luhmann, Niklas, [2000]: Organisation und Entscheidung. Opladen

Lukas, Helmut [2011]: Arbeitsfeldanalyse. In: Deutscher Verein für öffentliche und private Fürsorge e.V.: Fachlexikon der Sozialen Arbeit. Baden-Baden 52

Maaser, Wolfgang [2010]: Sozialstaat und Soziale Arbeit. Soziale Gerechtigkeit als Grundlage der Profession. In: Blätter der Wohlfahrtspflege 1/ 2010 9 -11

Mäder, Ueli [2006]: Kritische Soziale Arbeit – Widerständig konstruktiv. In Widersprüche: Was ist heute kritische Soziale Arbeit. Bielefeld 203-208

Marx, Karl u. Engels, Friedrich [1976]: Werke. Band 1. Berlin

Mecke, Axel [2006]: Die Sprache der Mediation in: Haynes u.a.: Mediation – Vom Konflikt zur Lösung. 2. Auflage. Stuttgart 278-330

Meinhold, Marianne u. Lob-Hüdepohl, Andreas [2007]: Ethik der Organisationsformen Sozialer Arbeit. In: Lob-Hüdepohl, Andreas u. Lesch, Walter (Hg.): Ethik Sozialer Arbeit. Ein Handbuch. Paderborn 331-346

Miebach, Bernhard [2006]: Soziologische Handlungstheorie. Eine Einführung. 2. grundlegend überarbeitete und aktualisierte Auflage. Wiesbaden

Mills, C Wright [2000]: The Sociological Imagination. With a new afterword by Todd Gitlin. Oxford

Müller, Burkhard [1991]: Die Last der großen Hoffnungen. Methodisches Handeln und Selbstkontrolle in sozialen Berufen. Weinheim u. München

Müller, Burkhard [2002]: Professionalisierung. In: Thole, Werner: Grundriss Soziale Arbeit. Opladen 725-744

Müller, Burkhard [2012]: Sozialpädagogisches Können. Ein Lehrbuch zur multiperspektivischen Fallarbeit. 7. überarbeitete und erweiterte Auflage. Freiburg/ Br.

Müller, Johannes [1973]: 1. Lesung des Entwurfs eines Sozialgesetzbuches – Allgemeiner Teil. In: Deutscher Bundestag: Drucksache 7/868; 51 Sitzung, 20.09.1973

Münder, Johannes [2013]: Ethik. In: Kreft, Dieter; Mielenz, Ingrid (Hrsg.): Wörterbuch Soziale Arbeit. Aufgaben, Praxisfelder, Begriffe und Methoden der Sozialarbeit und Sozialpädagogik. 7. vollständig überarbeitete und aktualisierte Auflage. Weinheim u. Basel 273-275

Munro, E. [2011]: The Munro Review of Child Protection: Final Report. A Child Centred System. Norwich: The Stationary Office. Url.: http://www.education.gov.uk/munroreview/downloads/8875_DfE_Munro_R eport_TAGGED.pdf [Download 03.01.13]

Neuweg, Georg Hans [2000]: Können und Wissen. Eine alltagssprachphilosophische Verhältnisbestimmung. In: Neuweg, Georg Hans (Hg.): Wissen Können Reflexion. Innsbruck, Wien u. München 65-82

Neuweg, Georg Hans [2005]: Emergenzbedingungen pädagogischer Könnerschaft. In Heid, Helmut u. Harteis, Christian (Hrsg.): Verwertbarkeit. In: Qualitätskriterium (erziehungs-)wissenschaftlichen Wissens? Wiesbaden 205-228

Nieke, Wolfgang [2015]: Interkulturelle Soziale Arbeit. In: Otto, Hans-Uwe u. Thiersch, Hans (Hrsg.): Handbuch Soziale Arbeit. Grundlagen der Sozialarbeit und Sozialpädagogik. 5. erweiterte Auflage. München u. Basel 717-724

Noack, Winfried [2001]: Sozialpädagogik. Ein Lehrbuch. Freiburg/ Br.

Nussbaum, Martha C. [1999]: Gerechtigkeit oder Das gute Leben. Frankfurt/ M.

Nussbaum, Martha C. [2002]: Konstruktionen der Liebe, des Begehrens und der Fürsorge: Drei philosophische Aufsätze. Frankfurt/ M.

Nussbaum, Martha C. [2006]: Frontiers of Justice. Disability, Nationality, Species Membership. Cambridge u. London

Oevermann, Ulrich [2000]: Die Methode der Fallrekonstruktion in der Grundlagenforschung sowie der klinischen und pädagogischen Forschung. In: Kraimer, Klaus (Hrsg.): Die Fallrekonstruktion. Frankfurt/ M. 58-156

Otto Hans-Uwe u. Ziegler Holger [2008]: Der Capabilities-Ansatz als neue Orientierung in der Erziehungswissenschaft. In: Otto Hans-Uwe u. Ziegler Holger (Hrsg.): Capabilities - Handlungsbefähigung und Verwirklichungschancen in der Erziehungswissenschaft. Wiesbaden 9-13

Pattar, Andreas Kurt [2012]: Sozialhilferechtliches Dreiecksverhältnis – Rechtsbeziehungen zwischen Hilfebedürftigen, Sozialhilfeträgern und Einrichtungsträgern. Einführung in die rechtlichen Grundlagen. In: Sozialrechtaktuell 3/2012 85-99

Penke, Swantje [2009]: Soziale Arbeit in Bewegung – Die „Arbeitskreise Kritische Sozialarbeit" gestern und heute. In: Leonie Wagner (Hrsg.): Soziale Arbeit und Soziale Bewegungen. Wiesbaden 192-205

Petermann, Franz [2013]: Psychologie des Vertrauens. 4. überarbeitete Auflage. Göttingen

Petrik, Andreas [2012]: Der heimliche politikdidaktische Kanon. Acht fachdidaktische Prinzipien und sechs „teacher beliefs" als Kern einer kompetenzorientierten Politiklehrerausbildung In: Juchler, Ingo (Hg.): Unterrichtsleitbilder in der politischen Bildung: Theoriebildung - Praxisrelevanz - Kontroversen. Schriftenreihe der Gesellschaft für Politikdidaktik und politische Jugend- und Erwachsenenbildung. Schwalbach/ Ts.

Pfeiffer-Schaupp, Hans-Ulrich (Hrsg.) [2002]: Systemische Praxis Modelle, Konzepte, Perspektiven, Freiburg/ Br.

Polanyi, Michel [1985]: Implizites Wissen. Frankfurt/ M. (Orig.: The Tacit Dimension. Garden City, New York 1966)

Preisendörfer, Peter [2011]: Organisationssoziologie. Wiesbaden

Prömmel, Erdmann [2006]: Liebe Widersprüche-Redaktion. In: Widersprüche: Was ist heute kritische Soziale Arbeit. Bielefeld 25-31

Puch, Hans-Joachim [1997]: Organisation im Sozialbereich. Freiburg/ Br. 1997

Pühretmayer, Hans u. Puller, Armin [2011]: Grundlagen sozialwissenschaftlicher Denkweisen. Critical realism: Eine Definition. http://www.univie.ac.at/sowi-online/esowi/cp/denkenpowi/denkenpowi-39.html [Download 20.07.14]

Pusch, Luise F. [1984]: Das Deutsche als Männersprache: Aufsätze und Glossen zur feministischen Linguistik, Frankfurt/ M.

Rawls, John [1971]: Eine Theorie der Gerechtigkeit. Frankfurt/ M.

Rawls, John [1992]: Der Vorrang des Rechten und die Idee des Guten. In: Hinsch, Wilfried (Hrsg.): Rawls, John. Die Idee des politischen Liberalismus Frankfurt/ M. 364-97

Reiter, Johannes [2004]: Menschenwürde als Maßstab. In: Aus Politik und Zeitgeschichte B 23 - 24/ 2004. 6-13

Rogers, Carl R. [2004]: Therapeut und Klient. Grundlagen der Gesprächspsychotherapie. 18. Auflage. Frankfurt/ M.

Röh, Dieter (2011): „...was Menschen zu tun und zu sein in der Lage sind." Befähigung und Gerechtigkeit in der Sozialen Arbeit: Der capability approach als integrativer Theorierahmen?! In: Mührel, Eric u. Birgmeier, Bernd (Hrsg.): Theoriebildung in der Sozialen Arbeit. Wiesbaden 103-122

Röh, Dieter [2013]: Soziale Arbeit, Gerechtigkeit und das gute Leben. Eine Handlungstheorie zur daseinsmächtigen Lebensführung. Wiesbaden

Rommelspacher, Birgit [2006]: Dominanzkultur. Texte zu Fremdheit und Macht. 2. Auflage. Berlin

Rotes, Bianca [2012]: Professionalisierung durch Reflexion in der Lehrerbildung. Münster

Ruch, Gillian [2000]: Self and social work: Towards an integrated model of learning. In: Journal of Social Work Practice,14(2) 99-112

Ruch, Gillian [2002]: From triangle to spiral: reflective practice in social work education, practice and research. In: Social Work Education 21(2) 199-216

Rudolf, Gerd [2015]: Wie Menschen sind. Eine Anthropologie aus psychotherapeutischer Sicht. Stuttgart

Sagebiel, Juliane [2011]: Macht in der Sozialen Arbeit. In: Deutscher Verein für öffentliche und private Fürsorge e.V.: Fachlexikon der Sozialen Arbeit. Baden-Baden 576-577

Schäfer, Karl-Hermann [2005]: Kommunikation und Interaktion. Grundbegriffe einer Pädagogik des Pragmatismus. Wiesbaden

Schaper, Niklas u.a. [2012]: Fachgutachten zur Kompetenzorientierung in Studium und Lehre. Ausgearbeitet für die HRK. Im Internet: http://www.hrk-nexude/fileadmin/redaktion/hrk-nexus/07-Downloads/07-02-Publikationen/fachgutachten_kompetenzorientierung.pdf [Download 20.07.14]

Scherr, Albert [2001a]: Soziale Arbeit – Profession oder ganz normaler Beruf? In: Sozial Extra, H. 4/2001 24-31

Scherr, Albert [2001b]: Soziale Arbeit als organisierte Hilfe in der funktional differenzierten Gesellschaft. In: Das gepfefferte Ferkel. Online-Journal für systemisches Denken und Handeln. http://www.ibs-networld.de/Ferkel/Archiv/scherr-a-01-09_soziale-arbeit.html [Download 18.01.15]

Scherr, Albert [2002]: Soziale Probleme, Soziale Arbeit und menschliche Würde. In: Sozial Extra Heft Juni/2002 35-39

Scherr, Albert [2014]: Diskussionsbeitrag. In: Cremer-Schäfer, Helga; Kessl, Fabian; May, Michael u. Scherr, Albert: Über den Sinn der Steitbarkeit in Fragen von Kritik und Reflexivität. Eine virtuelle Diskussion. Widersprüche Nr. 132 11-48

Schetsche, Michael [2008]: Empirische Analyse sozialer Probleme. Das wissenssoziologische Programm. Wiesbaden

Scheu, Bringfriede [2011]: Grundorientierungen der Sozialen Arbeit. In: Helmut Spitzer, Helmut; Höllmüller, Hubert u. Hönig Barbara (Hrsg.) [2011]: Soziallandschaften. Wiesbaden 79-89

Schilling, Johannes [2000]: Anthropologie für soziale Berufe. Menschenbilder in der Sozialen Arbeit. Neuwied u. Kriftel

Schmid Noerr, Gunzelin [2012]: Ethik in der Sozialen Arbeit. Stuttgart

Schmidt, Lucia: [2007] Problemarbeit und institutioneller Kontext. In: Soziale Probleme 18. Jg. 26-41

Schneider, Wolf [2008]: Wörter machen Leute. Magie und Macht der Sprache. 14. Auflage. München

Schön, Donald Allen [1983]: The Reflective Practioner. London

Schön, Donald Allen [1987]: Educating The Reflective Pratitiner. San Francisco

Schrapper, Christian [2013]: Diagnostik, sozialpädagogische und Fallverstehen. In: Kreft, Dieter; Mielenz, Ingrid (Hrsg.): Wörterbuch Soziale Arbeit. Aufgaben, Praxisfelder, Begriffe und Methoden der Sozialarbeit und Sozialpädagogik. 7. vollständig überarbeitete und aktualisierte Auflage. Weinheim u. Basel 205-212

Schreier, Maren [2012]: Aktuelles Schlagwort: Kritik und Soziale Arbeit. In: Sozial Extra Heft 7/8 2012. 14

Schröder, Achim [2002]: Beziehungen in der Jugendarbeit. In: Außerschulische Bildung. Heft1/2002 41-46

Schrödter, Mark [2007]: Soziale Arbeit als Gerechtigkeitsprofession. Zur Gewährleistung von Verwirklichungschancen. In: Neue Praxis 1/2007 3-25

Schubert, Klaus u. Klein, Martina [2011]: Das Politiklexikon. 5., aktual. Auflage. Bonn

Schuler, Heinz u. Barthelme, Dorothea. [1995]: Soziale Kompetenz als berufliche Anforderung. In: Seyfried, Brigitte (Hrsg.): Stolperstein Sozialkompetenz. Was macht es so schwierig sie zu erfassen, zu fördern und zu beurteilen. Berichte zur Beruflichen Bildung Bd. 179. Bielefeld 77-116

Schweppenhäuser, Gerhard [2010]: Kritische Theorie: Grundwissen Philosophie. Stuttgart

Seithe, Mechthild [2010]: Schwarzbuch Soziale Arbeit. Wiesbaden.

Sen, Amartya [2003]: Ökonomie für den Menschen. Wege zu Gerechtigkeit und Solidarität in der Marktwirtschaft. 2. Auflage. München

Spiegel, Hiltrud von [2004]: Methodisches Handeln in der Sozialen Arbeit. München u. Basel

Spiegel, Hiltrud von [2013]: Methodisches Handeln in der Sozialen Arbeit. Grundlagen und Arbeitshilfen für die Praxis. 5. vollständig überarbeitete Auflage. München

Spiegelberg, Rüdiger [2002]: Sozialraumanalyse. In: Deutscher Verein für öffentliche und private Fürsorge e.V.: Fachlexikon der Sozialen Arbeit. Baden-Baden 909

Staub-Bernasconi, Silvia [2007]: Soziale Arbeit als Handlungswissenschaft. Bern, Stuttgart u. Wien

Staub-Bernasconi, Silvia [2007a]: Soziale Arbeit: Dienstleistung oder Menschenrechtsprofession? Zum Selbstverständnis Sozialer Arbeit in Deutschland mit einem Seitenblick auf die Internationale Diskussion. In: Lob-Hüdepohl und Lesch, Walter (Hrsg.): Ethik Sozialer Arbeit. Ein Handbuch. Paderborn, München, Wien u. Zürich 20-53

Staub-Bernasconi, Silvia [2009]: Der Professionalisierungsdiskurs zur Sozialen Arbeit. In: Becker-Lenz, Roland; Busse, Stefan; Ehlert, Gudrun und Müller-Hermann, Silke (Hrsg.): Professionalität in der Sozialen Arbeit. Standpunkte, Kontroversen, Perspektiven. 3. Auflage. Wiesbaden 21-45

Stender Wolfram u. Körger, Danny [2013]: Zur Einführung: Soziale Arbeit ist politisch! In: Stender, Wolfram u. Körger, Danny (Hrsg.): [2013]: Soziale Arbeit als kritische Handlungswissenschaft: Beiträge zur (Re-)Politisierung Sozialer Arbeit Hannover 7-11

Stimmer, Franz [2006]: Grundlagen des Methodischen Handelns in der Sozialen Arbeit. 2. überarbeitete und erweiterte Auflage. Stuttgart

Teske, Wolfgang [2011a]: Finanzplanung. In: Deutscher Verein für öffentliche und private Fürsorge e.V.: Fachlexikon der Sozialen Arbeit. Baden-Baden 300-301

Teske, Wolfgang [2011b]: Zuwendungen. In: Deutscher Verein für öffentliche und private Fürsorge e.v.: Fachlexikon der Sozialen Arbeit. Baden-Baden 1004

Thiersch, Hans (2003): Bildung und Jugendhilfe – Bildung als Lebenskompetenz in einer multikulturellen Gesellschaft. In: Landeshauptstadt München (Hrsg.): Interkulturelle Verständigung. München. 33-43

Thiersch, Hans [2009]: Lebensweltorientierte Soziale Arbeit. Weinheim

Thiersch, Hans [2015]: Moral und Soziale Arbeit. In: Otto, Hans-Uwe u. Thiersch, Hans (Hrsg.): Handbuch Soziale Arbeit. Grundlagen der Sozialarbeit und Sozialpädagogik. 5. erweiterte Auflage. München u. Basel. 1058-1069

Thiersch, Hans u. Böhnisch, Lothar [2014]: Spiegelungen. Lebensweltorientierung und Lebensbewältigung. Gespräche zur Sozialpädagogik. Weinheim und Basel

Thole, Werner [2002]: Soziale Arbeit als Profession und Disziplin. In: Thole, Werner (Hrsg.): Grundriss Soziale Arbeit. Ein einführendes Handbuch. Wiesbaden 13-59

Tiefel, Sandra u. Zeller, Maren (Hg.) [2012]: Vertrauensprozesse in der Sozialen Arbeit. Baltmannsweiler

Trost, Alexander (Hrsg.) [2014]: Bindungsorientierung in der Sozialen Arbeit. Grundlagen, Forschungsergebnisse, Anwendungsbereiche. Basel

Urban-Stahl, Ulrike [2015]: Anwaltschaft. In: Otto, Hans-Uwe u. Thiersch, Hans (Hrsg.): Handbuch Soziale Arbeit. Grundlagen der Sozialarbeit und Sozialpädagogik. 5. erweiterte Auflage. München. 91-100

Van Manen, Max [1977]: Linking Ways of Knowing to Ways of Being Practical. Curriculum Inquiry , Vol. 6, No. 3

Vogd, Werner [2004]: Ärztliche Entscheidungsfindung im Krankenhaus. In: Zeitschrift für Soziologie, Jg. 33, Heft 1, Februar 2004, 26-47

Wagenblass, Sabine [2004]: Vertrauen in der Sozialen Arbeit. Theoretische und empirische Ergebnisse zur Relevanz von Vertrauen als eigenständiger Dimension. Weinheim u. München

Walgenbach, Katharina (2012): Intersektionalität als Analyseperspektive heterogener Stadträume. In: Scambor, Elli u. Zimmer, Fränk (Hg.): Die intersektionelle Stadt. Geschlechterforschung und Medien an den Achsen der Ungleichheit. Bielefeld

Weber, Max [2010]: Wirtschaft und Gesellschaft. Grundriss der verstehenden Soziologie, Frankfurt/ M. Lizenzausgabe (zuerst 1922: Wirtschaft und Gesellschaft)

Weinert, Franz E. (Hrsg.) [2001]: Leistungsmessung in Schulen. Weinheim u. Basel

Wendt, Peter-Ulrich [2015]: Lehrbuch Methoden Sozialer Arbeit. Weinheim u. Basel

Weyrich, Karl-Heinz [2011]: Fallbeschreibung. In: Deutscher Verein für öffentliche und private Fürsorge e.V.: Fachlexikon der Sozialen Arbeit. Baden-Baden 279-280

Widulle, Wolfgang [2012]: Gesprächsführung in der Sozialen Arbeit. Grundlagen und Gestaltungshilfen. 2. durchgesehene Auflage. Wiesbaden

Wollrad, Eske [2005]: Weißsein im Widerspruch. Feministische Perspektiven auf Rassismus, Kultur und Religion. Königstein/Ts.

Zeller, Susanne [2006]: Die Human Rights Profession als berufsethische Realutopie und die Menschenrechtsinstrumente. In: Schmocker, Beat (Hrsg.): Liebe, Macht und Erkenntnis. Silvia Staub-Bernasconi und das Spannungsfeld der Sozialen Arbeit. Freiburg/ Br. 525-542

Ziegler, Holger [2011]: Gerechtigkeit und Soziale Arbeit: Capabilities als Antwort auf das Maßstabsproblem in der Sozialen Arbeit. In: Böllert, Karin (Hrsg.): Soziale Arbeit als Wohlfahrtsproduktion. Wiesbaden 153-166.

Ziegler, Jean [2015]: Ändere die Welt! Warum wir die kannibalische Weltordnung stürzen müssen. München

Zimmermann, Siegfried (Hrsg.) [2006]: Glossar der sozialen Arbeit. Eine Diskussionsgrundlage zur Auseinandersetzung mit den Fachbegriffen der sozialen Arbeit. Ein Arbeitsbuch. Berlin

HILDESHEIMER SCHRIFTEN ZUR
SOZIALPÄDAGOGIK UND SOZIALARBEIT

Herausgegeben von Prof. Dr. Udo Wilken und Prof. Dr. Friedhelm Vahsen,
HAWK Hochschule für angewandte Wissenschaft und Kunst
– Fakultät Soziale Arbeit und Gesundheit – Hildesheim

Bd. 23 **Ebert, Jürgen/Sigrun Klüger: Im Mittelpunkt der Mensch –
Reflexionstheorien und -methoden für die Praxis der Sozialen Arbeit**
2015. VIII/230 S. ISBN 978-3-487-15368-1

Bd. 22 **Lange, Maren: Soziale Arbeit – ein typisch weiblicher Studiengang?**
Ausgewählte Studien zur Studienmotivation im Vergleich zur empirischen
Analyse der Motivation von Masterstudierenden Sozialer Arbeit.
2015. 188 S. ISBN 978-3-487-15261-5

Bd. 21 **Oster, Martina: Musik und Geschlecht**
Eine empirische Studie zu Orientierungsmustern von Grundschulkindern.
2013. 395 S. ISBN 978-3-487-14851-9

Bd. 20 **Ebert, Jürgen: Erwerb eines professionellen Habitus
im Studium der Sozialen Arbeit**
2012. 344 S. ISBN 978-3-487-14749-9

Bd. 19 **Thomas, Severine: Organisationskulturen in der
Kinder- und Jugendhilfe**
Interpretations- und Handlungsmuster bei Trägern ambulanter
Hilfen zur Erziehung im Vergleich.
2010. 432 S. ISBN 978-3-487-14296-8

Bd. 18 **Case Management in der Jugendberufshilfe**
Materialien für Theorie, Praxis und Studium der Sozialen Arbeit.
Hrsg. von *Lutz Finkeldey* und *Andreas Thiesen*.
2009. 184 S. ISBN 978-3-487-14295-1

Bd. 17 **Kühn, Alexandra/Maike Rüter: Arbeitsmarkt und Behinderung.
Neue Anforderungen an die Soziale Arbeit?**
2008. 178 S. ISBN 978-3-487-13878-7

Bd. 16 **Ebert, Jürgen: Reflexion als Schlüsselkategorie professionellen
Handelns in der Sozialen Arbeit**
2008. 165 S. ISBN 978-3-487-13692-9

Bd. 15 **Borbe, Cordula: Entwicklungstendenzen systemischer Beratung bei
chronisch körperlichen Erkrankungen im Kindes- und Jugendalter**
2006. XIV/336 S. ISBN 978-3-487-13216-7

Bd. 14 **Surkemper, Klaus-Peter: Der Berufseinstieg in der Sozialen Arbeit**
Das Anerkennungsjahr aus der Sicht der BerufspraktikantInnen.
2002. 256 S. ISBN 978-3-487-11481-1

Bd. 13 **Hilbig, Norbert: Inszenierung fremder Lebenswelten**
Das EXPO-Projekt der Theodor-W.-Adorno-Schule.
2001. 204 S. mit zahlreichen Abb. ISBN 978-3-487-11324-1

Bd. 12 **Ackermann, Friedhelm/Dietmar Seeck: Der steinige Weg
zur Fachlichkeit**
Handlungskompetenz in der sozialen Arbeit. *Unter Mitarbeit von Axel Winter.*
1999. 256 S. ISBN 978-3-487-10960-2

Bd. 11	**Kultur-Pädagogik studieren** Lernen für kulturell-ästhetische Handlungsfelder der außerschulischen Pädagogik. Hrsg. von *Werner Thole* und *Peter Cloos*. Mit Beiträgen von *Ulrich Baer, Peter Cloos, Stephan Kolfhaus, Ernst-Uwe Küster-Schapfl, Bernd Wagner, Werner Thole*. (Gefördert vom Bundesministerium für Bildung, Wissenschaft, Forschung und Technologie). 1997. 196 S. mit 29 Tabellen. ISBN 978-3-487-10505-5
Bd. 10	**Maroon, Istifan: Becoming a professional social worker** Developmental processes and challenges in supervision theory and practice. 1997. VIII/138 S. ISBN 978-3-487-10486-7
Bd. 9	**Eine kleine Hoffnung oder die große Illusion?** Dienstleistungen als Arbeitsplätze der Zukunft. Herausgegeben von *Klaus Below, Ulrich Freitag, Wolfgang Pich* und *Ulf Trombach*. 1995. XXXIV/190 S. mit 65 Tabellen, 7 Abb., 4 Übersichten, 16 Karten und einem Literaturverzeichnis. ISBN 978-3-487-10047-0
Bd. 8	**Maroon, Istifan: Evaluating a Therapeutic Intervention Programme** For alienated youth and their families in a voluntary institutional framework. 1995. X/166 S. mit 29 Tabellen. ISBN 978-3-487-10051-7
Bd. 7	**Busche-Baumann, Maria: Rechtsextremismus und die Presse** Eine inhaltsanalytische Untersuchung der Berichterstattung über den ostdeutschen Rechtsextremismus in den Tageszeitungen BERLINER ZEITUNG und SÄCHSISCHE ZEITUNG. 1994. IV/276 S. mit 5 Abb. und 20 Tafeln. ISBN 978-3-487-09900-2
Bd. 6	**Chance Gesundheit: Wieviel Gesundheit braucht die Gesellschaft?** Herausgegeben von *Norbert Bartsch* und *August-Wilhelm Meyer*. 1995. 176 S. ISBN 978-3-487-09763-3
Bd. 5	**Schwindt, Michael: Quellen zur Selbstfindung in der Meditativen Kunst- und Atemtherapie** 1994. 240 S. mit 67 Abb., davon 8 Abb. in Farbe. ISBN 978-3-487-09882-1
Bd. 4	**Jugendarbeit zwischen Gewalt und Rechtsextremismus** Darstellung und Analyse aktueller Handlungsansätze. Unter Mitarbeit von *Friedhelm Vahsen, Manfred v. Hebel, Gerlinde Döring, Gerald Jörns* und *Heike Fandel*. 2. Aufl. 1996. II/340/[10] S. mit graph. Darstellungen und Abb. ISBN 978-3-487-09852-4
Bd. 3	**Wagner, Brunhilde: Nicht umsonst und nicht aus Liebe – Frauensozialarbeit in Vergangenheit und Gegenwart** 2. Aufl. 2000. VIII/204 S. ISBN 978-3-487-09724-4
Bd. 2	**Hilbig, Norbert: Plädoyer für eine sozialpädagogische Schule** Schulkritik und innere Schulreform – Eine Bewegungsanalyse. 1993. II/170 S. ISBN 978-3-487-09791-6
Bd. 1	**Wilken, Udo: Selbstbestimmt leben II - Handlungsfelder und Chancen einer offensiven Behindertenpädagogik** 3., kritisch durchgesehene Aufl. 1999. 268 S. ISBN 978-3-487-10981-7